| 기본신앙훈련교재 리더지침 |

성경중심 · 교회중심

칭찬받는 성도되기 리더가이드

류익태 지음

도서출판
누가

칭찬받는 성도되기 리더가이드

· 초판 1쇄 발행 2007년 12월 20일

· 지은이 류익태
· 펴낸이 정종현
· 펴낸곳 도서출판 누가

· 등록번호 제 20-342호
· 등록일자 2000. 8. 30.
· 서울시 동작구 상도 2동 186-7
· Tel (02)826-8802, Fax (02)825-0079

· 정가 11,000원
· ISBN 978-89-92735-14-8 04230

「칭찬받는 성도되기」는 신앙훈련을 목적으로 한 교재입니다. 특별히 교회의 신앙훈련 커리큘럼에 이 교재를 활용할 경우, 새신자 교육을 마친 다음 단계(교회 정착 또는 신앙확립의 단계)에서 활용하기에 적합하게 구성되어 있습니다.

그동안 여러 목사님들의 요구에도 불구하고 목회사역을 핑계로 「리더가이드」를 내지 못하다가 이번에 개정판을 출간하면서 새로 집필하였습니다. 이 「리더가이드」에는 교재를 활용할 때에 필요한 자료들로, 질문의 정답은 물론 그룹을 인도하는데 부족하지 않도록 해설과 참고자료를 싣고 있습니다. 훈련그룹을 인도하는 리더들이 이 가이드를 활용하면 유용하게 훈련그룹을 조직하고 모임을 이끌어 갈 수 있을 것입니다.

교재의 우수성에도 불구하고 널리 보급되지 못하는 것을 안타까워하던 여러 목사님들의 격려와 제안, 그리고 기꺼이 출판을 감당해준 누가출판사 정종현 목사님의 헌신에 진심으로 감사드립니다. 모쪼록 이 교재가 조국 교회 성도들의 삶을 행복하게 하고, 그 결과로 조국교회가 크게 부흥하는대 조금이라도 기여한다면 말석에 있는 종으로서 이보다 더한 기쁨이 없을 것입니다.

류익태 드림

차 례

그리스도를 섬기는 자는

하나님을 기쁘시게 하며 사람에게도 칭찬을 받느니라

- 로마서 14:18 -

훈련그룹을 위한 오리엔테이션

그리스도인의 삶은 5%의 결신에
나머지 95%는 양육에 달려 있다.
-빌리 그래함-

훈련반 시작 전의 준비

리더가이드의 구성

각 주(과)에는 다음과 같이 분류하여 구성하였다. 먼저 각 주의 앞 페이지에는 학습목표, 중심구절, 암송구절을 박스 안에 소개하였다. 그 뒤부터는 각 질문에 대한 정답과 해설 추가자료 등으로 설명하여 놓았다.

1. 학습목표

매 주의 주제를 공부할 학습자들이 이루어야 할 결과를 목표로 제시하였다.

2. 중심구절

각 주의 주제를 함축성 있게 내포한 성경구절을 제시하였다. 그룹으로 모여서 학습을 시작할 때에 리더가 중심구절을 읽고 모임을 시작하는데 활용할 수 있다.

3. 암송구절

한 주간 동안 학습자들에게 암송과제로 주어 학습자의 신앙훈련을 심화시키는데 활용할 수 있다.

4. 정답

각 질문의 정답과 약간의 적용을 적었다. 리더는 토론을 할 때에 정답을 확인하여 토론의 중심이 흐트러지지 않게 할 것이다.

5. 참고말씀

각 질문의 답을 풍성하게 설명하고자 할 때에 참고할 성경구절로써 보통 1~3개 정도의 성경구절을 소개하였다.

6. 리더지침

각 질문 중에서 개인적인 적용이 답이 될 경우에 리더지침으로 설명하였다. 이런 경우의 질문은 많지 않으나, 리더가 질문에 대한 토론을 잘 이끌 수 있고, 또한 개인적인 적용을 이끌어 낼 수 있다.

7. 해설노트

질문을 중심으로 토론 할 때, 또는 리더가 보충 설명을 하거나 추가로 정리해 줄 필요성이 있을 때에 활용할 수 있다. 물론 리더의 연구를 통하여 더 풍성한 내용을 추가 할 수 있을 것이다.

8. 리더 Tip

일부 질문에서 질문과 연관되는 내용을 추가한 보충 자료로써 리더가 질문을 설명하거나 모임을 인도할 때에 유용하게 활용할 수 있다. 특히 강의식으로 이 교재를 활용할 때에 더 요긴하게 활용할 수 있을 것이다.

신앙훈련반의 조직

교회에서 신앙훈련 반을 시작하고자 할 때에는 다음의 제안들을 참조하여 모임을 구성하기 바란다.

1. 그룹의 규모

• 참여 인원 … 신앙훈련 계획을 세울 때에는 먼저 훈련할 사람들의 규모를 고려해야 한다. 교회의 사정에 따라 그룹을 정하되 소그룹으로 할 때에는 6~10명의 그룹이 효과가 높다. 그 이유는 6~10명의 그룹일 때에 서로 교제하며 의견을 청취하고 격려하는 등 학습효과가 높지만, 10명이 넘어갈 경우에 토론이 둘 또는 셋의 경쟁적인 대화로 소기의 성과를 거두기가 어렵기 때문이다.

• 도우미의 활동 … 참여하는 멤버들의 신앙 경력이 초보적이거나 토론에 익숙하지 않은 사람들로 멤버가 구성 될 때에는 신앙훈련을 받은 경험이 있는 성숙한 성도들 한두 명이 도우미로 참여하는 게 좋다. 그들로 하여금 소그룹의 신앙훈련이 잘 되도록 돕도록 한다. 단 도우미가 참여해도 소그룹의 전체 인원은 10명을 넘지 않게 한다.

• 분반 … 모임의 인원이 많을 경우에는 분반을 하는 게 좋다. 그렇지 않으면 토론식 모임에서 리더가 진행을 도맡게 되고 결국 리더의 강의식 공부가 불가피하게 될 것이다. 분반을 하지 않으면 토론에 참여하지 못하는 멤버가 생기고, 지루해 하거나 아니면 모임에 불참할 것이기 때문이다.

2. 그룹이 모이는 장소와 시간

• 장소 … 소그룹으로 모일 때에는 함께 훈련 반에 참여할 멤버들이 모여서 편리한 장소를 정하도록 한다. 참석자들의 가정이나 직장 혹은 커피숍 등 조용한 곳에서 모일 수 있다. 교회의 훈련 프로그램으로

활용할 경우에는 목회자의 판단에 따르되 교회당에서 모이는 것이 좋다.

• 시간 … 멤버의 결석 방지를 위해서 시간 계획을 잘 세워야 한다. 시간 계획은 어떤 것에도 방해받지 않고 함께 참여할 수 있는 약 1시간 30분 정도의 시간을 정해야 한다. 참고로 가능한 시간은 평일 점심시간 그룹(lunch-hour group), 퇴근 후 야간 그룹, 새벽 그룹, 주 중의 오전 시간대 그룹, 토요 오전 그룹 등이다.

3. 훈련 반원 모집

• 모집 홍보 … 교회 목회자와 그룹 리더는 우선 자원하는 성도들을 중심으로 모집한다. 성도들의 참여도를 높이기 위하여 교회 안에 광고물을 만들어 부착하고, 주보에도 게재하여 훈련반에 참여하도록 적극 초청하고 홍보한다. 자원하는 성도가 적을 때에는 훈련이 필요하다고 여겨지는 성도들에게 리더가 직접 권유하여 참여하게 할 수 있다. 이때 식사에 초청하여 권유를 하면 대개는 초청에 응한다.

• 특별히 효과있는 그룹(대상) … 이 교재는 성도의 기본신앙을 고취하는 주제를 다루고 있으므로 다음과 같은 사람들을 대상으로 할 수 있다.

(1) 예수 그리스도를 영접하고 교회 멤버십이 된 그리스도인

단, 아직 그리스도인이 아닌 자는 먼저 예수님을 구세주와 주님으로 영접하는 부분이 선결된 후 참여하게 한다. 1주차 과정을 마치고 2주차에 들어가기 전까지 예수그리스도를 구세주와 주님으로 영접하면 계속 참여할 수 있으나 이 부

분이 처리되지 않는 다면 참여를 다음 기회로 미루어야 한다.

(2) 새신자 과정을 수료하고 다음 과정을 훈련받고자 하는 성도

(3) 교회 신앙연조는 많으나 아직 신앙체계가 불명확한 성도

(4) 기타 기본 신앙훈련이 필요한 교회의 소그룹(구역, 셀) 제직(리더), 교회학교 교사, 제자 훈련반, 청년대학부 모임 등에서 사용할 수 있다.

리더의 준비

1. 기도

함께 공부하는 모임의 멤버들을 위하여 구체적으로 기도한다. 특히 리더는 신앙훈련반 멤버들에게 리더를 위해 기도를 하도록 요청해야 한다. 리더의 영적인 풍성함과 헌신에 의하여 소기의 목표를 이룰 수 있기 때문이다.

2. 학습

리더는 먼저 이 교재를 처음부터 끝까지 자세히 공부하여 이 교재가 전달하고자 하는 내용과 이 교재의 장점, 그리고 이 교재가 지닌 부족한 면을 충분히 파악하고 있어야 한다.

3. 연구

매주 정한 만큼의 과정을 인도하기 위해서 진행방법을 구상한다. 교재를 지도할 리더의 입장에서 「리더가이드」를 참조하여 검토한다. 가르치는데 미흡한 부분은 학습자들의 특성과 교회의 형편에 맞게 첨삭한다.

4. 인도

리더는 학습자들이 매주 교재를 예습하도록 돕고, 모임에서 토론하고 개인적인 경험을 나누도록 교안을 작성하거나 교재에 표시한다. 학습자들이 미리 예습을 해오게 하고 실제 모임에서는 지루하지 않도록 시간을 잘 구성한다.

5. 과제

리더는 성경암송, 간증문 써오기, 성경읽기 등의 과제를 적절하게 제시하므로 공부의 효과를 높일 수 있다.

시간구성

어떻게 공부하느냐에 따라 다르겠지만 그룹에서는 1시간 30분 내외로 모임을 하면 적당하다. 주의할 점은 모임의 전체 시간이 너무 길어지지 않게 해야 한다. 공부시간이 너무 길어지게 되면 참여하는 이들이 부담을 갖게 되고 낙오자가 생길 수 있다. 공부를 진행하다가 시간이 더 필요한 어떤 주제가 생기면 모임을 끝낸 후에 별도로 자유롭게 시간을 가져도 된다. 중요한 것은 학습자들이 부담을 갖지 않게 인도하는 것이다.

1. 아이스 브레이킹

모임을 시작하면서 긴장을 풀고 편안함으로 학습할 준비의 시간이다.

① 좋아하는 취미, 운동, 영화 등에 관하여 간단히 이야기함으로써 모

임을 시작한다.

② 지난 주간의 삶의 승리와 기쁨을 준 간증을 한다. 단, 시간이 길어지지 않도록 주의하여야 한다.

③ 찬송가를 부르거나 개인이 특별한 찬양을 한다.

2. 지난 주 요약

리더는 지난 주 공부한 내용의 요약설명과 과제물 확인한다.

3. 이번 주의 공부

교재의 질문은 10문제 내외로 되어 있다. 질문을 중심으로 모임을 가지면서 질문에서 언급하지 않았으나 꼭 필요하다고 여겨지는 내용은 리더가 추가로 소개한다. 그리고 학습자들이 예습을 하면서 특별히 은혜와 교훈이 되었던 내용도 함께 나누도록 한다.

* 참고 – 교재에는 그 주의 주제와 관련된 예화나 논설 등의 이야기를 '미러클 스토리'라는 이름으로 싣고 있다. 리더의 판단에 따라 필요하다면 예화나 논설을 읽고 느낀 점을 서로 나누는 시간을 갖는 것도 좋을 것이다. 다만 나눔의 시간이 너무 길어지지 않게 해야 전체 시간이 지루해지지 않게 될 것이다.

4. 다음 주를 위한 안내

과제물이 있으면 제시하고 다음 주의 학습목표와 암송구절 등 주요사항을 간략하게 제시하여 예습을 돕는다.

5. 마감기도

교회를 위한 특별한 기도제목이나 교재를 학습하는 멤버의 기도제목을 중심으로 함께 기도한다.

첫모임-오리엔테이션

서로 친해짐

오리엔테이션은 교재를 학습하지 않고 말 그대로 오리엔테이션을 하거나 아니면 첫모임부터 오리엔테이션을 짧게 갖고 교재의 진도를 나가도 된다.

1. 열린 마음

오리엔테이션은 함께 공부할 성도들이 서로 친해질 수 있게 하는 게 중요하다. 리더가 먼저 간략한 자기소개와 학습준비를 하면서 받은 은혜 그리고 이번 훈련과정을 통하여 얻고자 하는 바람을 이야기하므로 멤버들에게 열린 마음으로 다가간다.

2. 기도제목 나눔

서로 자기소개와 기도제목을 나눈다. 함께 공부 하는 멤버들과 기도제목을 나누고 이 과정을 마칠 때까지 서로 중보기도를 하게 한다. 기도제목을 말함으로써 서로 친밀감을 가질 수 있게 되고 기도의 동역자가 될 수 있다. 이미 잘 알고 있는 관계라면 근래의 근황이나 하나님께서 주신 은혜를 나누고 함께 기도하는 시간을 갖는다.

오리엔테이션의 내용

리더는 오리엔테이션 시간에 다음 내용들을 개괄적으로 설명하여 학습자들이 전체적으로 개략적인 내용을 알고 있게 해야 한다.

1. 교재의 목적

「칭찬받는 성도되기」 훈련의 목적을 설명한다. 이 책(과정)의 목적은 교회 모든 성도가 (1) 개인 경건생활의 증진과 (2) 교회 가족으로서 멤버십(소속감)이 강화됨으로서 (3) 행복한 그리스도의 삶을 살 수 있게 하는 것이다.

2. 신앙 훈련과정의 레벨

이 과정은 새신자 과정이 끝난 그 다음 단계(표 참조)에서 활용할 때에 효과가 좋다.

· 교회의 훈련(양육) 모델

	1	2	3	4	5
신앙단계	불신자	새신자	제자	사역자	지도자
발달단계	태아기	영유아기	청소년기	청장년기	장년기 이후
사역	전도	양육(정착)	훈련	무장	코칭(지원)

3. 교재의 구입

「칭찬받는 성도되기」는 학습자의 편의를 위해 세 권으로 분권되어 있다. 교재의 구입은 교회에서 일괄적으로 구입하여 학습자가 사용할 수 있게 하는 게 좋겠다. 개별적으로 구입한다면 기독교서점을 활용하면 되겠다.

4. 예습

매주 예습은 꼭 해오게 한다. 예습은 부담스럽지 않음을 강조하여 설명한다. 모든 질문은 성경구절을 중심으로 답을 하게 되어 있고, 성경구절이 질문과 함께 있어서 쉽게 찾을 수 있다. 그러므로 예습은 30분~1시간이면 충분하다.

5. 훈련 참가비

이 과정에 참여하는 성도들의 경우 일정한 회비를 내게 한다. 물론 교회의 형편에 따라서 하되 교재비, 다과비 등 적정한 비용을 회비로 걷는다. 참가비를 내게 되면 학습 성취도가 높아지는 게 일반적이다.

6. 출결석

리더는 공부를 위한 시간을 엄수하도록 권면한다. 매주 참여도를 높이기 위한 규칙(예: 1회 결석시 1,000원 벌금)을 만들어 고지한다. 그리고 결석할 시에는 공부한 내용을 녹음 또는 동영상에 담아 결석자가 따로 공부할 수 있도록 도와서 과정을 잘 마칠 수 있도록 한다.

7. 이수 조건

교회의 훈련과정에서 이 교재를 활용할 시에는 교회의 전체 커리큘럼을 소개하고 그에 따른 교회의 규정을 안내한다. 예를 들면 이 과정을 3회 이상 결석하면 수료하지 못하고, 이 과정을 수료한 자에게는 교회의 직분자로 선임될 자격을 갖게 하는 등의 교회훈련에 대한 내규를 정하여 실천한다.

8. 교회 밖에서 활용

교회가 아닌 단체나 직장, 학교의 모임에서 이 교재로 공부할 때 리더는 함께 공부하는 멤버들에게 교회의 멤버십을 갖도록 강조하여야 한다. 멤버들에게 교회는 주님께서 피값으로 사주신 유일한 가족이라는 것을 환기하여야 한다.

토론문제 진행

1. 성경말씀 중심

이 교재의 토론문제는 성경구절이 그 답이 되므로 교재 옆의 성구를 읽어보면 쉽게 답을 찾을 수 있다. 성경구절의 뜻을 적으면 답이 되지만 그보다는 개인적인 적용을 통하여 답이 풍성해지도록 해야 한다.

2. 충분한 준비

토의그룹이 풍성해지려면 충분한 예습이 필요하다. 성경과 필기도구를 준비해서 빈 칸에 답을 적고 예습을 통하여 얻은 지식이나 깨달음을 기록하면 더 큰 은혜를 누릴 수 있을 것이다. 예습이 없이 모임에 참석하면 토론에 참여하지 못하게 되어 만족할 만한 결과를 얻지 못할 것임을 주지시켜라

3. 전체적인 시간

토론 문제를 함께 나눌 때에는 전체적인 흐름과 시간을 고려하여 너무 길어지지 않도록 한다. 어떤 한 주제를 토론 하면서 주제의 범위를 넘어

설 때에 리더는 지혜롭게 관여하여 교재의 목적으로 돌아오게 하라.

4. 토론 독점을 금함

소그룹에서 질문이나 내용을 중심으로 서로 토론할 때에는 한두 사람이 토론을 독점하지 않도록 배려하며 멤버들이 적극적으로 토의에 참여할 수 있게 한다. 참여하는 이들이 골고루 의견을 발표할 수 있어야 그룹의 참여도가 높아지고, 또 기대한 성과를 얻을 수 있다.

5. 지혜로운 인도

자기 의견에 대해 말하기를 주저하면 리더가 의견을 말할 수 있도록 그 멤버에게 질문한다. 문제를 잘 이해하지 못하고 있는 경우에도 리더가 도와서 스스로 답을 말하도록 도와준다. 그러나 정답 말하기를 강요하는 빈도가 많아지면 멤버들에게 공부하는 시간을 지루해 지거나 어색해질 수 있으므로 주의한다.

6. 서술형 질문

리더는 참여하는 멤버들이 단답형으로 말하기보다는 자기 생활과 경험을 함께 말하도록 유도한다. 질문을 할 때에는 멤버가 '예'나 '아니오' 식으로 대답할 수 있는 질문은 피하고 자기의견을 말할 수 있는 질문을 한다. 이를테면 "이 성경공부가 많이 유익하지요?" 보다는 "이 성경공부는 어떤 면에서 좋은가요?라고 묻는 것이 좋다.

7. 합력하여 선을 이룸

리더는 훈련 그룹을 일방적으로 이끌지 말고, 주님께서 각 멤버에게 가르쳐주신 진리를 적용할 수 있도록 인도하여야 한다. 물론 멤버들이 서로 참여하도록 격려하고 또한 양보의 미덕을 가지고 신앙훈련 모임을 사랑해야 은혜로운 공부그룹이 가능하다.

1주

구원받음의 확신
Assurance of Salvation

질문 1 그리스도인으로서 구원받은 사실을 확신하는 것이 중요한 이유는 무엇입니까?

고린도후서 13:5 … 너희는 믿음 안에 있는가 너희 자신을 시험하고 너희 자신을 확증하라 예수 그리스도께서 너희 안에 계신 줄을 너희가 스스로 알지 못하느냐 그렇지 않으면 너희는 버림 받은 자니라

정 답

예수 그리스도께서 내 안에 계심은 스스로 알 수 있으며, 이를 확인하고 확신하면 천국을 보증받게 된다. 그리고 현세에도 행복하고 당당하게 살 수 있다.

참고말씀

요한일서 5:13 … 오직 이것을 기록함은 너희로 예수께서 하나님의 아들 그리스도이심을 믿게 하려 함이요 또 너희로 믿고 그 이름을 힘입어 생명을 얻게 하려 함이니라

요한일서 5:13 … 내가 하나님의 아들의 이름을 믿는 너희에게 이것을 쓰는 것은 너희로 하여금 너희에게 영생이 있음을 알게 하려 함이라

해설노트

1. 구원을 확인해야 할 이유 | 두 가지 경우가 있다. 하나는 구원받았으나 확신하지 못하는 경우로 죽음 이후의 삶에 대한 존재적 불안감 속에서 살게 되고 삶의 고난이나 어려움 앞에서 그리스도인으로서 당당함을 갖기가 쉽지 않다. 또 하나는 구원을 확인하여 아직 그리스도인 된 경험이 없다면 해결할 수 있다. 막연하게 종교적인 생활을 하며 구원받을 것으로 여기고

살다가 죽는다면 결국 지옥 불에 던져지는 영원한 멸망을 받게 되는 인생 최대의 실수를 해결할 수 있다.

2. 지금 구원여부를 확인가능 | 고린도후서 13장 5절은 "지금 여기서(here and now)" 구원을 확증할 수 있다는 사실을 알려준다. 구원받음을 나중에 천국에 가서 알 수 있는 게 아니라 지금 자신의 구원을 점검함으로써 구원의 확신을 가질 수 있다. 그러므로 그리스도인으로서 반드시 확인할 것은 구원받았는지 여부이다. 지금 구원을 점검함으로써 잘못될 가능성을 제거하여야 한다.

3. 바울의 구원의 확신 | 바울은 자기의 미래에 의의 면류관이 예비되었음을 확신하고 있다. 즉 바울은 구원받음을 확신했다. 또한 모든 그리스도인들이 구원을 확신하면서 살아야 한다고 강조하였다.

> 나는 선한 싸움을 싸우고 나의 달려갈 길을 마치고 믿음을 지켰으니 .이제 후로는 나를 위하여 의의 면류관이 예비되었으므로 주 곧 의로우신 재판장이 그 날에 내게 주실 것이며 내게만 아니라 주의 나타나심을 사모하는 모든 자에게도니라(딤후 4:7-8)

질문 2 아버지 되신 하나님께서 주신 영원한 생명은 훼손될 수 있습니까?

> 요한복음 10: 27-29 … 내 양은 내 음성을 들으며 나는 그들을 알며 그들은 나를 따르느니라 내가 그들에게 영생을 주노니 영원히 멸망하지 아니할 것이요 또 그들을 내 손에서 빼앗을 자가 없느니라 그들을 주신 내 아버지는 만물보다 크시매 아무도 아버지 손에서 빼앗을 수 없느니라

하나님께서 주신 생명은 영원 불변하여 절대 훼손되지 않는다. 그러므로 하나님께서 주신 생명은 절대로 빼앗기거나 잘못될 수 없다. 하나님께 붙잡힌 바 된 자는 그 어떤 것으로도 하나님 아버지 손에서 빼앗을 수 없다.

로마서 8:35-39 … 누가 우리를 그리스도의 사랑에서 끊으리요 환난이나 곤고나 박해나 기근이나 적신이나 위험이나 칼이랴 기록된 바 우리가 종일 주를 위하여 죽임을 당하게 되며 도살 당할 양 같이 여김을 받았나이다 함과 같으니라 그러나 이 모든 일에 우리를 사랑하시는 이로 말미암아 우리가 넉넉히 이기느니라 내가 확신하노니 사망이나 생명이나 천사들이나 권세자들이나 현재 일이나 장래 일이나 능력이나 높음이나 깊음이나 다른 어떤 피조물이라도 우리를 우리 주 그리스도 예수 안에 있는 하나님의 사랑에서 끊을 수 없으리라

사무엘상 12:22 … 여호와께서는 너희를 자기 백성으로 삼으신 것을 기뻐하셨으므로 여호와께서는 그의 크신 이름을 위해서라도 자기 백성을 버리지 아니하실 것이요

1. 구원은 상실되지 않음 | 구원은 하나님의 은혜이기 때문에 절대로 상실하지 않는다. 하나님의 영원한 섭리에 의해 선택받아 성령으로 거듭난 사람들은 하나님의 은혜 안에 있기 때문에 결코 하나님의 자녀로서 그 지위와 신분을 잃지 않는다(성도의 견인). 한번 하나님의 자녀가 된 자는 결코 자격

을 잃지 않는다.

그리스도인의 신분은 그 어떤 것에 의해서라도 빼앗기지 않는다. 왜냐하면 우리가 믿는 하나님의 성품 때문이다. 하나님은 거짓이 없으신 참되신 분이시며(로마서 3:4) 결코 거짓말하실 수 없으시며(히브리서 6:18) 한번 약속하신 것을 취소하거나 배반하시는 일이 전혀 불가능한 미쁘신(믿음직스러운) 분이시다(민수기 23:19). 만일 구원이 상실된다면 구원은 은혜가 아니며 또한 하나님은 전혀 믿을만한 분이 아니다.

2. 구원의 박탈 가능성 | 성경에는 구원의 여탈(與奪)의 가능성을 의심하게 만드는 몇 구절의 말씀이 있다. 이 구절들(아래 리더 Tip 참조) 때문에 구원의 상실을 주장하고 또 그것을 염려하는 경우도 있다. 이 성경구절들을 근거로 신학적으로도 구원 받을 만한 믿음이 있어야 하고, 성화(聖化)의 과정에서 탈락하면 구원을 잃을 수 있다고 한다. 그러나 이 성경말씀들은 이미 구원받은 그리스도인의 삶과 사역의 태도에 관한 지적이다.

구원받은 자는 믿음의 실천을 결코 등한시 해서는 안 된다는 취지의 가르침이다. 그리스도인이 되어 구원의 안전지대에 거한다는 확신으로 방종적인 삶을 경계한 것이다. 리더 Tip의 구절들은 구원을 제대로 수납하게 하는 구원의 3차원(시제)을 이해하면 해결이 가능하다.

리더 Tip

구원 상실을 의심하게 하는 말씀

- 내가 내 몸을 쳐 복종하게 함은 내가 남에게 전파한 후에 자신이 도리어 버림을 당할까 두려워함이로다　**고전 9:27**

- 그러므로 어디서 떨어졌는지를 생각하고 회개하여 처음 행위를 가지라 만

일 그리하지 아니하고 회개하지 아니하면 내가 네게 가서 네 촛대를 그 자
리에서 옮기리라 **계 2:5**

- 거짓 그리스도들과 거짓 선지자들이 일어나 큰 1)표적과 기사를 보여 할
수만 있으면 택하신 자들도 미혹하리라 **마 24:24**
- 나더러 주여 주여 하는 자마다 다 천국에 들어갈 것이 아니요 다만 하늘에
계신 내 아버지의 뜻대로 행하는 자라야 들어가리라 **마 7:21**

질문 3   그리스도인이 구원을 이루어 가면서 받는 고난 중에도 즐거워해야 할
이유는 무엇입니까?

베드로전서 4:12-13 ··· 사랑하는 자들아 너희를 연단하려고 오는 불 시험을 이
상한 일 당하는 것 같이 이상히 여기지 말고 오히려 너희가 그리스도의 고난에
참여하는 것으로 즐거워하라 이는 그의 영광을 나타내실 때에 너희로 즐거워하
고 기뻐하게 하려 함이라

로마서 8:17 ··· 자녀이면 또한 상속자 곧 하나님의 상속자요 그리스도와 함께
한 상속자니 우리가 그와 함께 영광을 받기 위하여 고난도 함께 받아야 할 것
이니라

정 답

하나님의 자녀에게도 고난이 있다. 그 이유는 환란이 인내를 이루고
결국에는 천국 소망을 이루기 때문이다. 그러므로 고난 중에 기뻐하
여야 한다. 고난 가운데서 기쁨으로 넉넉히 이길 수 있는 것은 구원
을 확신할 때에 가능하다.

빌립보서 4:11-13 … 내가 궁핍하므로 말하는 것이 아니니라 어떠한 형편에 든지 나는 자족하기를 배웠노니 .나는 비천에 처할 줄도 알고 풍부에 처할 줄도 알아 모든 일 곧 배부름과 배고픔과 풍부와 궁핍에도 처할 줄 아는 일체의 비결을 배웠노라 .내게 능력 주시는 자 안에서 내가 모든 것을 할 수 있느니라

디모데후서 1:11-12 … 내가 이 복음을 위하여 선포자와 사도와 교사로 세우심을 입었노라 이로 말미암아 내가 또 이 고난을 받되 부끄러워하지 아니함은 내가 믿는 자를 내가 알고 또한 내가 의탁한 것을 그 날까지 그가 능히 지키실 줄을 확신함이라

1. 고난보다 큰 소망 | 고난이 근심을 동반하는 것은 사실이나 그리스도인에게 고난은 축복의 포장일 뿐이다. 예수 그리스도 안에 있는 소망이 고난보다 크기 때문이다. 그래서 그리스도 안에서 고난은 즐거움이 된다. 그리스도인에게 고난은 포도의 즙을 짜내는 것과 같다. 포도가 포도즙 틀에 던져지는 것은 엄청난 고난이지만, 그 고난 후에 나오는 포도주은 기쁨이다.

2. 열매를 맺게 하는 고난 | 농작물이 열매를 맺으려면 봄, 여름, 가을, 겨울을 거쳐야 하듯이 그리스도인의 영적성숙을 위해서도 인생의 4계절을 겪는다. 여름의 뜨거운 태양은 순환작용을 일으켜 열매를 맛있게 하고, 센 바람은 뿌리를 깊게 하고, 비는 수분과 영양을 함께 제공하기에 더위와 장마와 태풍의 고난을 지나야 결실한다. 그리스도인도 환란과 핍박의

과정을 통하여 나, 가족, 교회, 민족을 더 성숙하게 한다. 그러므로 고난 중에 인내하고 인내하는 중에 주님은 끝까지 함께 해주셔서 승리하게 한다(마 28:20).

3. 주님의 남은 고난 │ 예수 그리스도의 고난이 십자가로 끝난 것이 아니라 지금도 그의 몸인 교회에 남아있다. 그리스도인들이 믿음과 순종의 과정에서 겪는 고난은 곧 주님의 남은 고난이며, 주님을 따르는 제자들에게 주어진 고난이다. 그리스도인이 주님께서 걸으셨던 그 고난의 길을 가게 됨으로 주님과 함께 고난을 겪는 것이다(골 1:24).

이제 예수님께서는 육신의 형체로 존재하지 않는다. 그러나 예수님의 사역은 교회에 의해 계승하여 예수님의 몸으로서 예수님의 고난을 감당한다. 교회가 예수님의 뜻대로 기능을 하면서 받는 고난은 주님의 남은 고난이다. 주님께서 남은 고난을 감당하는 교회와 끝까지 함께 해주므로 넉넉히 감당한다.

> 너희가 그리스도의 이름으로 치욕을 당하면 복 있는 자로다 영광의 영 곧 하나님의 영이 너희 위에 계심이라(벧전 4:14)

질문 4 당신의 '구원의 확신'을 근거(증명)하는 성경말씀은 무엇입니까? 그 말씀을 아래에 적어 보십시오.

리더지침

1. 구원을 확신하게 한 근거 말씀은 각각 다르다. 리더는 구원의 확

신을 근거로 삼는 말씀을 학습자들이 적게 하고 각자에게 구원의 근
거가 되는 말씀은 어떤 성경말씀인지 서로 간증하게 하라. 간증을
통하여 더욱 풍성한 모임이 될 것이다.

2. 리더는 일일이 확인하라. 구원의 근거 말씀이 없거나 불명확하여
헷갈리는 성도는 리더가 도와서 자기의 구원을 확신하게 하는 말씀
을 갖게 하는 게 좋다.

3. 성경말씀을 말하지 못하는 성도들이 있을 것이다. 그들 중에는
① 아직 구원받지 못하였거나, ② 구원은 받았지만 아직 구원을 확
신하지 못하거나, ③ 구원의 확신에 대한 근거를 다른 것으로 갖고
있는 경우일 것이다.
①의 경우에는 학습자용 교재의 부록에 있는 구원의 복음을 소개하
　여 구원을 받아 그리스도인이 되도록 이끌어라.
②의 경우가 이번 질문에 유용하다. 차제에 구원을 근거하는 말씀을
　확인하여 자기의 구원을 확증하는 말씀을 갖도록 도우라.
③의 경우에는 리더가이드 1주 말미에 있는 참고자료를 중심으로 구
　원의 잘못된 근거들을 설명하여 바르게 구원을 확신하게 하라.

1. 흔들림 없는 확신을 위해 | 구원의 확신하는 성경구절이 필요한 이유는
구원을 확신을 하나님의 말씀에 근거해야 구원이 흔들리지 않기 때문이
다. 말씀에 근거하지 않으면 구원을 확신으로 이끌기에 부족하다. 말씀
에 근거한 체험 구원이 중요하고, 말씀 체험이야 말로 구원을 확신하게

한다. 여기서 체험이란 어떤 신비주의적인 체험을 의미하는 것이 아니라 말씀에 감동되고 말씀이 믿어지는 체험을 말한다. 그런 의미에서 체험이 동반되지 않은 말씀은 단지 지식에 불과하고, 말씀으로 확인되지 않은 체험은 하나님과 관계가 없는 착각일 수 있다.

2. 성경은 불변하는 구원의 근거 ┃ 법정에서는 범죄 혐의가 있더라도 용의자의 자백만으로 처벌하지 않는다. 처벌되려면 반드시 물적 증거나 증인이 있어야 한다. 마찬가지로 우리가 그리스도인이라면 입술로 예수 그리스도를 구세주와 주님으로 고백하더라도 그것으로 구원을 확신하는 것은 미흡하다. 입술 고백을 근거하는 말씀을 제시할 수 있어야 한다.

만일에 천국 문 앞에 섰을 때에 하나님께서 "내가 그대를 무엇 때문에 천국에 오게 해야 하는가?"라고 묻는다면 그 질문에 가장 확실한 대답은 하나님의 말씀인 성경의 구절이다. 예를들면 "요한복음 5장 24절과 갈라디아서 2장 20절(필자의 근거 구절)의 성경말씀에 따라서 제가 천국에 와야 합니다"라는 근거로 대면 될 것이다. 그 외의 인간 경험은 얼마든지 오해와 착각의 개연성이 있다.

질문 5   성경은 인간의 행위(노력)가 구원에 어떤 영향을 끼칠 수 있다고 말씀합니까?

에베소서 2:8-9 … 너희는 그 은혜에 의하여 믿음으로 말미암아 구원을 받았으니 이것은 너희에게서 난 것이 아니요 하나님의 선물이라 행위에서 난 것이 아니니 이는 누구든지 자랑하지 못하게 함이라 인간의 행위는 구원에 아무런 영향을 끼칠 수 없다. 구원은 인간의 행위 노력이 아니라 전적으로 하나님께서 값없이 주신 선물이다.

디도서 3:5 ⋯ 우리를 구원하시되 우리가 행한 바 의로운 행위로 말미암지 아니하고 오직 그의 긍휼하심을 따라 중생의 씻음과 성령의 새롭게 하심으로 하셨나니

디모데후서 1:9 ⋯ 하나님이 우리를 구원하사 거룩하신 소명으로 부르심은 우리의 행위대로 하심이 아니요 오직 자기의 뜻과 영원 전부터 그리스도 예수 안에서 우리에게 주신 은혜대로 하심이라

갈라디아서 2:21 ⋯ 내가 하나님의 은혜를 폐하지 아니하노니, 만일 의롭게 되는 것이 율법으로 말미암으면 그리스도께서 헛되이 죽으셨느니라

1. 인간의 행위와 전혀 관계없음 | 구원은 행위 여부에 달려 있지 않고 오직 하나님께서 거저주시는 은혜로써 되는 것이다. 은혜는 어떤 대가나 보상이 아니다. 그렇기 때문에 하나님께서 주시는 구원은 인간의 노력과 행위를 요구하지 않는다. 공로주의자들은 구원을 받기위해 선의를 가지고 기독교 발전에 기여하여 그 공적이나 선행이 일정 정도 역할을 할 것이라고 생각한다. 선행은 하나님께 인정받고 또 사람들에게 높이 평가받더라도 그것이 개인 구원에 아무런 영향을 주지 못한다. 인간의 공로가 구원에 영향을 끼친다면 이는 구원에 있어서 '은혜의 원리'가 무너진다. 죽음(영멸)에서 영생하는 생명은 하나님께서 100퍼센트 값없이 주시는 은혜로써만 된다.

2. 행위의 한계성 | 구원은 행위에 의존하게 되면 좀 잘 믿고 바르게 산다 싶으면 구원을 받은 것 같으나, 간혹 크게 실수를 하거나 죄에 빠졌을 때는 구원이 상실한 것 같은 두려움을 갖게 된다. 이런 현상은 구원의 근거를 행위에 의지하기 때문이다. 인간의 행위는 불완전하기 때문에 아무리 노력해도 구원의 고지에 이르지 못한다. 이런 태생적인 한계를 아시는 하나님께서 구원을 거져주시기 위해 아무 상관도 없는 예수 그리스도의 죽게 하신 것이다. 하나님께서 스스로 구원의 길을 만드시고 믿기만 하면 되는 구원을 주신 것이다. 그러므로 우리의 행위나 율법준수에서 길을 찾으려는 수고는 헛될 뿐이다.

3. 삶의 변화여부는 구원 이후의 문제 | 구원이 전적인 하나님의 은혜이기 때문에 예수님을 구세주와 주님으로 믿는 믿음으로만 구원받는다. 그러므로 삶의 변화가 보이지 않는다 하더라도 구원이 부정될 수 없다. 삶의 변화는 구원받은 이후의 문제이기 때문이다. 다만 그리스도인이 된지 오래되었음에도 불구하고 여전히 예수님과 동떨어진 채 변화되지 않는 생활을 지속하고 있다면, 이는 실제적으로 구원받았는지 여부를 다시 확인해볼 필요가 있다. 비록 아주 더딜지라도 구원받은 사람은 날로 주님을 닮아 경건하고 거룩해져야만 하기 때문이다.

질문 6 다음 성경말씀은 구원의 시제를 어떻게 쓰고 있습니까?

로마서 8:24 … 우리가 소망으로 구원을 얻었으매 보이는 소망이 소망이 아니니 보는 것을 누가 바라리요 과거형으로 '구원을 얻었다' 라고 썼다. 이미 내가 받아서 갖고 있는 구원이다.

요한복음 5:24 … 내가 진실로 진실로 너희에게 이르노니 내 말을 듣고 또 나 보내신 이를 믿는 자는 영생을 얻었고 심판에 이르지 아니하나니 사망에서 생명으로 옮겼느니라

1. 이미 이루어진 구원 | 예수님을 구세주와 주님으로 믿은(믿어진) 것은 이미 일어난 일이다. 로마서 8장 24절은 '구원을 얻었다'(I have been saved)고 하여 완료형 과거시제를 사용하였다. 과거시제로 표현된 구원은 역사적 사실을 말한다. 우리의 구원이 예수 그리스도의 역사적 사건에 근거한다는 말이다. 과거적 차원의 구원에 있어서 핵심은 믿기만 하면 구원받고 또 시간을 초월해서 모든 죄가 해결된다는 것이다. 모순처럼 보이지만 예수님을 믿기만 하면 죄의 근원이 해결되어 그동안 지은 죄는 물론이고 앞으로의 지을 죄도 모두 해결된다.

2. 죄의 지옥 형벌을 해결 | 과거적인 차원의 구원은 죄의 형벌로부터의 구원이다. 죄의 형벌은 영원한 사망이다. 죄로 인해 영원히 죽을 수밖에 없는 위치에 있다가 거기서 벗어난 것이다. 그래서 구원을 받았다고 할 때의 구원은 죄로 인하여 하나님과의 분리된 영적인 죽음으로부터 하나님의 자녀가 되어 영원한 생명을 얻는 것이다.

3. 과거적 차원의 구원의 한계 | 구원에서 과거적인 차원만을 신봉하게 되면 영적인 나태함에 빠질 위험성이 있다. 그뿐 아니라 구원이 이미 이루어졌다는 안전감에 도취되어 현실적인 삶을 소홀히 하게 되는 형식주의적 신앙에 빠질 수 있다. 생활이 방탕해지고 심지어 영은 선하고 육은 악한 것이라는 이원론에 빠질 수도 있다. 이러한 신앙이 집단을 이루게 되면 영지주의, 이원론적 사이비집단 등과 같이 이단의 길로 들어설 수 있다.

질문 7　다음 성경말씀은 구원의 시제를 어떻게 쓰고 있습니까?

고린도전서 15: 2 … 너희가 만일 내가 전한 그 말을 굳게 지키고 헛되이 믿지 아니하였으면 그로 말미암아 구원을 받으리라

정 답

구원을 받으리라. 현재 진행형으로 쓰였다. 현재 시간 속에서 사역과 훈련과 고난을 거치면서 이루어 가는 구원이다.

참고말씀

빌립보서 2:12 … 그러므로 나의 사랑하는 자들아 너희가 나 있을 때뿐아니라 더욱 지금 나 없을 때에도 항상 복종하여 두렵고 떨림으로 너희 구원을 이루라

빌립보서 1:6 … 너희 안에서 착한 일을 시작하신 이가 그리스도 예수의 날까지 이루실 줄을 우리는 확신하노라

1. 현재 이루고 있는 구원 | 고린도전서 15장 2절은 현재 구원을 이루어 가고 있는(I am being saved) 삶의 거룩성을 의미한다. 현재 진행되는 구원은 이미(과거, Already) 구원받았고 그러나 아직(미래, Not Yet) 구원의 영광(완성)에 이르지 못한 그 사이에서 성결과 거룩함으로 소망을 가지고 살아가는 '과정의 구원' 이다.

예수 그리스도의 십자가 고난으로 우리가 죄인의 상태에서 의인이 된 것을 신분적 구원이라면 진행형으로 표시된 구원은 과정(시간)의 구원이다. 그러므로 같은 구원이라는 단어를 써도 과거적 차원의 구원과 현재적 차원의 구원으로 구별된다.

2 실천하는 구원 | 현재적 차원의 구원은 구원의 실천을 말한다. 구원받은 자가 현재 이 땅에서의 삶을 어떻게 구원의 삶으로 세워 가는지를 말한다. 죄와 연관시켜서 설명하면 죄의 영향력으로부터 자유로워지는 거룩해져감(聖化)이다. 그리스도인으로서 생활양식이 하나님 중심으로 점점 변화되어가는 과정을 일생동안 계속하는 '생활의 구원' 이다. 현재적 차원의 구원은 '성령님 안에서의 삶' 이라고 할 수 있다. 날마다 성령님 안에서 예수님을 주님으로 모시고 사는 삶을 이루어 가는 것이 생활의 구원이다.

3. 현재적 차원의 구원의 한계 | 구원의 현재적인 측면만을 강조하게 되면 지나친 현실주의자가 되고 현재의 행위에 집착하게 될 위험성이 있다. 특히 선행을 강조하게 되면 인본주의적 생활 양태를 보이기 쉽다. 그렇다고 현재적 차원의 구원을 부정하면 현재 없는 미래가 없듯이 우리의 미래에

이루어주시는 구원(완료 해주신 구원)도 부정된다. 그러므로 과거의 경험과 현재의 과정(생활)을 미래의 소망까지 온전히 누리는 그리스도인으로 살아야 한다.

질문 8 다음 성경말씀은 구원의 시제를 어떻게 쓰고 있습니까?

로마서 5: 9 … 그러면 이제 우리가 그의 피로 말미암아 의롭다 하심을 받았으니 더욱 그로 말미암아 진노하심에서 구원을 받을 것이니

해설노트

구원을 받을 것이다. 미래 완료형으로 된 구원이다. 미래에 반드시 이루어진다는 의미로 쓰였다.

정 답

히브리서 12: 28 … 그러므로 우리가 흔들리지 않는 나라를 받았은즉 은혜를 받자 이로 말미암아 경건함과 두려움으로 하나님을 기쁘시게 섬길지니

참고말씀

1. 미래에 이루어질 구원 | 미래적 차원의 구원은 구원의 완성을 의미한다. 구원받은 자들이 누리게 될 영광과 불신자의 심판이 포함된다. 로마서 5장 9절은 '구원을 얻을 것이니라'(We shall be saved)고 미래 수동태로 표시하고 있다. 하나님께서 구원을 완료시켜주셔서 그 구원을 누리게 되는 상태를 말한다. 미래의 구원은 죄의 존재로부터의 영원히 분리되는 완전한 구원이다. 미래적 차원의 구원에 이르면 죄의 존재가 전혀 없는 죄

로부터 완전히 자유로워진 상태이다.

2. 미래를 강조할 때의 위험성 ┃ 구원의 미래적인 측면만을 강조하게 되면 시한부 종말론과 같은 현실 도피적이며 광신적인 신앙에 빠질 위험성이 있다. 데살로니가 교회 성도들 가운데 일부는 구원의 세 가지 차원을 받아들이지 않고 구원의 미래적 차원에만 집착하였다. 바울은 데살로니가 교인들의 이러한 모습을 경계하였다. 그들에게 주의 날이 이르렀다는 말에 동요되어서는 안 될 것과(살후 2:1-2) 누구든지 일하기 싫어하거든 먹지도 말게 하라(살후3:10)고 현재 이루어져 가는 구원에 충실할 것을 경고하였다.

3. 미래의 구원을 소망하라 ┃ 모든 그리스도인은 구원을 세 가지 차원으로 받아들여서 하나님께서 시간적으로 이루어 가시는 구원의 은혜를 누려야 한다. 하나님께서 이루어가는 구원에 기쁨으로 참여하면 완성된 구원의 세계에 안착하게 될 것이다. 그래서 인생에서 겪어야 했던 악과 고난과 질병으로부터 벗어나서 영광스러운 형상으로 변화될 것이다. 그러므로 그리스도인은 미래의 구원을 사모하고 소망하며 지금 헌신의 기쁨으로 사는 것이다. 그리스도인의 신앙생활의 결국은 주님과 함께 천국을 누리는 구원의 완성이다.

질문 9 그리스도인이 구원을 이루어 가면서 즐거워해야 할 이유는 무엇입니까?

로마서 5:2-4 … 또한 그로 말미암아 우리가 믿음으로 서 있는 이 은혜에 들어감을 얻었으며 하나님의 영광을 바라고 즐거워하느니라 . 다만 이뿐 아니라 우리가 환난 중에도 즐거워하나니 이는 환난은 인내를, 인내는 연단을, 연단은 소

망을 이루는 줄 앎이로다

그리스도인은 환란(sufferings)중에도 즐거워할 수 있다. 왜냐하면 환난을 통하여 인내하고, 그 환란의 과정(연단)은 예수님을 닮은 정금같이 존귀한 그리스도인이 되게 한다. 연단을 통과하는 그리스도인은 하나님과 함께 사는 부활 신앙의 소망을 갖게 되고 결국에는 구원의 완성(승리)에 이르게 된다.

베드로전서 1:6-7 … 그러므로 너희가 이제 여러 가지 시험으로 말미암아 잠깐 근심하게 되지 않을 수 없으나 오히려 크게 기뻐하는도다 너희 믿음의 확실함은 불로 연단하여도 없어질 금보다 더 귀하여 예수 그리스도께서 나타나실 때에 칭찬과 영광과 존귀를 얻게 할 것이니라

베드로전서 5:4 … 그러면 목자장이 나타나실 때에 시들지 아니하는 영광의 관을 얻으리라

욥기 23:10 … 그러나 내가 가는 길을 그가 아시나니 그가 나를 단련하신 후에는 내가 순금 같이 되어 나오리라

1. 소망을 견고하게 하는 연단 | 용광로를 통과하면 불순물이 제거된 정금이 나오는 것처럼 연단은 예수님을 닮은 인격으로 변화시킨다. 그리스도인의 신앙은 연단(훈련)이라는 과정을 통하여 예수님의 인격을 나의 인격으로 소유하게 되고, 연단을 통해 하나님의 자녀로 인정 된다. 그리고 연

단은 부활의 소망을 명료하게 만든다. 부활의 소망이란 하나님과 함께 사는 것이다. 연단은 소망을 끝까지 잃지 않게 한다. 그래서 결국에는 부활하여 하나님과 영원히 함께 사는 것이다.

2. 환란 중에 즐거워해야 할 이유 ㅣ 그리스도인이 환란 중에 즐거워야 할 이유는 천국 소망이 있기 때문이다. 예수님께서는 아버지 하나님께 성도들도 함께 동거하게 해달라고 기도하신데서 알 수 있듯이 성도와 함께 있기를 소원하신다(요 17:24). 또한 예수님게서 지상 사역을 마치고 천국에 가신 이유는 우리가 거할 처소를 미리 준비하시기 위함이다(요 14:3). 그러므로 우리는 예수님과 함께 천국에서 영광을 누릴 산 소망으로 즐거워 할 수 있다. 천국의 영광은 세상의 그 어떤 부귀영화와 족히 비교할 수 없는 곳이다.

> 아버지여 내게 주신 자도 나 있는 곳에 나와 함께 있어 아버지께서 창세 전부터 나를 사랑하시므로 내게 주신 나의 영광을 그들로 보게 하시기를 원하옵나이다(요 17: 24)

질문 10　아래 질문들은 모두 '예'라는 대답을 요구하는 것은 아니지만 구원받은 사람에게서 나타나냐 할 외적인 증거들이다. 에, 아니오, 모름에 표시하시오.

리더지침

10개의 구원체크 질문들은 구원을 점검하기 위해 생활 속에서 알아볼 수 있는 질문들이다. 10가지 질문은 구원받음을 증명할 수 있는 외적인 증거들이다. 학습자들이 몇 개를 예로 표시했는가의 개수에 관심을 갖기보다는 모름에 표시한 경우에 리더가 질문의 의도를 설명하여 "예" 또는 "아니오"를 대답하게 하고 서로 그 결과를 나누도록 이끌면 되겠다.

구원에 대한 9가지 오해

종종 구원의 교리를 잘못 알고 있어서 구원의 확신에 어려움을 겪는 사람들이 있다. 만일에 잘못된 교리를 적용하여 실제로는 구원을 경험하지 못하고, 구원받은 것으로 오해하며 교회생활을 하고 있다면, 이는 인생에서 가장 안타까운 경우일 것이다. 그러므로 올바른 구원의 교리로 가짜(짝퉁) 구원을 잘 분별하여 진짜 구원의 확신을 가져야 한다. 다음의 사례는 잘못된 근거에 의해 구원을 확신하는 경우이다.

1. 침례 · 세례 받음 │ 교회 의식 가운데 구원받은 자에게 베푸는 침례 · 세례에 참여하는 것으로 구원받았다고 믿는 것은 잘못된 것이다. 물을 머리에 뿌리거나(세례), 물에 몸을 담그는(침례) 교회 의식은 구원받은 신앙고백을 한 자가 받는 의식이다. 그러나 진실한 신앙고백 없이 이 의식에 참여하는 것으로 구원받을 수 없다.

침례 · 세례는 구원받은 자의 평생 1회적인 의식으로 구원의 외적 표현(상징)이다. 그리스도인은 특별한 의식이나 종교적 표현(침례와 주의 만찬)을 구원의 조건으로 여겨서는 안 된다. 침례 · 세례예식은 그리스도인이 된 자들이 참여하는 것이지 구원의 방편은 아니다.

2. 교회 예배 참석 | 교회 예배와 교회의 기능적인 활동에 참석하는 것을 구원의 근거로 믿는 이들이 있다. 교회의 예배 참여와 교회 봉사는 그리스도인의 당연한 삶의 태도이다. 그러나 교회 예배는 그리스도인이 아니어도 참관(참여가 아닌)할 수 있고, 모범적으로 보일 만큼 활동할 수 있다. 그러나 아직 주님을 영접한 경험이 없는 자라면 아무리 공중예배에 많이 참석하고 봉사를 해도 그것이 구원의 방편이 되지 않는다. 구원은 예수 그리스도를 구세주와 주님으로 영접하는 믿음으로만 되는 것이다.

3. 교회 직분수임 | 교회에는 목사, 전도사, 장로, 집사, 교사, 구역장 등 여러 직분이 있으나 그러한 직분이 구원을 이루게 하는 것은 아니다. 그가 아직 비그리스도인이라면 직분을 받아서 성실하게 봉사생활을 하더라도 구원과 관계없다. 자연스럽게 교회 문화에 익숙하게 살고 교회에서 직분을 갖고 봉사한 경력이 많다 하더라도 예수 그리스도를 구세주와 주님으로 영접하지 못하였다면 그는 아직 구원받은 그리스도인이 아니다.

4. 구원초청에 대한 반응 | 교회 예배나 집회에서 설교자로부터 구원에 대한 메시지를 듣고 "예수님을 믿기 원하시는 분은 자리에서 일어나 기도를 따라해 주십시오." 등의 초청과 결신을 요청받을 때, 또는 성경공부나 전도상담 등에서 리더나 전도자의 권유를 받고 'Yes'로 반응한 것을 근거로 그리스도인이 되었다고 생각한다. 그러나 어떤 형식에 참여했다고 해서 그리스도인이 되는 것은 아니다. 오직 구원은 성경말씀에 근거해서 예수 그리스도를 구세주와 주님으로 영접하는 결단의 경험이 있어야 된다.

5. 기적이나 신비 체험 | 어떤 기적이나 초능력적인 종교 체험으로 구원의 근거로 삼아 구원의 확신하려고 하는 경우가 있다. 그러나 이러한 신비체험으로는 구원의 근거가 될 수 없다. 상식을 초월한 특별한 경험은 교회가 아닌 다른 종교들에서도 일어나고 있다. "거짓 그리스도들과 거짓 선지자들이 일어나서 이적과 기사를 행하여 할 수만 있으면 택하신 자들을 미혹하려 하리라"(막 13:22). 예수님께서는 하늘나라에 입국해서 하나님과 함께 지내려면 오직 한 가지 경험이 필요하다고 말하신다.

> 예수께서 대답하여 가라사대 진실로 진실로 네게 이르노니 사람이 거듭나지 아니하면 하나님 나라를 볼 수 없느니라(요 3:3)

6. 감정의 변화 | 어떤 특별한 감정적 체험을 한 것으로 구원의 근거로 삼는 이들이 있다. 감정은 어떤 행위나 경험에 대한 느낌이나 반응이기 때문에 감정을 구원의 근거로 내세울 수 없다. 구원에 있어서 감정은 구원을 경험한 후에 나타나는 결과이다. 그리고 구원에서 감정반응은 구원의 근거로 내세울 만큼 모든 사람이 동일하게 반응하지 않는다. 사람의 성격이나 인종, 사회적 배경, 문화에 따라 다르다. 감정반응은 다양하기 때문에 어떤 특정한 감정에 구원의 근거를 구해서는 안 된다. 구원을 감정에 의존하게 되면 감정 변화에 따라 구원이 흔들리게 되어 구원의 확신이 불가능하게 된다.

7. 종교적인 행위 | 성경통독 횟수, 헌금, 전도, 금식 등의 신앙행적을 가지고 구원의 근거를 삼는 경우이다. 남다른 신앙 행적은 칭찬 받을 일이긴 하지만 이를 구원의 근거로 삼으려는 것은 구원을 공로주의로 격하시

키는 것이다. 신앙적인 행위는 충성도에서 차이가 날 뿐, 구원받은 사람들이라면 당연한 삶의 태도이다. 따라서 신앙 행적은 구원의 기준이 없는 것이며, 어느 누구도 이러한 행위가 월등하다 하여 구원과 연관된다고 말할 수 없다.

구원을 행위에 의존하게 되면 조금 잘 믿고 바르게 산다 싶으면 구원을 받은 것 같아 자신감을 가질 수 있지만, 생활이 어느 수준에 미치지 못하게 되면 구원의 상실을 염려해야만 된다. 그리스도인의 삶이 도덕적으로 수준 높게 변화되는 것이 당연하지만, 구원은 행위나 율법 준수로 되는 것은 아니다(엡 2:8-9).

8. 가족의 믿음 | 가족의 믿음이 자기 구원에 관여한다고 믿는 이들이 있다. 부모나 배우자가 교회의 중직자라 하더라도 그들로 말미암아 가족 전체가 구원의 은혜를 입지 못한다. 어느 누구도 다른 사람의 기도, 희생, 신앙연조에 엎혀서 어부지리(漁父之利)로 하늘나라에 갈 수는 없다.

구원의 적용은 개인적이기 때문에 상속이나 분여되지 않는다. 목숨이 하나이기에 누구도 대신 살아줄 수 없듯이 구원도 개인적으로 적용되기 때문이다. 오직 구원은 개인적으로 예수 그리스도를 구세주와 주님으로 영접하여야 한다.

9. 비교우위의 높은 도덕성 | 사회적으로 인정받을 만한 비교우위의 도덕성을 가진 이들의 경우, 높은 도덕성을 종교적 가치로 치환하여 이를 구원의 근거로 삼는 경우가 있다. 도덕성에 가치를 두는 사람들은 '하나님께서 공평하신 분이라면 선한 사람을 하늘나라에 들어가게 할 것'이라고 생각한다.

　　그러나 하나님께서 가진 구원의 잣대는 윤리 도덕주의에 있지 않다. 구원이 사람의 행위에 기원을 두지 않기 때문에 인간은 윤리도덕이나 선행에 의해 구원받는 것이 불가능하다. 도덕적인 수준이 높은 경우에 주위 사람들에게 존경을 받고 칭찬을 들을 수 있으나 그러한 삶의 태도가 구원의 동기가 되는 것이 아니다. 구원은 오직 하나님의 은혜와 그리스도께서 하신 일로 말미암는다.

생활 속의 죄처리
Forgiveness of Sins

• **학습목표**

1. 죄를 바로 이해하고 죄의 처리방법을 알고 실천하여 오뚝이같이 일어서서 당당하게 생활하는 그리스도인이 된다.

2. 습관과 삶에 남아 있는 실행죄에 노출되는 빈도를 줄여나가므로 예수님을 닮은 그리스도인의 삶을 산다.

• **중심구절**

또 주의 종에게 고의로 죄를 짓지 말게 하사 그 죄가 나를 주장하지 못하게 하소서 그리하면 내가 정직하여 큰 죄과에서 벗어나겠나이다(시편 19:13)

• **암송구절**

또 그들의 죄와 그들의 불법을 내가 다시 기억하지 아니하리라 하셨으니(히브리서 10:17)

질문 1   우리의 속에 있는 무엇이 썩어져가는 구습(옛 습관)을 버리지 못하게 합니까?

에베소서 4:22 … 너희는 유혹의 욕심을 따라 썩어져 가는 구습을 따르는 옛 사람을 벗어 버리고

정 답

구습은 그리스도인이 되기 전의 행태이다. 예수님을 믿기 전에는 욕심으로 살았고, 욕심에 미혹되어 세상의 흐름에 그대로 묻혀 살면서 그것에 익숙해져서 옳고 그름을 분별하지 못하는 삶을 살았다.

참고말씀

로마서 12:2 … 너희는 이 세대(세상)를 본받지 말고 오직 마음을 새롭게 함으로 변화를 받아 하나님의 선하시고 기뻐하시고 온전하신 뜻이 무엇인지 분별하도록 하라

해설노트

1 성경이 말하는 죄 | 성경이 말하는 죄의 뜻은 헬라어 '하마르티아 (*ἁμαρτία*)' 로서 어원적 의미는 '표적을 빗나가다' 라는 뜻이다. 이는 인간이 창조의 목적에 벗어나 잘못된 길로 가는 것을 의미한다. 원래 인간은 하나님과 교제하는 존재로 창조되었다. 그러나 하나님과 교제에서 벗어나면서 고독한 존재가 되었다(사 43:7). 인간이 스스로 자립 자존하고자 한것이 바로 창조목적에 어긋난 죄이다.

2 죄의 본질과 현상 | 보통 죄는 법률의 위반, 관습과 도덕률의 위반 등을 의미한다. 그러나 이러한 실행죄(實行罪)는 죄의 현상일 뿐이다. 죄를 근본적으로 해결하기 위해서는 죄를 일으키는 본질(original sin)을 알고 처리해야 한다. 죄의 본질은 하나님께 교제(=의존과 순종)하면서 살아야 하는 인간이 하나님을 떠나서 자립(고립)하여 사는 것이다(요 16:9). 죄의 본질(뿌리)로부터 죄의 현상, 스스로 행하는 모든 자범죄(sins)가 나오게 된다. 그러므로 죄를 처리하기 위해서는 죄를 일으키는 죄의 뿌리(원죄)를 해결해야 한다. 인간은 죄를 짓기 때문에 죄인이 되는 것이 아니라, 죄인이기 때문에 죄를 범한다.

3. 원죄의 해결 | 인간이 실행죄를 용서받고 행복한 삶을 누리기 위해서는 먼저 원죄(原罪)의 문제를 해결해야 한다. 이 문제는 밖에서 잠긴 감옥에 갇힌 죄수가 스스로 출옥할 수 없듯이, 인간 스스로 해결할 수 없고 오직 인간 밖에서 해결해 주어야 하는 태생적인 문제이다. 그래서 하나님께서 이 문제를 해결해 주시려고 예수님을 보내시고, 예수님께서는 우리를 대신해서 십자가에서 죗값을 치루시므로 죄의 근본 문제를 해결하셨다. 그러므로 인간은 예수님을 구세주와 주님으로 믿음으로 원죄가 해결된다. 다만 그리스도인은 이전에 본질상 죄 자체였고, 죄에 익숙하여 습관이 된 성품으로 여전히 죄의 현상이 그리스도인에게도 잔존한다는 것이다.

질문 2　그리스도인은 자기가 범한 죄를 처리하기 위해서 어떻게 해야 합니까?

　요한일서 1: 9 … 만일 우리가 우리 죄를 자백하면 그는 미쁘시고 의로우사 우

리 죄를 사하시며 우리를 모든 불의에서 깨끗하게 하실 것이요

그리스도인이 죄를 지은 후에 그 죄를 자백하면 하나님께서는 아무 것도 따지지 않고 즉시 죄를 용서해 주신다.

시편 86:5 … 주는 선하사 사죄하기를 즐거워하시며 주께 부르짖는 자에게 인자함이 후하심이니이다

시편 38:18 … 내 죄악을 아뢰고 내 죄를 슬퍼함이니이다

1. 그리스도인도 죄를 범함 | 그리스도인은 죄에서 벗어나 의인의 신분이지만 여전히 죄의 영향력 아래서 산다. 그렇기 때문에 그리스도인이 되었어도 여전히 죄를 지을 수 있고 또 비슷한 유형의 죄를 반복해서 지을 수도 있다. 이는 죄인으로 태어났고, 죄에 익숙하고, 죄를 이길 힘이 없는 존재로서 옛 습성이 남아있기 때문이다. 그래서 죄를 안 짓기로 결심을 한다고 해서 죄를 안 지을 만큼 능력 있는 존재가 되지 못한다.

2. 자백하면 용서받음 | 하나님께서는 우리가 어떤 큰 죄를 범할지라도 자백하기만 하면 언제든지 용서해 주신다. 자백은 하나님께서 지적하는 죄를 죄로 인정하고 그 죄에 대해 마음 속 깊이 뉘우치고 회개하는 것이다. 회개는 그릇된 길에서 바른 길로 고치는 것이다. 그래서 다시는 죄를 범하지 않기로 결심할 뿐만 아니라 죄의 결과로 이웃이 고통당하는 이웃

에 대한 책임을 통감하고 보응하는 것이다. 자백을 통하여 죄책감과 재범에 대한 불안감을 떨쳐내고 오뚝이처럼 다시 일어나는 것이 하나님께서 기대하고 바라시는 그리스도인의 생활 모습이다. 자백하는 삶은 죄의 영향력으로부터 자유로워지고, 매일매일 성령님의 능력에 힘입어 온전한 성화의 길로 나가게 된다.

죄를 처리하는 방법

1. 사죄의 복음을 믿어라 │ 사죄의 복음을 믿지 못하면 자백하지 않고 또 자백했더라도 용서받음에 대한 확신을 갖지 못한다. 그리고 구원받음을 의심하게 되고 결국 활기찬 그리스도인의 삶을 누리지 못한다. 그러나 죄 용서에 대한 하나님의 약속을 믿고 회개하면 하나님께서 주시는 사죄의 은총을 입는다.

2. 죄를 자백하여 용서받음을 즐거워하라 │ 죄를 하나님 앞에 그대로 갖고 나가 구체적으로 자백하라. 그러면 하나님께서 용서해주신다. 성실하게 자백했으면 이제 용서를 믿고 적극적이며 당당하게 생활하라. 혹시라도 용서받지 못할까 걱정하지 말라. 죄를 용서해주실 권능과 자격을 가지신 주님께서 약속대로 다 용서해주시기 때문이다.

3. 재범을 하지 않기로 결단하라 │ 자백하고 죄를 다시 범치 않기로 결단하라. 그리고 구체적으로 행동을 개선하라. 그렇게 나가는 것이 진정한 회개이다. 죄로부터 자유로운 삶은 다시는 그 죄를 다시 짓지 않아야 가

능하다. 죄를 범하지 않으려는 결단과 함께 선한 삶으로 나가는 자를 성
령님께서 도우신다. 그래서 죄로부터 분리된 성결한 삶을 살 수 있게 된
다.

4. 또 죄를 범해도 또 자백하면 또 용서해주신다 | 굳게 결심했더라도 다시
죄에 넘어질 수 있다. 그래도 걱정할 것 없다. 다시 죄를 범하였다면 그때
도 사죄의 복음을 믿고 주님 앞으로 나가 죄를 자백하여 처리하면 된다.
하나님께서는 죄를 고백하기만 하면 천 번이고 만 번이고 언제나 똑같이
죄를 용서해주시고 그 죄에서 자유하게 해 주신다.

질문 3   다음 성경말씀을 읽고 사죄의 은총을 베푸시는 하나님의 마음과 약속
은 무엇입니까?

시편 34: 18 ⋯ 여호와는 마음이 상한 자를 가까이 하시고 중심으로 통회하는
자를 구원하시는도다

히브리서 10: 17–18 ⋯ 또 그들의 죄와 그들의 불법을 내가 다시 기억하지 아
니하리라 하셨으니 이것들을 사하셨은즉 다시 죄를 위하여 제사 드릴 것이 없
느니라

정 답

하나님께서는 마음이 상한 자를 가까이 하시고 통회하는 자를 용서
해주신다. 하나님께서는 회개하면 모든 잘못과 범죄를 다 용서해 주
시고 다시는 기억하지 않으신다.

이사야 43: 24b-25 … 네 죄짐으로 나를 수고롭게 하며 네 죄악으로 나를 괴롭게 하였느니라 나 곧 나는 나를 위하여 네 허물을 도말하는 자니 네 죄를 기억하지 아니하리라

요일 2:1-2 … 나의 자녀들아 내가 이것을 너희에게 씀은 너희로 죄를 범하지 않게 하려 함이라 만일 누가 죄를 범하여도 아버지 앞에서 우리에게 대언자가 있으니 곧 의로우신 예수 그리스도시라 그는 우리 죄를 위한 화목 제물이니 우리만 위할 뿐 아니요 온 세상의 죄를 위하심이라

시편 51:17 … 하나님께서 구하시는 제사는 상한 심령이라 하나님이여 상하고 통회하는 마음을 주께서 멸시하지 아니하시리이다

해설노트

1. 죄를 기억하지 못하시는 하나님 | 하나님께서는 죄에 노출되어 상한 마음으로 힘들어 하는 자를 애절한 마음으로 어루만지시며 죄의 수렁에서 건져내시고자 하신다. 그래서 하나님의 사랑 앞에서 죄를 시인하고 자백하기만 하면 하나님께서는 그 즉시 용서해 주신다. 그리고 하나님께서 죄를 용서하시면 다시는 그 죄를 기억하지 못하신다. 그런데 용서에 대한 확신을 갖지 못한다면 이는 하나님을 불신하는 것이다. 회개했으면 용서받음을 믿고 그대로 잊어버려라. 다만 다시는 그 죄를 범하지 말아야 한다.

2. 범죄는 하나님과 관계를 끊지 못함 | 그리스도인이라는 신분은 어떠한 경우에도 주님과 관계가 박탈되거나 끊어질 수 없다(롬 8:38-39). 부모와 자녀의 혈연관계가 불변하듯이 하나님의 자녀 된 그리스도인과 하나님의 관계 역시 불변이다. 성경은 할 수 있는 모든 용어를 다 동원하여 하나

님과 그리스도인의 관계는 결코 끊어지지 않는다고 말씀하고 있다. 그래서 한 번 그리스도인은 영원한 그리스도인이다. 한 번 구원받았으면 어떠한 경우에도 구원에는 절대 변화가 없다.

내가 확신하노니 사망이나 생명이나 천사들이나 권세자들이나 현재 일이나 장래 일이나 능력이나 높음이나 깊음이나 다른 어떤 피조물이라도 우리를 우리 주 그리스도 예수 안에 있는 하나님의 사랑에서 끊을 수 없으리라(롬 8:38-39).

3. 자백 후에는 당당한 삶 | 죄책감에 눌려 신앙의 진보를 이루지 못하고 제 자리에 머물러 사는 그리스도인이 있는가 하면 죄를 범했더라도 죄를 처리하며 날마다 당당하게 사는 그리스도인이 있다. 주님께서 바라는 그리스도인은 후자와 같이 당당하게 사는 자이다. 전자와 같은 태도는 하나님께서 바라는 삶의 태도가 아니다.

자식이 잘못했더라도 주눅 들어 기를 펴지 못하고 산다면 좋아할 부모는 없다. 잘못했다면 꾸중을 듣더라도 용서를 빌고 다시 예전처럼 부자관계로 활기차게 살아야 부모님이 좋아한다. 이는 하나님 앞에서도 마찬가지다. 그리스도인은 삶을 무력화시키는 죄를 고백하여 처리하고 자신감 있게 생활하는 그리스도인이 되어야 한다. 그것을 하나님께서 원하신다.

4. 자학은 교만 | 윤리도덕적으로 큰 범죄이거나, 동일한 죄를 자주 반복하거나 또는 개인 성격이 내성적이거나 소심한 경우에 자백 자체를 부끄러워하기도 한다. "나 같은 놈은 지옥에 떨어져야 한다"며 자학적 태도를 갖고 용서를 거부하려는 태도를 갖기도 한다. 이러한 자학적인 태도는 하

나님 앞에서 교만이다. 피조물이 하나님께서 예비해놓은 선물을 받지 않으려는 것은 하나님을 하나님으로 인정하지 않는 태도이기 때문이다. 용서받음을 믿지 못하고 의기소침한 것이 교만이라는 사실을 명심하고 용서하기를 기뻐하시는 주님께 나가야 한다. 그리고 용서받음을 감사하며 툭툭 털고 다시 일어나야 한다.

질문 4　하나님께서 죄를 용서하실 때에 조건이나 제한을 두고 계십니까?

이사야 1:18 … 여호와께서 말씀하시되 오라 우리가 서로 변론하자 너희의 죄가 주홍 같을지라도 눈과 같이 희어질 것이요 진홍 같이 붉을지라도 양털 같이 희게 되리라

마태복음 11:28 … 수고하고 무거운 짐 진 자들아 다 내게로 오라 내가 너희를 쉬게 하리라

정 답

하나님의 죄용서는 전혀 제한이나 조건을 두지 않으신다. 누구든지 (무제한) 어떠한 흉악한 죄를 범했을 지라도 하나님께로 가지고 나오면 하나님께서는 다 용서하신다.

참고말씀

로마서 8:1-2 … 그러므로 이제 그리스도 예수 안에 있는 자에게는 결코 정죄함이 없나니 이는 그리스도 예수 안에 있는 생명의 성령의 법이 죄와 사망의 법에서 너를 해방하였음이라

1. 차별없는 용서 | 일반적으로 하나님께서도 사람이 지은 죄는 법과 윤리도덕적 경중에 따라 차별할 것으로 생각한다. 그러나 하나님께서는 용서에 차등을 두지 않으신다. 하나님께서는 죄의 근원(본질)을 문제로 여기시기 때문에 드러나는 죄의 현상의 크고 작음에 따라 차별적으로 대우하지 않으신다. 예컨대 작은 모래알갱이나 큰 바윗덩어리를 바다에 던지면 둘 다 가라앉는다. 주님께서는 가라앉는 그 자체를 문제 삼으신다. 돌의 크기에 따라 선별적으로 용서의 은혜를 베푸는 분이 아니시다. 아무리 사회적인 지탄을 받는 큰 범죄자라할지라도 하나님께로 나오면 하나님께서는 무조건, 무제한, 전부 다 용서해 주신다.

2. 사회적인 대가는 받아야 함 | 죄는 하나님과 관계뿐만 아니라 사람들과 관계에도 문제를 일으킨다. 나의 범죄로 인하여 사람들과 관계에 어려움을 주는 경우에는 그에 상응하는 사회적 대가를 치러야 한다. 사회법에 저촉되면 법률에 따라 인신이 구속되거나 벌금을 물어야 한다. 도덕적으로 문란한 생활을 했다면 사람들로부터 비난을 감수해야 하고, 문란한 성생활로 인한 질병(AIDS)에 노출되는 것 역시 피할 수 없다. 특히 인간이 일으킨 오염과 공해로 인하여 생기는 자연재해와 질병 역시 피하기 어려운 대가이다. 하나님께서는 아무 조건없이 다 용서해주시지만 사람들에 대해서는 그 대가를 치루어야 한다.

질문 5　마귀에 의해 강렬한 죄책감에 시달린다면 그 해결방법은 무엇입니까?

　　마가복음 9:28-29 … 집에 들어가시매 제자들이 조용히 묻자오되 우리는 어찌

하여 능히 그 귀신을 쫓아내지 못하였나이까 이르시되 기도 외에 다른 것으로
는 이런 종류가 나갈 수 없느니라 하시니라

그리스도인들이 죄책감을 갖는 두 가지의 상반된 원인이 있다. 하나
는 성령님의 도전에 의하여 생기고, 다른 하나는 마귀의 계략에 넘
어갔을 때에 생긴다. 후자의 경우에는 기도를 통하여 예수님의 능력
으로 마귀의 영향력을 몰아내야 한다. 기도하면 성령님께서 평안을
주신다. 성령님께서 주시는 평안으로 죄책감, 의기소침, 실패감을
몰아낼 수 있다.

빌립보서 4:6-7 … 아무 것도 염려하지 말고 다만 모든 일에 기도와 간구로,
너희 구할 것을 감사함으로 하나님께 아뢰라 그리하면 모든 지각에 뛰어난
하나님의 평강이 그리스도 예수 안에서 너희 마음과 생각을 지키시리라

1. 성령님의 회개촉구 | 그리스도인이 범죄하게 되면 하나님의 공의의 그
림자라고 할 수 있는 양심의 가책과 성경말씀을 통한 성령님의 지적으로
생기는 죄책감을 갖게 된다. 이때 생긴 죄에 대한 자책감은 주님 앞에 나
와서 죄를 자백하게 하는 동력이 된다. 이때는 성령님의 강권하심에 순복
하여 자백하면 죄를 용서받게 된다. 성실한 자백이 없을 때에는 자백의
자리로 나오기를 바라시는 성령님께서 우리의 마음을 계속 터치하여 죄
책감을 일으키신다. 이때에도 하나님 앞에 다시 나아가 진심으로 자백하

여야 한다. 그러면 마음에 평안이 찾아오고 죄책감이 사라지는 것을 경험하게 된다. 다만 자백한 후에도 찜찜한 상태가 어느 정도 남는 것은 마음에 남은 범죄의 잔상이므로 어느 정도 시간이 지나야 한다.

2. 마귀의 계략 | 마귀는 죄를 범한 뒤에 그리스도인이 갖게 되는 낮은 자존감을 공격하여 죄책감에서 헤어 나오지 못하게 한다. 그래서 하나님께서 이미 용서해주셨음에도 불구하고 스스로를 정죄하고 자신을 힐난하게 만든다. 자백을 했음에도 계속 죄책감에 시달릴 때에는 다시 한 번 하나님께 죄에 대한 자백의 기도와 함께 죄책감으로 괴롭힘을 당하지 않게 해달라고 기도하라. 그리고 예수님의 능력의 이름으로 죄책감을 주입하는 마귀을 향하여 떠나라고 명령하라. 기도와 명령을 통하여 마귀는 묶음을 풀고 떠나가게 되고, 하나님께서 주시는 용서받음의 확신과 평안을 누릴 수 있게 된다. 마귀로 말미암아 생기는 죄책감은 자신의 영혼을 황폐화 할 뿐만 아니라 주님의 일꾼으로 당당하게 나서지 못하게 한다.

질문 6 로마 정부의 세무원이었던 삭개오는 그리스도인이 된 후 그의 잘못된 행동으로 인해 고통당하던 사람들에게 어떻게 용서받음을 실천하였습니까?

누가복음 19:8-9 … 삭개오가 서서 주께 여짜오되 주여 보시옵소서 내 소유의 절반을 가난한 자들에게 주겠사오며 만일 누구의 것을 속여 빼앗은 일이 있으면 네 갑절이나 갚겠나이다 예수께서 이르시되 오늘 구원이 이 집에 이르렀으니 이 사람도 아브라함의 자손임이로다 삭개오는 자기 소유의 절반을 구제에 내어 놓았고, 속여서 빼앗은 재물의 4배를 배상하였다. 하나님의 용서를 체험한 자로서 피해를 당한 이들에게는 합당한 대가를 지불할 때에 비로소 용서받은 자의 자유와 행복을 온전하게 누릴 수 있다.

에베소서 4:31-32 … 너희는 모든 악독과 노함과 분냄과 떠드는 것과 비방하는 것을 모든 악의와 함께 버리고 서로 친절하게 하며 불쌍히 여기며 서로 용서하기를 하나님이 그리스도 안에서 너희를 용서하심과 같이 하라

누가복음 17:3 … 너희는 스스로 조심하라 만일 네 형제가 죄를 범하거든 경고하고 회개하거든 용서하라

1. 하나님께로부터 용서받기 위해 용서 | 내가 하나님으로부터 용서받기 위해서 먼저 할 일은 내가 피해를 입어 생활의 어려움과 마음에 분노를 갖게 한 사람을 용서하는 것이다. 서로의 관계에서 용서하는 삶을 살아야만 하나님께서도 나와 관계를 회복하신다.

너희가 사람의 잘못을 용서하면 너희 하늘 아버지께서도 너희 잘못을 용서하시려니와 너희가 사람의 잘못을 용서하지 아니하면 너희 아버지께서도 너희 잘못을 용서하지 아니하시리라(마 6:14-15)

2. 피해에 상응하는 대가 지불 | 상대방에게 피해를 입혀서 관계가 어려

워진 경우에는 관계를 회복하기가 쉽지 않다. 나의 잘못으로 피해를 입은 사람이 있다면 그에게 사죄하고, 삭개오처럼 그에 따른 배상을 하여야 한다. 어떤 경우에는 배상이 불가능한 경우도 있을 것이다. 그럴 때에는 하나님께 지혜를 구하라. 그러면 하나님께서 지혜를 주셔서 서로에게 긍휼의 마음을 심어주고 또한 해결할 수 있도록 지혜를 주실 것이다. 어떤 경우에는 서로 불신을 해소하고 신뢰를 갖는데 많은 기간을 필요로 할 수도 있다. 그럴 때에도 기도하며 기다려야 할 것이다.

3. 먼저 화해의 행동 ┃ 용서의 대상에게 먼저 화해의 손길을 건넨다. 쉬운 것은 아니겠지만 주님의 도우심을 믿고 다가가서 말을 걸어라. 주님께서 도우셔서 기대이상으로 큰 관계 개선을 체험하게 될 것이다. 주님의 제자로서 사랑과 용서는 시간과 재물을 들여서라도 실천해야 한다. 중요한 것은 내가 먼저 용서와 화해의 행동을 취하는 것이다. 그렇지 않으면 영영 관계를 새롭게 회복할 수 없을지도 모른다.

질문 7   그리스도인은 죄에 대하여 어떤 태도를 가져야 합니까?

잠언 28:13 ··· 자기의 죄를 숨기는 자는 형통하지 못하나 죄를 자복하고 버리는 자는 불쌍히 여김을 받으리라

시편 97:10 ··· 여호와를 사랑하는 너희여 악을 미워하라 그가 그의 성도의 영혼을 보전하사 악인의 손에서 건지시느니라

정 답

지은 죄를 자복(自服)하고 버려야 한다. 그러면 하나님께서 모든 죄를

깨끗하게 용서해 주신다. 그리고 다시 죄를 범하지 않기 위해서 악을 미워해야 한다.

요한계시록 3:2-3 … 너는 일깨어 그 남은 바 죽게 된 것을 굳건하게 하라 내 하나님 앞에 네 행위의 온전한 것을 찾지 못하였노니 그러므로 네가 어떻게 받았으며 어떻게 들었는지 생각하고 지켜 회개하라 만일 일깨지 아니하면 내가 도둑 같이 이르리니 어느 때에 네게 이를는지 네가 알지 못하리라

누가복음 22:46 … 이르시되 어찌하여 자느냐 시험에 들지 않게 일어나 기도하라 하시니라

1. 다시 죄를 짓지 않기로 결심 │ 그리스도인이 된 후에 죄를 짓지 않겠다는 것은 모든 그리스도인의 간절한 희망이지만 실제로 정도의 차이는 있겠지만 죄의 유혹에 넘어가게 된다. 죄에 자주 넘어지더라도 죄를 자백하고 다시 죄를 안 짓겠다고 결심해야 한다. 그러면 그리스도인이 되기 전보다 행위 범죄의 빈도가 줄어든다. 분명한 것은 결단하면 행위범죄가 점점 줄어든다는 사실이다.

2. 행위 범죄가 점점 줄어듦 │ 그리스도인의 삶은 한마디로 '물 위를 걷는 베드로'이다. 풍랑 이는 바다에서 예수님을 향하여 물위로 걸어가는 삶이다. 주님이 앞에 계시지만 한눈팔면 바다에 빠질 수밖에 없는 존재이다. 그런데 물에 빠지는 빈도가 줄지 않고 계속 빠져서 허우적거리게 된다면 과연 구원받은 그리스도인일까 의심하지 않을 수 없다. 구원받았는

지 여부에 대해서 사람이 판단할 수는 없지만, 그 사람의 삶을 보고 어느 정도는 알 수 있다. 그리스도인은 신앙이 성숙할수록 재범에 빠지지 않아야 한다. 믿으면 구원은 보장되지만 그리스도인의 행실은 상급의 문제로 남는다.

질문 8　어떻게 하면 죄를 범하지 않는 생활로 주님의 뜻에 순종하는 그리스도인이 될 수 있습니까?

디모데후서 2:22 … 또한 너는 청년의 정욕을 피하고 주를 깨끗한 마음으로 부르는 자들과 함께 의와 믿음과 사랑과 화평을 따르라

정 답

죄를 피하고 굳건한 그리스도인의 삶을 살며 교회공동체와 함께 교제하는 삶을 살아야 한다.

참고말씀

벧후 3:17-18 … 그러므로 사랑하는 자들아 너희가 이것을 미리 알았은즉 무법한 자들의 미혹에 이끌려 너희가 굳센 데서 떨어질까 삼가라 오직 우리 주 곧 구주 예수 그리스도의 은혜와 그를 아는 지식에서 자라 가라 영광이 이제와 영원한 날까지 그에게 있을지어다

데살로니가전서 5:22 … 악은 어떤 모양이라도 버리라

해설노트

1. 죄를 이기려면 피해야 함 │ 우리가 죄에서 벗어나 의인의 신분이 되었

다 할지라도 죄는 여전히 우리에게는 커다란 위력을 갖고 미혹한다. 우리
는 태생이 죄인이었기 때문에 죄에 익숙하여 죄를 안 짓기로 결심을 한다
고 해서 죄를 이길 만큼 능력 있는 존재가 되지 못한다. 그래서 죄에 빠지
지 않으려면 먼저 피하여야 한다. 피한다는 것은 악은 어떤 모양이라도
버리는 것을 말한다(살전 5:22). 그리스도인은 성령님을 통하여 무엇이 죄
악인지 아닌지 분별할 수 있다. 선악을 잘 분별하여 죄에 빠지지 않도록
죄로부터 피해야 한다.

2. 기도하면 피할 길이 열림 | 예수님께서는 제자들에게 "우리를 시험에
들게 하지 마시고 악한 자에게서도 우리를 건져 주옵소서"라고 기도하라
고 가르쳐 주셨다(마 6:13). 기도하면 예수님의 능력을 힘입어 경건한 그리
스도인의 삶을 살 수 있다. 시험과 유혹이 있지만 기도하면 하나님께서
시험이나 유혹을 물리칠 수 있는 능력을 넉넉하게 부어주신다. 그리고 기
도하면 피할 길을 열어주신다(고전 10:13). 그래서 죄를 피할 수 있다. 그
러나 간절함이 없는 기도, 산만한 기도, 건성으로 하는 기도는 죄를 이기
지 못한다.

3. 성도의 교제는 승리의 길 | 그리스도인의 범죄는 죄성에 뿌리박은 옛
습관과 신앙의 미성숙 때문이다. 미성숙 그 자체가 죄는 아니나 영적 성
숙으로 진보가 없다면 죄에서 빠져나올 길이 없다. 또한 영적 미성숙이
언제까지나 범죄 행위를 변호하는 구실이 될 수도 없다. 죄에 빠지지 않
고 죄를 이기려면 경건을 훈련하고 교제하고 봉사하면 가능하다. 교회공
동체에서 성도의 교제는 주님께서 함께 하시며 성령님의 영향력 아래 있
는 것이다. 그래서 교회의 활동에 참여하면 죄에 빠지지 않는다. 교회로

서 삶은 그 자체로 마귀의 영향력을 제압하는 것이기 때문에 죄로부터 승리할 수 있다.

질문 9　그리스도인이 죄를 범하지 않기 위하여 적극적으로 해야 할 행동은 무엇입니까?

시편 119: 9, 11 … 청년이 무엇으로 그의 행실을 깨끗하게 하리이까 주의 말씀만 지킬 따름이니이다 … 내가 주께 범죄하지 아니하려 하여 주의 말씀을 내 마음에 두었나이다

정 답

죄를 범하지 않으려면 말씀 묵상하는 삶과 말씀에 순종의 삶을 살아야 한다.

참고말씀

갈라디아서 5:17 … 육체의 소욕은 성령을 거스르고 성령은 육체를 거스르나니 이 둘이 서로 대적함으로 너희가 원하는 것을 하지 못하게 하려 함이니라

히브리서 4:12-13 … 하나님의 말씀은 살아 있고 활력이 있어 좌우에 날선 어떤 검보다도 예리하여 혼과 영과 및 관절과 골수를 찔러 쪼개기까지 하며 또 마음의 생각과 뜻을 판단하나니 지으신 것이 하나도 그 앞에 나타나지 않음이 없고 우리의 결산을 받으실 이의 눈 앞에 만물이 벌거벗은 것 같이 드러나느니라

1. 하나님의 말씀으로 채움 │ 격투기 경기는 종종 '공격이 최선의 방어' 라고 한다. 이는 죄의 방어에도 그대로 적용된다. 따라서 그리스도인도 범죄에 빠지지 않기 위하여 적극적으로 마귀에 대한 공격무기(성령의 검)인 말씀 중심의 생활을 하여야 한다. 죄에 빠지게 되면 기쁨을 상실하고, 곤고함에서 헤어 나오지 못하고 또한 영적인 분별력도 어두워지게 된다. 그러므로 죄로 채워졌던 영혼을 말씀으로 채워야 한다. 하나님의 말씀은 마음을 청결하게 하고 행실을 깨끗하게 할뿐만 아니라 선을 행할 능력을 준다.

2. 말씀의 채움은 곧 성령충만 │ 하나님의 말씀이 마음을 채우게 되면 범죄의 생각이 자리를 잡을 수 없게 되어 죄를 지을 수 없게 된다. 그래서 말씀을 따라 살면 죄를 제거하고 성령님께서 이끄는 거룩한 삶을 살게 된다. 우리의 내면을 말씀으로 채우는 것은 곧 성령충만함이다. 성령님으로 충만하게 되면 죄(육체의 소욕)를 제압할 수 있게 된다. 죄가 성령님의 위용에 사그라들기 때문이다. 성령님으로 충만해지면 죄짓는 일이 점점 재미없게 되고 죄와 상관없는 삶을 살게 된다.

> 육체의 소욕은 성령을 거스르고 성령은 육체를 거스르나니 이 둘이 서로 대적함으로 너희가 원하는 것을 하지 못하게 하려 함이니라(갈 5:17)

3. 말씀은 죄를 드러냄 │ 말씀은 영혼의 거울이다. 그래서 말씀에 비취면 숨어 있는 죄까지 다 드러난다. 말씀은 죄를 드러낼 뿐만 아니라 문제를 해결하고, 허물을 고쳐서 바르게 회복시킨다. 히브리서 4장 12-13절의 말씀에 의하면 하나님의 말씀은 우리의 전인격(영혼육)을 관찰하고 잘못된

것을 수술하여 고치는 메스이다. 말씀 앞에 나의 영육혼이 비추임 받게
되면 벌거벗은 것처럼 다 드러나게 된다. 그래서 그 말씀으로 치유받고
깨끗함을 입어 능력있는 삶을 살 수 있다.

질문 10　그리스도인으로서 자백(회개)한 사람인가를 점검하는 다음 질문에 예,
아니오, 모름에 표하시오.

그리스도인의 생활을 점검하는 질문들이다. 모두 예라는 긍정적인
대답을 요구하는 것은 아니지만 그리스도인에게서 나타나야 할 외
적인 증거들이다. 그러나 모름에 표시한 경우에는 인도자가 질문의
의도를 설명하여 "예" 또는 "아니오"를 대답하게 하고 서로 그 결과
를 나누도록 이끌면 되겠다.

3주

生! 성경
The Living Word

질문 1　하나님께서 우리에게 성경을 주신 목적은 무엇입니까?

요한복음 20:31 … 오직 이것을 기록함은 너희로 예수께서 하나님의 아들 그리스도이심을 믿게하려 함이요 또 너희로 믿고 그 이름을 힘입어 생명을 얻게 하려 함이니라

시편 19:7-8 … 여호와의 율법은 완전하여 영혼을 소성시키며 여호와의 증거는 확실하여 우둔한 자를 지혜롭게 하며 여호와의 교훈은 정직하여 마음을 기쁘게 하고 여호와의 계명은 순결하여 눈을 밝게 하시도다(시 19 :7-8)

참고말씀

로마서 1: 16 … 내가 복음을 부끄러워하지 아니하노니 이 복음은 모든 믿는 자에게 구원을 주시는 하나님의 능력이 됨이라. 첫째는 유대인에게요 또한 헬라인에게로다.

디모데후서 3:16-17 … 모든 성경은 하나님의 감동으로 된 것으로 교훈과 책망과 바르게 함과 의로 교육하기에 유익하니 이는 하나님의 사람으로 온전하게 하며 모든 선한 일을 행할 능력을 갖추게 하려 함이라

정 답

성경이 기록된 목적은 예수님께서 하나님의 아들이라는 사실을 믿고 구원받게 하고, 영혼을 소성시키고, 생기를 북돋우어 주고, 어리석은 자를 깨우쳐 주고, 마음을 기쁘게 하고, 눈을 밝게 해 주고자 함이다.

해설노트

1. 성경은 하나님의 책ㅣ 성경은 하나님의 감동(영감)으로 기록되었으며 하나님께서 원저자인 책이시다. 성경은 인간에 대한 계획과 인간을 구원하

기 위해 하나님께서 역사 속에서 어떻게 활동하셨는가를 알려준다. 우리는 성경을 통해서 하나님의 구원에 관한 지식과 하나님과 동행하는 생활에 필요한 여러 가지 지침을 얻게 된다.

2. 사람을 온전하게 함 │ 성경은 사람들에게 구원의 길을 안내하고 구원받은 자로서 가져야 할 생활을 안내하기 위해 책의 형식으로 된 하나님의 말씀이다. 그래서 성경을 만나게 되면 영적 생명을 얻게 되고 진리를 깨닫게 된다. 그리고 성경은 그리스도인들의 인격을 온전케 하고 선한 일을 행하기에 부족함이 없게 한다. 성경은 하나님의 목적대로 살아가는 사람들을 만들어 내는 유일무이한 하나님의 책이다.

리더 Tip

1. 하나님의 감동 │ 감동(感動)은 영감(靈感 inspiration)과 같은 의미로 '하나님의 영', 또는 '하나님의 호흡(숨)'을 뜻한다. '하나님의 호흡'은 하나님께서 아담을 창조하실 때에 그 코에 생기(하나님의 숨)를 불어 넣으셨던 창조사역에서 볼 수 있듯이 초자연적인 역사를 의미한다.

하나님께서는 인간 저자들이 성경을 기록할 때에 하나님의 뜻을 온전하게 기록할 수 있도록 성령님의 감동으로 인도해주셨다. 그런데 감동은 인간이 기계처럼 하나님의 말씀을 받아썼다는 의미가 아니라 인간 저자들의 인격과 그들의 개성을 동원해서 성경을 기록하게 하셨다는 뜻이다. 그러므로 성경은 인간 저자의 특성이 소멸되지 않으면서 동시에 오류 없이 기록하였다는 것을 가리켜 '하나님의 감동'이라고 한다.

2. 구약성경의 필요성 │ 구약은 우리가 예수님의 구세주 되심을 깨닫게

하려고 하나님께서 주신 예고이다. 율법, 예언, 시와 노래로 된 구약은 결국 하나님께서 죄인 된 우리에게 하나님의 은혜가 얼마나 절실하게 필요한 존재인가를 알려주시고자 한 책이다. 구약 율법을 온전하게 지키기만 한다면 의에 이를 수 있을 지 모르나 죄인인 인간은 오히려 율법 앞에 서면 은혜의 필요성을 절감할 뿐이다. 그것을 제대로 지킬만큼 완전하지 못하기 때문이다. 따라서 구약은 예수님의 필요성을 인정하고 예수님을 예고한다. 성경의 구약과 신약이란 명칭은 신약이 형성된 후이지만, 신약은 구약에서 이미 예언되었고(렘 31:31-34), 신약 자체에서 확증된 바 있다(히 9:15-20). 그러므로 구약을 떠나 신약을 바로 이해할 수 없고, 신약을 떠난 구약은 무의미하게 된다. 한마디로 구약은 구원의 복음으로 인도하는 가이드(초등교사)이다.

이같이 율법이 우리를 그리스도께로 인도하는 초등교사가 되어 우리로 하여금 믿음으로 말미암아 의롭다 함을 얻게 하려 함이라 믿음이 온 후로는 우리가 초등교사 아래에 있지 아니하도다(갈 3:24-25)

구약과 신약의 관계

구 약		신 약	
모세(행위)	고후 33:6, 14	예수님(은혜)	요 3:16
공의	출 19:18	사랑	마 6:9
창조	창 1:1	재창조	고후 5:17
범죄	창 2:17-18	속죄	갈 2:20
율법	출 20:1-17	복음	롬 1:16
짐승제사	출 12:3-7	대속제사	요 1:29
예언	사 11:1-2	성취	눅 24:27
저주(타락)	창 3:23	천국(회복)	계 22:14

질문 2　우리가 성경을 대할 때마다 늘 새로운 은혜와 감동을 경험할 수 있는
이유는 무엇입니까?

예레미야애가 3:22-23 … 여호와의 인자와 긍휼이 무궁하시므로 우리가 진멸
되지 아니함이니이다 이것들이 아침마다 새로우니 주의 성실하심이 크시도소
이다

정 답

하나님의 인자하심과 긍휼하심이 매일 체감하기 때문이다. 인자하
심과 긍휼하심이 무궁하신 하나님께서 말씀으로 날마다 새롭게 다
가오셔서 은혜를 주신다.

참고말씀

베드로전서 1:23 … 너희가 거듭난 것은 썩어질 씨로 된 것이 아니요 썩지 아
니할 씨로 된 것이니 살아 있고 항상 있는 하나님의 말씀으로 되었느니라

해설노트

인간에게는 어떤 '반복성'에 대한 내성과 불감증이 있다. 동일한 강도
의 반복 접촉은 시간이 지나면 받아들이는 강도가 반감됨을 의미한다. 그
러나 하나님의 사랑은 인간의 내성을 능가한다. 그래서 날마다 새로워서
은혜에 대한 불감증에 빠지지 않게 된다. 하나님의 인자와 긍휼하심에 대
한 감동은 신앙이 자라면 자랄수록 그 크기와 깊이가 더 커지게 된다.

　바울의 고백이 이를 잘 나타내 준다. 바울의 구원에 대한 감동은 세월
이 갈수록 더 커지는 것을 볼 수 있다. 그래서 바울은 하나님 앞에서 더
낮아지고 더 겸손하게 자리하는 것을 볼 수 있다. 바울의 고백은 하나님

의 말씀의 은혜에 대한 내성을 넘어서는 것을 보여준이다.

(1) "나는 사도 중에 지극히 작은 자라"(고전 15:9).

— 고린도전서는 AD 56~57년 바울의 3차 전도 여행 시기에 기록된 책

(2) "모든 성도 중에 지극히 작은 자보다 더 작은 나"(엡 3:8).

— AD 62년경에 기록한 에베소서에 자기 고백.

(3) "죄인 중에 내가 괴수니라"(딤전 1:15).

— AD 63년경에 쓴 디모데전서에서 자기 고백.

성경의 능력

1. 죽음에서 생명으로 이끄는 능력 | 하나님의 말씀이 들려지면 그 말씀을 믿는 믿음이 생명이 되어 죽은 자가 살게 된다. 말씀은 죽은 영을 살리는 능력이다.

> 내가 진실로 진실로 너희에게 이르노니 내 말을 듣고 또 나 보내신 이를 믿는 자는 영생을 얻었고 심판에 이르지 아니하나니 사망에서 생명으로 옮겼느니라(요 5:24)

2. 생명을 성장시키는 양식 | 하나님의 말씀은 유일한 영적인 양식이다. 그리스도인은 말씀을 영적인 양식으로 받아 먹으면서 영적 생명은 성장한다.

> 갓난 아기들 같이 순전하고 신령한 젖을 사모하라 이는 그로 말미암아 너희로 구원에 이르도록 자라게 하려 함이라(벧전 2:2)

3. 마귀를 이기는 무기 | 하나님의 말씀은 영적 전쟁의 공격무기인 성령의 검이다. 말씀으로 모든 죄의 유혹을 능히 이길 수 있다. 예수님께서 마귀에게서 받은 시험을 성경으로 이기셨다(마 4: 4,7,10).

구원의 투구와 성령의 검 곧 하나님의 말씀을 가지라(엡 6:17)

질문 3　성경의 중심 인물은 누구이며, 그분은 성경의 예언을 어떻게 하셨습니까?

요한복음 5: 39 ⋯ 너희가 성경에서 영생을 얻는 줄 생각하고 성경을 연구하거니와 이 성경이 곧 내게 대하여 증언하는 것이니라

마태복음 5:17-18 ⋯ 내가 율법이나 선지자를 폐하러 온 줄로 생각하지 말라 폐하러 온 것이 아니요 완전하게 하려 함이라 진실로 너희에게 이르노니 천지가 없어지기 전에는 율법의 일점 일획도 결코 없어지지 아니하고 다 이루리라

정 답

성경의 중심인물은 예수 그리스도이시다. 성경은 처음부터 끝까지 예수님을 증거한다. 구약은 오실 예수님에 대한 기록이고 신약은 오신 예수님에 대한 기록이다.

참고말씀

고린도전도 15:3-4 ⋯ 내가 받은 것을 먼저 너희에게 전하였노니 이는 성경대로 그리스도께서 우리 죄를 위하여 죽으시고 장사 지낸 바 되셨다가 성경대로 사흘 만에 다시 살아나사

사도행전 18:28 ⋯ 이는 성경으로써 예수는 그리스도라고 증언하여 공중 앞

에서 힘있게 유대인의 말을 이김이러라

요한복음 5:39 … 너희가 성경에서 영생을 얻는 줄 생각하고 성경을 연구하

거니와 이 성경이 곧 내게 대하여 증언하는 것이니라

1. 하나님의 인간이 되심 | 예수님은 원래 하나님이셨다. 하나님께서 인간을 구원하기 위해 인간의 몸을 입고 오신 분이 예수님이시다(성육신). 예수님께서 인간으로 오신 목적은 영원한 멸망과 지옥의 고통에서 우리를 구원하시기 위함이다.

> 태초에 말씀이 계시니라 이 말씀이 하나님과 함께 계셨으니 이 말씀은 곧 하나님이시니라 … 말씀이 육신이 되어 우리 가운데 거하시매 우리가 그의 영광을 보니 아버지의 독생자의 영광이요 은혜와 진리가 충만하더라 (요 1:1, 14)

> 하나님의 사랑이 우리에게 이렇게 나타난 바 되었으니 하나님이 자기의 독생자를 세상에 보내심은 그로 말미암아 우리를 살리려 하심이라(요일 4:9)

2. 예수 그리스도의 죽으심 | 예수님께서는 인간의 멸망받아 마땅한 죗값을 대신하여 죽어 주셨다. 예수님께서 죽어주심으로 인간은 영원한 생명을 얻어 살 길을 얻었다.

> 친히 나무에 달려 그 몸으로 우리 죄를 담당하셨으니 이는 우리로 죄에 대하여 죽고 의에 대하여 살게 하려 하심이라 그가 채찍에 맞음으로 너희는 나음을 얻었나니(벧전 2:24)

그리스도께서도 단번에 죄를 위하여 죽으사 의인으로서 불의한 자를 대신하셨으니 이는 우리를 하나님 앞으로 인도하려 하심이라 육체로는 죽임을 당하시고 영으로는 살리심을 받으셨으니(벧전 3:18)

3. 예수님의 부활 │ 예수님께서 죄인을 대신하여 죽으신 것으로 구원사역이 다 된 것이 아니라 살아나심으로 죄인이 의인되어 영생할 수 있게 되었다. 예수님께서 살아나지 못하였으면 구원사역은 미완으로 끝나게 된다.

예수는 우리가 범죄한 것 때문에 내줌이 되고 또한 우리를 의롭다 하시기 위하여 살아나셨느니라(롬 4:25)

그러나 이제 그리스도께서 죽은 자 가운데서 다시 살아나사 잠자는 자들의 첫 열매가 되셨도다 사망이 한 사람으로 말미암았으니 죽은 자의 부활도 한 사람으로 말미암는도다(고전 15:20-21)

4. 예수님의 승리의 귀환(승천) │ 예수님께서는 인간 구원의 길을 여시는 성육신의 목적을 다 이루시고 하나님 나라로 귀환하셨다. 지금 예수님께서는 하나님 우편에 계시면서 우리의 중보자가 되신다.

이 말씀을 마치시고 그들이 보는데 올려져 가시니 구름이 그를 가리어 보이지 않게 하더라(행 1:9)

그러므로 우리에게 큰 대제사장이 계시니 승천하신 이 곧 하나님의 아들 예수시라 우리가 믿는 도리를 굳게 잡을지어다(히 4:14)

5. 예수님의 재림 | 예수님께서는 하나님의 아들딸이 영원히 살며 복락을 누리는 천국으로 이끌어 올라가서 함께 살기 위해 다시 오신다. 오늘 현재 예수님께서 하실 일들은 다 이루시고 유일하게 재림만 남아 있다. 우리는 재림하실 예수님을 대망하며 성실하게 살아야 한다.

> 이르되 갈릴리 사람들아 어찌하여 서서 하늘을 쳐다보느냐 너희 가운데서 하늘로 올려지신 이 예수는 하늘로 가심을 본 그대로 오시리라 하였느니라 (행 11하)

> 가서 너희를 위하여 거처를 예비하면 내가 다시 와서 너희를 내게로 영접하여 나 있는 곳에 너희도 있게 하리라(요 14:3)

질문 4 아래 말씀을 묵상하고 하나님의 말씀의 능력을 기록해 보십시오.

히브리서 4: 12 … 하나님의 말씀은 살아 있고 활력이 있어 좌우에 날선 어떤 검보다도 예리하여 혼과 영과 및 관절과 골수를 찔러 쪼개기까지 하며 또 마음의 생각과 뜻을 판단하나니

정 답

살아 있는 하나님의 말씀은 인간의 혼과 영과 육(관절과 골수)을 다 회복하고 치유하고 통치하실 수 있다. 이 말씀은 나의 중심을 터치하여 울림을 일으킴과 동시에 그 말씀을 실천할 능력도 임한다. 그래서 그리스도인은 말씀을 따라 변화된 성도의 삶으로 나갈 수 있다.

1. 히브리서 4장 12절은 하나님의 말씀의 능력에 대하여 말씀하고 있다. 이 말씀을 중심으로 각자 하나님의 말씀에 대한 정의를 정리하게 하고, 각자가 완성한 자기 자신의 견해를 서로 발표하여 나누게 하라.

2. 멤버들이 그동안 살아오면서 경험했던 하나님의 말씀의 능력이나 받았던 강력한 감동(도전)이 있으면 소개하게 하라. 그리고 해설노트를 통하여 하나님의 말씀이 영혼육의 전 영역에 대한 통치하심을 설명해 주도록 하라.

참고말씀

예레미야 20:9 … 내가 다시는 여호와를 선포하지 아니하며 그의 이름으로 말하지 아니하리라 하면 나의 마음이 불붙는 것 같아서 골수에 사무치니 답답하여 견딜 수 없나이다

요한일서 2:14하 … 청년들아 내가 너희에게 쓴 것은 너희가 강하고 하나님의 말씀이 너희 안에 거하시며 너희가 흉악한 자를 이기었음이라

야고보서 1:21 … 그러므로 모든 더러운 것과 넘치는 악을 내버리고 너희 영혼을 능히 구원할 바 마음에 심어진 말씀을 온유함으로 받으라

해설노트

1. 혼(마음)의 영역 통치 | 하나님의 말씀은 인간의 마음에 있는 악한 것들을 제거하신다. 음란, 도둑질, 살인, 간음, 탐욕, 악독, 속임, 음탕, 질투, 비방, 교만, 우매함 등이다. 이와같이 악한 것들이 마음 속에서 나와

서 사람을 더럽힌다(막 7:21-23). 그러나 하나님의 말씀은 마음을 깨끗하게 치유하여 의와 진리의 거룩함으로 새 사람을 입게 하여 성도와 더불어 참된 성도의 교제를 나누게 한다(엡 4:23-25). 하나님의 말씀은 우리의 마음을 감찰하시고 마음에 충만하게 내주하셔서서 평강으로 채워주신다.

2. 육의 영역 통치 | 하나님께서 말씀을 보내어 우리의 육의 영역을 통치하신다. 말씀으로 병든 육체는 치료하시고 회복하셔서서 건강한 그리스도인의 삶의 영역으로 인도하신다.

> 그들이 그들의 고통 때문에 여호와께 부르짖으매 그가 그들의 고통에서 그들을 구원하시되 그가 그의 말씀을 보내어 그들을 고치시고 위험한 지경에서 건지시는도다(시 107:19-20)

3. 영의 영역 통치 | 인간에게만 있는 특별한 영역인 영은 하나님과 소통할 수 있는 영역이다. 그래서 인간은 영원을 사모한다(전 3:11). 인간의 영은 죄를 범하므로 하나님과 단절되어 죽은 영이 되었지만, 예수님께서 오심으로써 살아날 수 있게 되었다. 인간의 영이 하나님의 통치를 받으려면 예수님을 구세주와 주님으로 초청(믿음)하여야 한다(요 1:12).

> 볼지어다 내가 문 밖에 서서 두드리노니 누구든지 내 음성을 듣고 문을 열면 내가 그에게로 들어가 그와 더불어 먹고 그는 나와 더불어 먹으리라(계 3:20)

인간이 세 영역(3분설)

1. 고린도전서 15장 44-45절 | 육(프시케)의 몸(소마)으로 심고 신령(영)한 몸(소마)으로 다시 살아나나니 육(프시케)의 몸(소마)이 있은즉 또 영의 몸도 있느니라 기록된 바 첫 사람 아담은 생령(프시케)이 되었다 함과 같이 마지막 아담은 살려 주는 영(프뉴마)이 되었나니(고전 15: 44-45)

2. 영(spirit, $\pi\nu\epsilon\hat{u}\mu\alpha$ 프뉴마) | 영은 하나님과 소통하는 영역으로 동물에게는 없고 인간에게만 있는 독특한 영역이다. 창세기 2장 7절의 "여호와 하나님이 땅의 흙으로 사람을 지으시고 생기를 그 코에 불어넣으시니 사람이 생령이 되니라"라고 말씀하신 하나님의 생기(생령)가 인간의 영이다.

3. 육(flesh, $\sigma\hat{\omega}\mu\alpha$ 소마) | 육은 가시적이며 마음과 영을 담는 그릇이라고 할 수 있다.

4. 혼(soul, $\psi u\chi\acute{\eta}$ 프시케) | 혼은 의식의 기능이다. 육과 영의 연결통로이며 지정의로 되어 있다.

  (1) 지(知 intelligence) – 지적활동으로 하나님에 대한 지식이 영으로 가는 통로가 된다.

  (2) 정(情 emotion) – 감동과 상처를 받는 영역으로 하나님께서 주시는 것에 대한 느낌이다.

  (3) 의(意 will) – 활동의 영역으로 믿음은 의지의 결단을 통해서 성장한다.

질문 5   말씀(설교)을 듣는 자의 자세는 어떠해야 합니까?

데살로니가전서 2:13 … 이러므로 우리가 하나님께 끊임없이 감사함은 너희가 우리에게 들은 바 하나님의 말씀을 받을 때에 사람의 말로 받지 아니하고 하나님의 말씀으로 받음이니 진실로 그러하도다 이 말씀이 또한 너희 믿는 자 가운데에서 역사하느니라

정 답

말씀을 전하는 목회자(설교자)의 설교를 들을 때는 그 말씀을 사람의 말로 듣지 아니하고 하나님의 말씀으로 받는다.

참고말씀

사도행전 13:14 … 그 다음 안식일에는 온 성이 거의 다 하나님 말씀을 듣고자 하여 모이니

해설노트

1. 말씀을 기대하는 태도로 경청 | 설교말씀을 들을 때에 하나님께서 내게 주실 말씀은 무엇인가 하는 기대감을 갖고 경청하여야 한다. 그러면 하나님께서 말씀을 주시고 그 말씀이 내 안에 좌정하여 나의 믿음이 커진다.

그러므로 믿음은 들음에서 나며 들음은 그리스도의 말씀으로 말미암았느니라(롬 10:17)

2. 말씀을 사모하는 태도로 경청 | 말씀은 금보다 귀하고 꿀보다 더 달콤하다. 세상의 그 어떤 것보다 더 간절하게 사모하는 태도를 가져야 한다.

여호와를 경외하는 도는 정결하여 영원까지 이르고 여호와의 법도 진실하여 다 의로우니 금 곧 많은 순금보다 더 사모할 것이며 꿀과 송이꿀보다 더 달도다(시 19:9-10)

3. 말씀에 순종하려는 태도로 경청 |
말씀이 선포될 때에 청취자는 예수님을 인격적으로 만나게 되고, 그 말씀은 삶을 변화시킨다. 그러므로 도전과 감동이 되는 말씀에 나를 쳐서 그 말씀에 순종하는 태도를 가져야 한다.

저희가 이 말을 듣고 마음에 찔려 베드로와 다른 사도들에게 물어 가로되 형제들아 어찌할꼬 하거늘(행 2:37)

내가 그의 입술의 명령을 어기지 아니하고 일정한 음식보다 그 입의 말씀을 귀히 여겼다(욥 23:12)

질문 6 성경을 매일 읽어야 하는 이유를 적어 보십시오.

신명기 17: 19 … 평생에 자기 옆에 두고 읽어 그의 하나님 여호와 경외하기를 배우며 이 율법의 모든 말과 이 규례를 지켜 행할 것이라

정 답

하나님 경외하기를 배우며 말씀을 지켜 행하기 위하여 매일 성경을 읽어야 한다. 구약 시대에는 공중 앞에서 낭독되는 성경을 경건한 자세로 서서 들었으나 성경을 쉽게 구입해서 읽을 수 있는 오늘 날에는 개인적인 독경(讀經)이 성경을 사랑하는 기본적인 태도이다.

골로새서 4:16 … 이 편지를 너희에게서 읽은 후에 라오디게아인의 교회에서도 읽게하고 또 라오디게아로서 오는 편지를 너희도 읽으라

누가복음 4:16 … 예수께서 그 자라신 곳 나사렛에 이르사 안식일에 자기 규례대로 회당에 들어가사 성경을 읽으려고 서시매

1. 성경을 규칙적으로 읽기 │ 매일매일 읽을 분량을 정해서 규칙적으로 읽는다. 성경은 총 1,189장(구약 929장, 신약 260장)으로 이를 ① 1년에 1독 하려면 하루에 3장씩 읽고 일주일 중 하루는 5장을 읽는다. ② 하루에 1장씩 읽을 때에 성경을 다 읽으려면 3년 3개월이 소요된다. 그러나 ③ 하루에 10장씩 읽으면 1년에 3독할 수 있다.

2. 기도하면서 읽기 │ 하나님께서 감동과 깨달음을 주시도록 기도하면서 읽어야 한다. 성경이 책이기 때문에 종종 성경의 능력을 간과한다. 성경을 읽으면 일반 책에서 얻는 지식과 정보의 수준이 아니라 하나님께서 주시는 감동을 받는다. 시편기자는 성경의 능력과 감화를 보게 해달라고 기도한다. "내 눈을 열어서 주의 율법에서 놀라운 것을 보게 하소서"(시 119:18). 오늘 우리도 기도하는 마음으로 성경을 읽어 놀라운 은혜를 경험하여야 한다.

3. 정독하기 │ 성경을 읽을 때에는 의미를 이해하기 위해 정독하는 게 중요하다. 성경은 다독도 좋지만 그보다 더 중요한 것은 정독하는 것이다. 성경의 사실을 정확하게 이해하는데서 그 의미를 깨닫고, 거기서 주시는

은혜를 체험하여야 한다. 이를 위해서 중요한 것은 정독이다. 읽으면서 감동과 은혜가 있는 구절은 묵상의 시간을 갖고, 집중이 안 될 때는 소리를 내어 음독(音讀)으로 읽으면 효과가 있다.

질문 7 성경을 공부하는 목적은 무엇입니까?

디모데후서 2: 15 ⋯ 너는 진리의 말씀을 옳게 분별하며 부끄러울 것이 없는 일꾼으로 인정된 자로 자신을 하나님 앞에 드리기를 힘쓰라

디모데후서 3:14 ⋯ 그러나 너는 배우고 확신한 일에 거하라 너는 네가 누구에게서 배운 것을 알며

정 답

말씀을 옳게 분별하기 위해서는 성경을 공부해야 한다. 성경을 통하여 하나님께서 원하시는 뜻을 배워서 바르게 알고 또한 인정받는 주님의 일꾼이 되어야 한다.

참고말씀

사도행전 17:11 ⋯ 베뢰아 사람들은 데살로니가에 있는 사람보다 더 신사적이어서 간절한 마음으로 말씀을 받고 이것이 그러한가하여 날마다 성경을 상고하므로

디모데후서 3:16-17 ⋯ 모든 성경은 하나님의 감동으로 된 것으로 교훈과 책망과 바르게 함과 의로 교육하기에 유익하니 이는 하나님의 사람으로 온전하게 하며 모든 선한 일을 행할 능력을 갖추게 하려 함이라

1. 성경 공부의 필요성 | 성경의 사실적 의미를 바로 알기위하여 공부한다. 성경 기록 당시와 오늘 우리가 살고 있는 시대는 최소 2000년의 문화적 차이가 난다. 당시의 정황을 바로 알아야 성경을 바르게 이해할 수 있고, 오늘날 우리의 삶에 적용할 수 있다. 성경의 바른 이해 없이 사는 삶은 하나님의 뜻을 거스를 수 있고 또 범죄를 자각하지 못하며 살 수 있다. 따라서 성도는 체계적으로 성경을 연구해야 한다. 특히 이해하기 어려운 성경 구절이나 배경지식이 필요할 때는 성경 주석이나 성경 사전 등 참고도서를 활용할 수 있다.

이는 그들로 마음에 위안을 받고 사랑 안에서 연합하여 확실한 이해의 모든 풍성함과 하나님의 비밀인 그리스도를 깨닫게 하려 함이니(골 2:2)

2. 말씀대로 생활하기 위해 공부함 | 그리스도인이 성경말씀을 공부하는 것은 하나님의 뜻에 합당하게 생활하기 위해서이다. 하나님의 사람으로서 하나님의 뜻에 합당하게 사는 것이 인생을 낭비하지 않는 것이다. 그래서 그리스도인은 마땅히 배우고 확신한 일에 거해야 한다. 그럴 때에 하나님을 기쁘시게 하는 그리스도인이 되며 더 굳건한 믿음과 올바른 신앙생활이 가능해진다. 특히 주님의 일꾼으로써 말씀을 실천하기 위해서는 성경의 정확한 이해가 필수적이다.

네가 이것으로 형제를 깨우치면 그리스도 예수의 좋은 일꾼이 되어 믿음의 말씀과 네가 따르는 좋은 교훈으로 양육을 받으리라(딤전 4:6)

질문 8   하나님께서는 우리가 성경말씀을 어떻게 대하기를 원하십니까?

골로새서 3:16 … 그리스도의 말씀이 너희 속에 풍성히 거하여 모든 지혜로 피차 가르치며 권면하고 시와 찬송과 신령한 노래를 부르며 감사하는 마음으로 하나님을 찬양하고

정 답

말씀이 우리의 마음 속에 풍성하게 거하게 해야 한다. 그래서 성도들은 서로 자기 안에 풍성하게 계시는 말씀으로 가르치고 그 말씀으로 상담하며 성도의 교제를 이루어야 한다. 그리고 하나님께 노래와 감사와 찬양을 드린다.

참고말씀

시편 1:1-2 … 복 있는 사람은 악인들의 꾀를 따르지 아니하며 죄인들의 길에 서지 아니하며 오만한 자들의 자리에 앉지 아니하고 오직 여호와의 율법을 즐거워하여 그의 율법을 주야로 묵상하는도다

잠언 7:1-3 … 내 아들아 내 말을 지키며 내 계명을 간직하라 내 계명을 지켜 살며 내 법을 네 눈동자처럼 지키라 이것을 네 손가락에 매며 이것을 네 마음판에 새기라

해설노트

1. 묵상은 말씀을 마음에 새기는 것 | 묵상은 말씀이 내 안에 풍성하게 거하게 하여 마음에 새기는(지워지지 않게 하는) 과정이다. 말씀이 내 안에 계실 때에 주님과 친밀한 교제의 관계가 이루어진다. 마음에 하나님의 말씀을 새기면 그 말씀을 모든 행동과 생활의 지침이 된다.

오늘날 내가 네게 명하는 이 말씀을 너는 마음에 새기고(신 6:6)

2. 묵상은 주님을 닮게 함 | 묵상은 하나님의 사랑을 마음에 간직하는 것이다. 사랑하면 닮는 속성에 따라 말씀묵상은 주님을 닮게 한다. 말씀이 곧 예수님이기에 묵상을 통하여 주님의 인격이 나에게 체화된다. 물론 주님의 인격을 닮으면 말씀을 지킬 힘이 생긴다. 그래서 묵상하는 자는 말씀에 순종하는 그리스도인이 된다.

내가 주의 법을 어찌 그리 사랑하는지요 내가 그것을 종일 작은 소리로 읊조리나이다(시 119:97)

3. 성경 암송은 묵상의 최고봉 | 묵상의 방법으로 성경 암송이 가장 탁월하다. 성경을 암송할 때는 문맥의 의미를 이해하며 구절을 정확하게 외워야 한다. 그리고 소가 되새김질 하듯이 외운 말씀은 다시 기억하여 묵상한다. 암송카드를 준비하여 기독교 진리의 중요한 구절이나 또는 감동을 주었던 말씀을 암송한다.

내가 주께 범죄하지 아니하려 하여 주의 말씀을 내 마음에 두었나이다

(시 119:11)

질문 9　하나님의 말씀을 실제 생활에 적용하는 사람은 어떤 사람입니까?

마태복음 7:24 … 그러므로 누구든지 나의 이 말을 듣고 행하는 자는 그 집을 반석 위에 지은 지혜로운 사람 같으리니

야고보서 1:22 … 너희는 말씀을 행하는 자가 되고 듣기만 하여 자신을 속이는 자가 되지 말라

말씀을 듣고 그대로 행하는 사람이 지혜로운 사람이다. 그러나 말씀을 듣고 말씀대로 살지 않는 사람은 어리석은 사람이며 동시에 자기를 속이는 자이다.

여호수아 1:8 … 이 율법책을 네 입에서 떠나지 말게 하며 주야로 그것을 묵상하여 그 가운데 기록한대로 다 지켜 행하라 리하면 네 길이 평탄하게 될 것이라 네가 형통하리라

신명기 11:18-20 … 이러므로 너희는 나의 이 말을 너희 마음과 뜻에 두고 또 그것으로 너희 손목에 기호로 삼고 너희 미간에 붙여 표를 삼으며 또 그것을 너희의 자녀에게 가르치며 집에 앉았을 때에든지 길에 행할 때에든지 누웠을 때에든지 일어날 때에든지 이 말씀을 강론하고 또 네 집 문설주와 바깥문에 기록하라

1. 말씀대로 사는 자의 축복 | 마태복음 7장 24-27절은 하나님의 말씀을 듣고 행동하는 자와 그렇지 않은 자로 구분하여 설명하고 있다. 말씀을 실천하는 자는 집을 반석 위에 지은 자로, 말씀대로 행동하지 않는 자는 집을 모래 위에 지은 자로 묘사하고 있다. 말씀대로 행한다는 것은 평시에는 잘 모른다. 문제가 생기고 어려움이 닥치면 말씀대로 사는 자는 자

기를 그대로 유지하고 지켜내지만 말씀대로 행하지 않는 자는 문제 앞에 그대로 무너진다.

2. 말씀 불순종은 자기 기만 | 야고보서 1장 21-27절의 말씀에 의하면 말씀을 듣고 행하는 자의 삶을 소개하고 있다. 말씀을 듣기만 하고 행하지 않는 자는 자신을 속이는 자이다. 자신을 속인다는 것은 말씀이 내 안에 입주해 있어서 말씀대로 행동하는 것이 당연한데도 그렇게 살지 않는 것이다. 즉 자아가 살아 있어서 말씀대로 살고 있는 것처럼 꾸민다. 말씀을 행하지 않으면 말씀은 곧 잊어버리게 된다. 말씀은 실천에 옮길 때에 비로소 자기 자신에게 진실한 것이다. 하나님의 말씀을 실천하는 자는 그 행하는 일에 복을 받는다(약 1:26). 이는 성경의 약속이다.

리더 Tip

성경의 장과 절의 구분

성경의 장절(章節)은 처음 성경에서부터 구분되어 있던 것은 아니다. 현재의 모습으로 장(章)을 구분한 이는 대체로 영국교회의 캔터베리 대주교였던 랭튼(Stephen Langton)일 것으로 추측하고 있다. 절의 구분은 스테파누스(Stephanus Robertus)로 신약성경을 절로 구분하여 1551년 스위스 제네바에서 출판했다. 스테파누스가 라틴어로 된 벌게이트 성경에 장과 절을 붙여 처음으로 성경을 출판했는데, 그 해가 1555년이다. 오늘날 우리의 성경은 1560년판 제네바 성경의 장절 구분을 받아들이고 있다.

4주

아버지와 아들의 대화 : 기도
Talking with my Father

질문 1   기도를 들으시는 하나님과 기도하는 우리는 어떤 관계이며, 그 관계에서 기도는 어떤 결과를 가져옵니까?

고린도후서 6:17-18 … 그러므로 너희는 그들 중에서 나와서 따로 있고 부정한 것을 만지지 말라 내가 너희를 영접하여 너희에게 아버지가 되고 너희는 내게 자녀가 되리라 전능하신 주의 말씀이니라 하셨느니라

마태복음 7:9-11 … 너희 중에 누가 아들이 떡을 달라 하는데 돌을 주며 생선을 달라 하는데 뱀을 줄 사람이 있겠느냐 너희가 악한 자라도 좋은 것으로 자식에게 줄 줄 알거든 하물며 하늘에 계신 너희 아버지께서 구하는 자에게 좋은 것으로 주시지 않겠느냐

정 답

아버지와 아들·딸의 관계이며 기도하면 항상 좋은 것으로 주시는 좋은 아버지이시다.

참고말씀

로마서 8:32 … 자기 아들을 아끼지 아니하시고 우리 모든 사람들을 위하여 내어 주신 이가 어찌 그 아들과 함께 모든 것을 우리에게 은사(선물)로 주지 아니하시겠느뇨

해설노트

1. 기도는 하나님 아버지와의 대화 | 기도는 자식과 하나님 아버지와 대화이며 교제이다. 따라서 기도하지 않는 것은 하나님과 대화가 끊어진다는 것이다. 이는 곧 교제의 단절을 의미한다. 하나님의 자녀 된 그리스도인은 무엇을 구하는(요구) 차원의 기도가 아니라 아버지와 아들의 대화라는

측면에서 기도의 자리로 나가야 한다. 물론 무엇이든지 구하면 아버지께서 들으시고 응답해 주신다. 기도응답에 관한 약속의 말씀을 믿고 기도의 자리로 나가 구하기를 주저하지 말아야 한다.

2. 반드시 응답하시는 하나님 ㅣ 하나님은 우리에게 독생자를 주셨기에, 그 아들과 함께 우리에게 "각양 좋은 은사와 온전한 선물"(약 1:17)을 풍성하게 주신다. 그러나 때때로 하나님께서는 아버지이시기 때문에 우리를 위한 더 큰 축복을 준비하고 기도에 대해 응답을 지연하신다. 그런데 하나님 아버지의 깊은 뜻을 모르고 지금 당장 싸구려 장난감을 사달라고 조르는 어린아이와 같이 조르는 기도에 매달려서는 안 될 것이다. 좋으신 하나님 아버지께서는 우리들에게 최선의 것을 준비해 놓으셨다.

질문 2 그리스도인이 기도하면 영광을 받는 분은 누구입니까?

요한복음 14:13 … 너희가 내 이름으로 무엇을 구하든지 내가 행하리니 이는 아버지로 하여금 아들로 말미암아 영광을 받으시게 하려 함이라.

정 답

기도하면 기도를 응답해 주시는 하나님께서 영광을 받으신다. 기도는 부자관계를 인정하는 가장 솔직한 행동이며, 가장 겸손한 순종이며 예배이기 때문이다.

참고말씀

역대상 16:10-11 … 그의 성호를 자랑하라 여호와를 구하는 자마다 마음이 즐

거울지로다 여호와와 그의 능력을 구할지어다 항상 그의 얼굴을 찾을지어다

1. 부자관계의 증명 | 기도는 아버지와 아들의 대화이다. 기도한다는 것은 하나님의 아들과 딸이 되었다는 고백이기 때문에 우리가 기도하면 아버지 하나님께서 흐뭇하게 여기신다. 하나님의 아들딸로서 우리의 존재목적은 하나님과 부자 관계로서 친밀한 교제를 이루는 것이다. 그런 측면에서 우리가 기도하는 것은 곧 아들딸이 됨을 고백하는 것이기 때문에 기도는 하나님께 영광이 된다.

2. 응답하시는 분은 하나님 | 우리가 기도하는 것은 오직 하나님만이 기도의 대상이시며 응답하시는 분이심을 믿고 인정하는 행위이다. 반면에 기도하지 않는 것은 하나님을 믿지 못하고 하나님의 능력을 불신하는 것이다. 따라서 의심하는 기도는 하나님에 대한 불신앙이기에 하나님께 영광이 되지 못하고 하나님께 상달되지도 못하고 더더욱 응답은 기대할 수 없다.

3. 기도자체로 영광이 됨 | 시편 50편 15절에 "환난 날에 나를 부르라 내가 너를 건지리니 네가 나를 영화롭게 하리로다"라고 말씀하셨다. 우리가 기도하면 하나님께서 일하신다. 기도는 하나님께 일하시게 하는 청원이며 일거리를 드리는 것이기 때문이다. 하나님께서는 기도응답을 기뻐하시며 일하시기를 즐겨하신다. 그래서 기도자체로 하나님의 영광을 나타내는 삶이다. 하나님의 자녀로서 기도하는 것 자체로 하나님을 기쁘시게 하는 영광이 되므로 우리는 기도의 삶을 살아야 한다.

질문 3   원하는 대로 응답받는 기도의 조건은 무엇입니까?

요한복음 15:7 ⋯ 너희가 내 안에 거하고 내 말이 너희 안에 거하면 무엇이든지 원하는 대로 구하라 그리하면 이루리라

정 답

주님 안에 거하면서 주님의 말씀이 충만한 가운데 드리는 기도는 주님의 뜻(말씀)에 합치되는 기도가 되어 기도하는 대로 이루어진다.

해설노트

갈라디아서 2:20 ⋯ 내가 그리스도와 함께 십자가에 못 박혔나니 그런즉 이제는 내가 사는 것이 아니요 오직 내 안에 그리스도께서 사시는 것이라 이제 내가 육체 가운데 사는 것은 나를 사랑하사 나를 위하여 자기 자신을 버리신 하나님의 아들을 믿는 믿음 안에서 사는 것이라

해설노트

기도응답을 받기 위해서는 기도자의 전인격적인 위탁(total commitment)이 전제 되어야 한다. 전적인 위탁은 인생의 모든 결정권을 주님께 맡기는 로드십(Lordship)의 실천이다. 나에게서 예수님이 주인이 되시는 로드십이 확정되면 나는 감춰지고 주님만 드러난다. 나는 예수님 안에 있을 때에만 나의 의미가 있고 존재성이 보장된다. 예수님께서 내 안에 온전하게 거하시게 되면 인간적인 욕심과 이기심과 정욕에 근거한 간구는 사라지게 된다. 그리고 하나님께서 원하시는 것, 하나님의 목적, 하나님의 계획이 선명하게 드러난다. 그래서 기도제목은 하나님의 뜻이 이루어지기를 기원하게 되고 그 기도는 100퍼센트 응답된다.

응답되지 않는 기도

1. 의심하는 기도 | 오직 믿음으로 구하고 조금도 의심하지 말라 의심하는 자는 마치 바람에 말려 요동하는 바다 물결 같으니 이런 사람은 무엇이든지 주께 얻기를 생각하지 말라(약 1:6-7)

2. 악행 중에 하는 기도 | 헛된 제물을 다시 가져오지 말라 분향은 내가 가증히 여기는 바요 월삭과 안식일과 대회로 모이는 것도 그러하니 성회와 아울러 악을 행하는 것을 내가 견디지 못하겠노라 … 너희가 손을 펼 때에 내가 내 눈을 너희에게서 가리고 너희가 많이 기도할지라도 내가 듣지 아니하리니 이는 너희의 손에 피가 가득함이라(사 1:13, 15)

3. 가정의 불화 | 남편들아 이와 같이 지식을 따라 너희 아내와 동거하고 그를 더 연약한 그릇이요 또 생명의 은혜를 함께 이어받을 자로 알아 귀히 여기라 이는 너희 기도가 막히지 아니하게 하려 함이라(벧전 3:7)

4. 죄를 해결하지 않은 채 드리는 기도 | 여호와의 손이 짧아 구원하지 못하심도 아니요 귀가 둔하여 듣지 못하심도 아니라 오직 너희 죄악이 너희와 너희 하나님 사이를 갈라 놓았고 너희 죄가 그의 얼굴을 가리어서 너희에게서 듣지 않으시게 함이니라(사 59:1-2)

5. 정욕으로 구하는 기도 | 구하여도 받지 못함은 정욕(情慾)으로 쓰려고 잘못 구함이라(약 4:3)

질문 4 예수님께서는 언제 기도하기를 즐겨하셨습니까?

마가복음 1:35 … 새벽 아직도 밝기 전에 예수께서 일어나 나가 한적한 곳으로 가사 거기서 기도하시더니

정 답

예수님께서는 새벽 아직 날이 새지 않은 미명의 시간에 한적한 곳에서 기도하셨다. 예수님의 기도의 특징은 시간적으로는 새벽, 장소는 감람산(한적한 곳)이었다.

참고말씀

시편 5:2-3 … 나의 왕, 나의 하나님이여 내가 부르짖는 소리를 들으소서 내가 주께 기도하나이다 여호와여 아침에 주께서 나의 소리를 들으시리니 아침에 내가 주께 기도하고 바라리이다

시편 46:5 … 하나님이 그 성 중에 계시매 성이 흔들리지 아니할 것이라 새벽에 하나님이 도우시리로다

해설노트

1. 기도의 분량을 채움 | 예수님께서는 공생애 기간에는 찾아오는 사람을 거부하지 않고 다 회복시켜 주고 치료하셨다. 예수님께서는 사역으로 매우 분주하셨기 때문에 기도의 분량이 적어질 수 있었다. 그래서 다른 사람들이 자는 시간을 깨워서 새벽에 기도하지 않을 수 없었다.

2. 영적이 자원을 공급받음 | 새벽은 하나님께서 일하시는 하나님의 시간이다. 그 시간에 예수님께서는 아버지와 대화(기도)를 통해 영적인 자원

(resources)을 받아야 했다. 그래서 예수님께서는 하루를 시작하는 새벽에 기도의 시간을 가짐으로써 영적인 힘을 공급받으셨으며, 그 에너지로 능력있게 사역할 수 있었다.

3. 쉼 없는 기도의 일환 | 아버지와 아들의 관계를 풍성하게 하는데 대화(기도)는 필수적이다. 그래서 예수님은 이 땅에서 매일 하나님과 깊은 기도의 교제로 풍성한 부자의 관계를 가꾸었다. 이를 위해서 예수님께서는 잠을 줄이지 않을 수 없으셨다.

리더 Tip

새벽기도를 위한 3가지 실천사항

1. 라이프 스타일을 조정하라. | 새벽기도는 일찍 일어나야 할 수 있는 기도이다. 따라서 새벽에 일어나서 기도를 하려면 일찍 자야 한다. 올빼미형의 라이프 스타일로 늦은 시간까지 텔레비전, 인터넷, 사교모임 등을 즐기고 늦게 잠자리에 들게 되면 일찍 일어나는 게 쉽지 않다. 일찍 자는 습관이 새벽기도를 할 수 있는 습관이다. 새벽기도를 하려면 올빼미형의 라이프 스타일을 종달새형으로 바꿔야 할 수 있다.

2. 생활의 우선순위로 정하라. | 인간에게는 누구나 공평하게 주어진 시간을 어떻게 어디에 쓰느냐 하는 것은 자신의 우선순위에 따른 결정이다. 인생에서 우선순위는 급한 일과 중요한 일이 우선순위가 되어야 한다. 일상에서 기도생활은 중요한 일이며 동시에 급한 일이다. 그러므로 기도를 우선순위로 정하고 이를 지켜나가야 한다. 우선순위를 기도 생활로 조정

한 사람들이 새벽기도 생활을 지속할 수 있다.

3. 기도 처소를 정하라.

새벽에 기도 생활을 하고자 할 때에 중요한 것은 기도할 장소를 정하는 것이다. 제일 좋은 시간과 장소는 교회의 새벽기도회에 참석하여 기도하는 것이다. 교회에서 새벽기도는 성도들이 함께 기도하고 또 부르짖는 기도를 할 수 있고, 기도의 지속성에 시너지를 얻을 수 있다. 교회의 새벽기도회에 참여하지 못한다면 자기만의 특별한 기도처소를 정하여 그곳에서 기도할 수 있다.

질문 5   사무엘은 중보기도의 비중을 어떻게 여기고 있습니까?

삼상 12:23 … 나는 너희를 위하여 기도하기를 쉬는 죄를 여호와 앞에 결단코 범하지 아니하고 선하고 의로운 길을 너희에게 가르칠 것인즉

정 답

사무엘은 중보기도(이웃을 위한 기도)에 대하여 의무로 생각하고 이를 실천하지 않는 것을 죄(罪)로 여겼다. 중보기도는 하고 안 하고의 문제가 아니라 교회의 지도자는 물론 성도들의 기도생활에서 필수적인 요소이다.

참고말씀

디모데전서 2:1-2 … 그러므로 내가 첫째로 권하노니 모든 사람을 위하여 간구와 기도와 도고와 감사를 하되 임금들과 높은 지위에 있는 모든 사람을 위하여 하라 이는 우리가 모든 경건과 단정함으로 고요하고 평안한 생활을 하

려 함이라

골로새서 4:3-4 ··· 또한 우리를 위하여 기도하되 하나님이 전도할 문을 우리에게 열어 주사 그리스도의 비밀을 말하게 하시기를 구하라 내가 이 일 때문에 매임을 당하였노라 그리하면 내가 마땅히 할 말로써 이 비밀을 나타내리라

야고보서 5:16 ··· 그러므로 너희 죄를 서로 고백하며 병이 낫기를 위하여 서로 기도하라 의인의 간구는 역사하는 힘이 큼이니라

리더는 골로새서 1장 9-12절로 중보기도에 대하여 추가 설명을 할 수 있다. 이 말씀은 중보기도의 내용, 기도해야 할 대상, 기도방법을 잘 설명해준다.

이로써 우리도 듣던 날부터 너희를 위하여 기도하기를 그치지 아니하고 구하노니 너희로 하여금 모든 신령한 지혜와 총명에 하나님의 뜻을 아는 것으로 채우게 하시고 주께 합당하게 행하여 범사에 기쁘시게 하고 모든 선한 일에 열매를 맺게 하시며 하나님을 아는 것에 자라게 하시고 그의 영광의 힘을 따라 모든 능력으로 능하게 하시며 기쁨으로 모든 견딤과 오래 참음에 이르게 하시고 우리로 하여금 빛 가운데서 성도의 기업의 부분을 얻기에 합당하게 하신 아버지께 감사하게 하시기를 원하노라(골로새서 1:9-12)

1. 중보기도 대상 | 골로새 교회 성도들: 모든 성도들

2. 중보기도 내용 | 그리스도인의 삶과 사역으로 하나님의 뜻을 알고 실천하는데 초점을 둔다.

① 하나님의 뜻을 아는 것으로 채우소서.

② 주님께 합당하게 행하게 하소서.

③ 범사에 주님을 기쁘게 하는 삶이 되게 하소서.

④ 모든 일에 선한 결과를 주시므로 하나님을 아는 것에 자라게 하소서.

⑤ 주님께서 주시는 능력으로 능력있는 삶을 살게 하소서.

⑥ 기쁨으로 고난을 견디고 오래참는 믿음의 용사가 되게 하소서.

3. 중보기도의 기한과 방법 | 기도제목이 주어진 날(들던 날)부터 기도응답 때가지 쉬지 않고 계속 기도한다.

① 중보기도의 기도제목이 많아지면 요일별로 묶어서 기도한다.

② 기도할 때는 당사자의 심정이 되어 기도해야 한다.

③ 구체적인 기도제목으로 기도해야 한다.

④ 새벽 시간을 활용하는 것이 좋다.

⑤ 기도노트를 만들어 기도제목을 적어놓고 기도하라.

리더 Tip

중보기도를 위한 기도제목

1. 부탁받은 기도 | 부탁받은 기도제목을 놓고 기도한다. 이는 개인적인 경우도 있지만 공동체에게 요청한 기도도 포함된다.

2. 기도에 대한 부담이 생기는 사람이나 사건 | 중보기도에 대한 부담(기도

제목)이 생기는 일이나 사람이 있다. 이는 성령님께서 기도를 지시하는 것으로 여기고 그 부담을 기도제목으로 기도한다.

3. 기도하는 중에 떠오르는 기도제목 | 기도를 하는 중에 생각을 사로잡는 기도제목이 있는 경우에 그 생각을 기도제목으로 하여 기도를 하여야 한다. 이는 성령님께서 주시는 기도제목이다.

4. 기도 중에 바뀌는 기도제목 | 어떤 기도제목으로 기도하다 보면 그 기도제목이 다른 기도제목으로 바뀌는 경우가 있다. 이때는 바뀌는 기도제목을 성령님께서 주시는 기도제목으로 알고 그 제목으로 기도한다.

5. 위정자와 지도자들을 위한 기도 | 국가 지도자, 위정자, 세계의 지도자들과 인류와 국가적인 문제들을 위하여 기도한다. 그들을 위해 기도해야 하는 이유는 우리가 모든 경건과 단정함으로 고요하고 평안한 신앙생활을 하기 위함이다(딤전 2:2).

6. 교회의 부흥과 목회자를 위한 기도 | 개교회의 멤버로서 교회의 부흥과 목회자 등 교회의 리더십을 위해서 기도한다. 교회를 위한 중보기도는 교회 부흥에 있어서 교회의 사역을 위한 중요한 요소이다.

7. 세계 선교를 위한 기도 | 세계 선교를 위한 중보기도는 구체적인 정보를 가지고 해야 한다. 기도제목은 교회나 선교단체, 출석하는 교회가 소속한 교단의 잡지, 인터넷 사이트 등에서 제목을 받을 수 있다.

8. 전도대상자와 불신자들 | 불신자들의 구원과 하나님을 떠난 사람들의 신앙회복 그리고 그들의 안녕한 삶을 위해 기도한다. 이는 모든 사람이 구원을 받으며 진리를 아는 데에 이르기를 원하시는 하나님의 뜻을 이루어 드리는 것이다(딤전 2:4).

질문 6   외식하는 기도와 골방기도의 응답의 차이는 무엇입니까?

마태복음 6:5-6 ⋯ 또 너희는 기도할 때에 외식하는 자와 같이 하지 말라 그들은 사람에게 보이려고 회당과 큰 거리 어귀에 서서 기도하기를 좋아하느니라 내가 진실로 너희에게 이르노니 그들은 자기 상을 이미 받았느니라 너는 기도할 때에 네 골방에 들어가 문을 닫고 은밀한 중에 계신 네 아버지께 기도하라 은밀한 중에 보시는 네 아버지께서 갚으시리라

정 답

외식기도는 사람들로부터 응답을 받지만 골방기도는 하나님께서 응답해 주신다. 사람들에게 보이기 위한 외식적인 기도는 사람들로부터 종교적인 선망(羨望)으로 응답을 받았기 때문에 하나님께서 응답할 내용이 없다.

참고말씀

마태복음 15:7-9 ⋯ 외식하는 자들아 이사야가 너희에 관하여 잘 예언하였도다 일렀으되 이 백성이 입술로는 나를 공경하되 마음은 내게서 멀도다 사람의 계명으로 교훈을 삼아 가르치니 나를 헛되이 경배하는도다 하였느니라 하시고

누가복음 18:11-12 … 바리새인은 따로 서서 기도하여 가로되 하나님이여 나는 다른 사람들 곧 토색, 불의, 간음을 하는 자들과 같지 아니하고 이 세리와도 같지 아니함을 감사하나이다 나는 이레에 두 번씩 금식하고 또 소득의 십일조를 드리나이다 하고

1. 하나님께로 향한 골방기도 │ 골방의 의미는 밀폐된 공간이라는 장소적인 의미보다는 기도의 대상이신 하나님께 집중하는 기도의 순수성을 의미한다. 예수님께서 바리새인을 책망한 것은 기도의 장소나 시간에 대한 것이 아니라 기도의 대상과 관련 된 것이다. 외식하는 기도는 하나님께 하는 것이 아니라 사람들에게 하는 것이다.

2. 바리새인의 기도 │ 외식하는 기도의 대표적인 사람들은 바리새인들이다. 바리새인은 다른 사람들보다 자기를 의롭게 여겼다. 그들은 자신들만의 거룩함을 종교적인 프라이드로 삼아 신분 상승을 꾀했다. 그러나 그들의 실상은 신분(직분)과 종교형식에 집중하므로 결국 교만과 자기 자랑에 빠진 종교인들이었다. 그들의 기도의 실패의 원인은 하나님께 향한 것이 아니라 사람을 향해 있었기 때문이다. 자기의 신앙적 순수를 버리고 인간적인 욕심과 명예에 대한 자존심에 기도를 파묻어버렸다. 이러한 기도는 자기 과시일 뿐이다. 바리새인의 기도 내용은 자기 자랑으로 가득하다.

3. 외식기도에 대한 주님의 경고와 교훈 │ 자기자랑을 기도로 포장한 외식기도에 대하여 주님께서는 준엄하게 경고한다. 외식기도를 일삼던 바리새인들을 향하여 "독사의 자식들아 너희는 악하니 어떻게 선한 말을 할

수 있느냐 이는 마음에 가득한 것을 입으로 말함이라"(마 12:34)고 준엄하게 꾸짖으셨다. 그리고 예수님께서는 회중들이 바리새인의 행동은 본받지 말고 말만 본받으라고 하셨다. 이것이야 말로 지도자에게 가장 비참한 경고이다.

> 그러므로 무엇이든지 저희의 말하는 바는 행하고 지키되 저희의 하는 행위는 본받지 말라 저희는 말만 하고 행치 아니하며(마 23:3)

리더 Tip

바리새인의 거짓기도

1. 외형적으로는 악한 사람이 아닌 것 자랑
2. 토색하지 아니한 것 자랑
3. 불의하지도 아니한 것 자랑
4. 간음하는 자들 같지 않은 것 자랑
5. 세리처럼 멸시받지 않는 것 자랑
6. 이레에 두 번씩 금식하는 것 자랑
7. 소득의 십일조를 드리는 것 자랑

질문 7   경건(기도)의 훈련이 필요한 이유는 무엇입니까?

디모데전서 4:7-8 … 망령되고 허탄한 신화를 버리고 경건에 이르도록 네 자신을 연단하라 육체의 연단은 약간의 유익이 있으나 경건은 범사에 유익하니 금생과 내생에 약속이 있느니라 기도(경건)의 훈련은 그리스도인의 인격과 삶에 육체적인 건강(연단) 보다 훨씬 광범위하게 유익을 주기 때문이다. 기도생활이 일상적이게 하려면 훈련(연습)이 필요하다.

히브리서 12:10-11 … 그들은 잠시 자기의 뜻대로 우리를 징계하였거니와 오직 하나님은 우리의 유익을 위하여 그의 거룩하심에 참여하게 하시느니라 무릇 징계가 당시에는 즐거워 보이지 않고 슬퍼 보이나 후에 그로 말미암아 연단 받은 자들은 의와 평강의 열매를 맺느니라

1. 기도훈련의 방법 : 20분 기도하기 | 기도(특히 긴 기도)는 훈련을 하지 않으면 할 수 없다. 기도를 훈련하기 위해서는 한번에 20분을 기도로 채우는 훈련을 하는 게 효과적이다. 기도를 배우는 자에게 있어서 20분은 영적생존을 위한 임계시간이라 할 만큼 훈련으로 적정한 시간이다. 한번 기도에 들어가면 20분을 채우는 연습을 하라. 그 연습에 익숙해지면 기도의 사람으로 자리매김할 수 있다.

2. 기도훈련의 방법 : 기간을 정한 기도 | 1주일, 40일 등의 기도기간을 정해서 기도한다. 기간을 정해서 기도하면 시작과 끝나는 날이 명확하므로 기도자에게 성취감을 준다. 기간을 정해서 기도할 때는 기도의 장소와 기도하는 시간을 일정하게 해야 한다. 매일 저녁이나 새벽을 정하여 기도하되 한끼 정도 금식하며 기도하면 더 기도에 집중하며 할 수 있다.

3. 기도훈련의 방법 : 산 기도 | 주거지에서 떨어져 있는 기도원이나 한적한 곳에 가서 마음을 쏟아 부르짖어 기도한다. 예수님께서는 산에 올라가 기도하실 때에 한번 기도에 들어가면 밤이 맞도록 기도에 집중하는 깊은 기도생활을 하셨다(눅 6:12, 마 14:23). 일상에서 벗어나서 하는 기도가 좋은 점은 기도에만 집중할 수 있기 때문이다. 그래서 산 기도는 기도의 훈련효과가 크다.

4. 기도훈련의 방법 : 금식 기도 | 금식 기도는 예수님께서 공생애를 시작하시면서 40일 동안 직접 실천하셨고(마 4:2), 또한 사도행전의 교회도 바울과 바나바를 파송하면서 금식(행 13:2)했던 것에서 보듯이 중요한 사역을 앞두고 자주하던 기도가 금식기도이다(행 14:23).

금식 기도는 음식을 먹지 않으면서 하는 기도이므로 육체적으로 상당한 고통을 감내하면서 하는 기도이다. 그래서 금식 기도로 기도훈련을 한 뒤에는 금식한 날 수만큼 보호식으로 건강을 회복시켜야 한다.

5. 기도훈련의 방법 : 철야(씨름)기도 | 예수님께서는 사역과 관련해서 중요한 문제를 놓고 밤을 새며 기도하셨다. 열두제자를 피택하시기 전날 밤(눅 6:12)과 십자가 고난을 당하기 직전(마 26:39, 42, 44)에 철야하시며 기도하셨다. 야곱은 이 기도를 씨름으로 표현하였을 정도로 진액을 쏟는 기도가 철야기도다(창 32:24-25).

질문 8 우리가 부르짖어 기도하면 하나님께서는 어떻게 응답하시는가?

예레미야 33:2-3 … 일을 행하시는 여호와, 그것을 만들며 성취하시는 여호와,

그의 이름을 여호와라 하는 이가 이와 같이 이르시도다 .너는 내게 부르짖으라
내가 네게 응답하겠고 네가 알지 못하는 크고 은밀한 일을 네게 보이리라

하나님께 큰 소리로 부르짖어 기도하면 우리가 알지 못하는 크고 은
밀한 일을 보이시므로 기대 이상으로 넘치게 응답하여 주신다.

시 86:7 … 나의 환난 날에 내가 주께 부르짖으리니 주께서 내게 응답하시리
이다

시편 81:10 … 나는 너를 애굽 땅에서 인도하여 낸 여호와 네 하나님이니 네
입을 넓게 열라 내가 채우리라 하였으나

시편 142:2 … 내가 내 원통함을 그 앞에 토하며 내 우환을 그 앞에 진술하는
도다

1. 부르짖는 기도는 마음을 토하는 것 | 부르짖는 기도는 긴급하고 절실한
기도제목을 하나님께 고하는 기도이다. 물에 빠진 사람이 구조를 요청할
때에 소리를 지르듯이, 적군에게 포위되어 빠져나갈 틈조차 보이지 않아
목숨이 경각에 처한 병사가 구조를 갈망하듯이 간절하게 마음을 토하는
기도이다. 마음을 토하는 것은 아무 잘못도 없이 무고를 당하고, 고난 당
할 때 원통한 마음을 하나님께 드러내는 것이다.

2. 기도에 집중하게 하는 부르짖는 기도 | 부르짖는 기도는 기도의 집중을

막는 잡념을 물리칠 수가 있다. 우리가 부르짖는 기도를 한다면 잡념을 몰아내게 되어 기도에 집중할 수 있다. 기도하려고 눈을 감았을 때에 생기는 잡념은 일상생활과 관련된 사소한 것들이 대부분이다. 기도를 방해하는 사소한 잡념은 부르짖는 기도로 해결할 수 있다. 마귀의 최대 관심사는 우리를 기도하지 못하게 하는 것이다. 마귀는 문제가 기도보다 커 보이게 함으로써 기도의 자리로 나가지 못하게 한다. 그럴 때에 부르짖어 기도하면 훼방꾼들은 물러가고 산이 들려 바다에 빠지는 것과 같은 큰 능력이 나타난다.

질문 9 다음 질문에 답하시오.

(1) 당신은 1주일 168시간 중에 기도하는 시간은 총 몇 시간이나 됩니까?

(2) 당신의 기도를 하지 못하게 하는 것은 무엇이며 그 방해물을 어떻게 극복하고 기도생활을 할 지에 대한 계획을 구체적으로 기록하십시오.

리더지침

리더는 이 질문을 다음과 같이 인도해도 되겠다.

(1)의 질문을 기도 시간만 확인하지 말고 다음과 같이 확장해서 물어도 된다. 일주일 168시간 중에 신앙생활과 직접 관계된 시간은 총 몇 시간이나 되는지 점검한다. 그리고 일주일 168시간과 대비해서 신앙과 직접 관련된 시간의 비율은 몇 퍼센트나 되는지 확인한다. 신앙생활과 직접 관계된 시간이란 예배, 개인기도, 전도와 선교목적의 모임

과 활동, 전도와 봉사 등이다. 시간을 합산하고 그 중에서 기도시간을 적고 그 비율이 얼마나 되는지 서로 확인하며 나누게 하라.

(2)의 질문에서 기도의 방해물로는 TV, 인터넷, 친구들과 만남, 오락과 유흥에 보내는 시간들이다. 이러한 요소들 중에 어느 것이 기도생활에 가장 큰 어려움이 되는지 적게 하고, 그 시간이 얼마나 되는지 기도 시간과 비교하게 하라. 그리고 앞으로 기도 시간을 늘려 기도생활의 진흥 방안을 토론하게 한다. 기도의 비중을 높이기 위해서는 기도의 시간을 뺏는 TV, 인터넷, 사람들과 늦은 시간에 만남 등을 절제하도록 강조한다.

주님과 데이트
Meditation of The Word

● 학습목표

1. 그리스도인의 말씀묵상이야말로 주님과 더 깊은 만남으로 이끌어 주님을 깊이 알게 하는 교제임을 안다.

2. 말씀묵상을 생활화하여 하나님과 더 깊은 교제로 나아가 행복한 영성 생활을 누리는 그리스도인이 된다.

● 중심구절

너희를 불러 그의 아들 예수 그리스도 우리 주와 더불어 교제하게 하시는 하나님은 미쁘시도다(고린도전서 1:9)

● 암송구절

아침에 나로 하여금 주의 인자한 말씀을 듣게 하소서 내가 주를 의뢰함이니이다 내가 다닐 길을 알게 하소서 내가 내 영혼을 주께 드림이니이다(시편 143:8)

질문 1 하나님의 말씀을 묵상하는 자는 어떤 태도를 가져야 합니까?

시편 19:9-10 … 여호와를 경외하는 도는 정결하여 영원까지 이르고 여호와의 법도 진실하여 다 의로우니 금 곧 많은 순금보다 더 사모할 것이며 꿀과 송이꿀보다 더 달도다

정 답

인생에서 추구하는 중요한 두 요소는 금(재물)과 꿀(쾌락)이다. 그러나 하나님의 말씀은 금이나 꿀의 행복 그 이상으로 인간의 삶을 풍요롭게 한다. 그러므로 말씀을 사모해야 한다.

참고말씀

시편 119: 97 … 내가 주의 법을 어찌 그리 사랑하는지요 내가 그것을 종일 작은 소리로 읊조리나이다

예레미야 15:16 … 만군의 하나님 여호와시여 나는 주의 이름으로 일컬음을 받는 자라 내가 주의 말씀을 얻어 먹었사오니 주의 말씀은 내게 기쁨과 내 마음의 즐거움이오나

해설노트

1. 말씀의 가치 | '금 곧 많은 순금'은 돈과 부를 말한다. 육신적인 유익을 끼치는 것을 의미한다고 할 수 있다. '꿀과 송이꿀'은 인생에서 달콤함을 느끼게 해주는 것들을 말한다고 할 수 있다. 성경은 금과 꿀을 강조하는 기법으로 금보다 많고 정제된 '많은 순금', 꿀보다 더 풍성한 '송이꿀'로 표현하였다. 송이꿀은 원문의 뜻은 '벌집에 그대로 담겨 있는 꿀'을 의미한다.

인간 세상에서 최고 가치라고 여기며 추구하는 내면(꿀)의 행복과 외면(금)의 부를 훨씬 뛰어넘는 영적인 행복(기쁨)과 영적인 부가 말씀에 있다. 그러므로 인생에서 얻을 수 있는 모든 가치를 넘어서는 말씀을 사모해야 한다. 하나님의 말씀은 지상 최고의 기쁨이 된다. 말씀을 우러러 받들고 마음 깊이 사모하여 말씀과 교제하며 살아야 한다.

2. 말씀 앞에서 Yes | 말씀은 하나님을 경외하는 자세로 하나님의 말씀하심에 '예'로 답하고자 하는 자세로 귀 기울여 들어야 한다(시 147: 11). 그래서 하나님의 말씀을 통하여 잘못과 부족을 지적받으면 솔직하게 시정하고, 하나님의 지시나 명령에 언제 어떻게 하겠는지 구체적으로 말씀드린다. 때때로 하나님의 말씀을 순종하는 것이 어려우면 어렵다고도 말씀드린다. 유대인들은 수문 앞 광장에서 새벽부터 정오까지 남자나 여자나 알아들을 만한 모든 사람 앞에서 성경을 읽을 때에 백성들은 율법책에 귀를 기울여 말씀을 듣는 시간을 가졌다(느 8:3). 그들에게 말씀은 금이나 꿀보다 더 소중하였다. 그래서 사모하지 않을 수 없었다. 말씀을 들으면 항상 감격하고 기쁨과 평안이 넘쳐났기 때문이다.

리더 Tip

묵상의 의미

묵상을 뜻하는 메디테이션(meditation)의 어원은 라틴어 메디타리(meditari)로 약(medicine)이란 말의 어원이기도 하다. 약을 먹으면 약이 온몸에 퍼져 약효를 내듯이, 묵상이란 어떤 한 생각이나 사실이 인간의 내면으로 퍼져가서 영향을 미친다는 의미이다.

하나님의 말씀을 묵상하면 말씀이 우리의 마음과 영으로 침잠(沈潛)된다. 그러므로 우리가 하나님께로부터 모든 것을 채움 받겠다는 자세로 말씀을 묵상하면 하나님께서 함께 해 주심을 체감하게 된다. 그리고 주님의 형상으로 변화되는 것을 발견하게 된다. 말씀묵상은 성경이 우리의 인격을 사로잡고 우리의 가치체계가 주님 중심으로 변화시킨다.

질문 2　예수님을 닮아가는 그리스도인들은 삶에 어떤 모습이 드러나야 합니까?

갈라디아서 5:22-25 … 오직 성령의 열매는 사랑과 희락과 화평과 오래 참음과 자비와 양선과 충성과 온유와 절제니 이같은 것을 금지할 법이 없느니라 그리스도 예수의 사람들은 육체와 함께 그 정욕과 탐심을 십자가에 못 박았느니라 만일 우리가 성령으로 살면 또한 성령으로 행할지니

정 답

예수님을 닮아 가는 자에게는 성령님의 열매가 나타나야 한다. 성령님의 9가지 인격적인 요소(열매)는 다음과 같다. ① 대가를 바라지 않는 희생(사랑) ② 환경을 초월한 기쁨(희락) ③ 인간관계를 안정시키는 평안함(화평) ④ 분노하지 않고 참고 견딤(오래 참음) ⑤ 사람들에게 친절을 베풂(자비) ⑥ 사람들로부터 존경받는 도덕성(양선) ⑦ 초지일관한 성실함(충성) ⑧ 낮은 자리에서 섬기는 겸손(온유) ⑨ 철저한 자기관리 능력(절제)

참고말씀

로마서 8:9-10 … 만일 너희 속에 하나님의 영이 거하시면 너희가 육신에

있지 아니하고 영에 있나니 누구든지 그리스도의 영이 없으면 그리스도의
사람이 아니라 또 그리스도께서 너희 안에 계시면 몸은 죄로 인하여 죽은 것
이나 영은 의를 인하여 산 것이라

1.성령님의 열매는 예수님의 인격 | 성령님의 열매는 바로 예수님께서 지
상에 계실 때에 보여주신 인격의 모습이다. 그리스도인이 성경을 묵상하
는 생활을 하여 말씀으로 인격을 채우게 되면 성령충만하게 되고, 일상생
활에서 성령님의 열매인 예수님의 인격과 성품이 그대로 나타나게 된다.
성령님의 열매는 성령충만의 결과라고 할 수 있다. 성령님의 9가지 열매
는 포도송이 같은 형태로 인격의 요소가 골고루 드러나야 한다. 어느 인
격적 요소는 열리지 않는 선별적인 열매가 아니라 다 함께 열리는 포도송
이 같이 전인격적 성품이 나타나야 한다. 열매는 억지로 만들어 내는 것
이 아니다. 성령님을 따라 사는 자가 육욕, 정욕, 탐심 등을 십자가에 못
박고 말씀으로 인격에 채울 때에 자연스럽게 나타난다. 그래서 그리스도
인의 삶은 성령님의 성품이 인격화된 삶이어야 한다.

2. 성령님으로 충만한 삶 | 우리가 예수 그리스도를 영접(구원)할 때에 성
령님께서 우리 안에 내주하신다(행 19:2). 그리스도인이 된 후의 삶은 성령
님으로 충만해져 신앙이 점점 예수님의 인격을 체화해 가는 것이다. 따라
서 성령님으로 충만함을 받는다(엡 5:18)는 것은 성령님의 지배를 받으며
그분의 능력으로 채워지는 것을 말한다. 그래서 예수님처럼 살고 예수님
의 인격(성령님의 열매)으로 변화되는 것이다.

　성령충만과 관련해서 기억해야 할 세 가지가 있다. 첫째로, 성령충만

은 일회적인 경험이 아니라, 그리스도인의 생활에서 계속적으로 이루어지는 것이다. 성령충만은 상태 개념이기 때문에 성령충만을 유지하기 위해서 말씀묵상과 기도로 하나님과 친밀한 교제의 생활을 지속해야 한다.

둘째로, 모든 그리스도인이 성령님의 인도 아래 살지만 모두가 다 성령충만한 생활을 하는 것은 아니라는 사실이다. 성령님으로 충만한 자는 성령님께 붙잡힌바 되어 성령님께서 계속 주장(지배)하는 삶이다. 그러나 그리스도인이라 할지라도 자기 의가 살아있게 되면 곤고한 생활로 근근히 살게 될뿐이다.

셋째로, 우리가 성령충만을 간구할 수는 있으나 우리에게 성령충만을 주시는 분은 하나님이시라는 사실이다. 성령충만에 있어서 하나님의 역사와 사람의 역할을 혼동하지 말아야 한다.

질문 3 　 베드로는 왜 바다에 빠졌으며 어떻게 건짐 받아 살아났습니까?

마태복음 14: 29-31 … 오라 하시니 베드로가 배에서 내려 물 위로 걸어서 예수께로 가되 .바람을 보고 무서워 빠져 가는지라 소리 질러 이르되 주여 나를 구원하소서 하니 예수께서 즉시 손을 내밀어 그를 붙잡으시며 이르시되 믿음이 작은 자여 왜 의심하였느냐 하시고

정 답

베드로는 예수님의 부름에 응하여 믿음으로 가던 중에 비바람(환경)을 보고 의심했기 때문에 물에 빠졌다. 그러나 그는 즉시 주님께 기도하였고 주님께서는 그 기도를 들으시고 즉시 일으켜 구원하여 주셨다.

빌립보서 3:12-14 ⋯ 내가 이미 얻었다 함도 아니요 온전히 이루었다 함도 아니라 오직 내가 그리스도 예수께 잡힌 바 된 그것을 잡으려고 달려가노라 형제들아 나는 아직 내가 잡은 줄로 여기지 아니하고 오직 한 일 즉 뒤에 있는 것은 잊어버리고 앞에 있는 것을 잡으려고 푯대를 향하여 그리스도 예수 안에서 하나님이 위에서 부르신 부름의 상을 위하여 달려가노라

1 삶의 현장의 위험성 | 우리가 사는 세상은 베드로의 경우처럼 물위를 걷는 것과 같은 불안이 상존한다. 예수님의 음성을 듣고 물에 뛰어든 베드로처럼 믿음의 결단을 하지만 그 결단이 오래가지 못한다. 신앙으로 결단하고 주님을 향하여 나아가지만 곧 환경적인 어려움과 문제 앞에서 좌절하기 때문이다.

2. 삶의 목표는 예수 그리스도 | 우리가 삶의 좌절을 이기고, 세상의 유혹을 넘어서서 승리하는 삶을 살 수 있는 길은 오직 예수 그리스도를 향하여 갈 때에만 가능하다. 우리는 환경에 휩쓸려 넘어지더라도 예수님을 향하여 구조를 요청하고 예수님께서 내미는 손을 잡아야 살 수 있는 존재이다. 그리스도인이 바른 방향으로 끝까지 갈 수 있는 방안은 단 한 가지 예수님께서 삶의 목표일 때 가능하다. 예수님께서 인생의 목표가 되면 물에 빠지지 않고 물위를 걸어갈 수 있다. 그뿐만 아니라 설령 물에 빠지더라도 건져냄을 받을 수 있다.

3. 승리로 이끄는 성경 | 오늘 우리가 사는 시대의 주님의 음성은 성경이

다. 성경을 통하여 주님의 말씀을 들을 수 있다. 환경에 의해 고난을 당하더라도 그 고난을 극복하고 다시 일어서게 하는 것도 말씀이다. 세파에 넘어지더라도 다시 일어나게 하고 삶의 목표를 고정해 주는 것도 말씀이다. 따라서 말씀묵상은 주님을 향하여 정도로 가게 하는 유일무이한 삶의 방편이다.

말씀묵상 가운데 주시는 감동의 7가지 패턴

1. 경배하라 – 하나님, 예수님, 성령님의 성품(God's Character)에 무릎 꿇음

2. 순종하라 – 교훈과 명령(command)에 순종

3. 힘내라 – 약속(promise)으로 인한 위로와 격려

4. 고쳐라 – 죄에 대한 도전(transgression)하심에 회개

5. 이렇게 하라 – 문제 해결의 방법(idea)을 배움

6. 인내하라 – 삶의 어려움 속에서 주시는 훈련(training)

7. 감사하라 – 하나님의 은혜에 만족하고 인정함(thanksgiving)

질문 4 주님의 말씀은 미래를 향하여 가는 자들에게 어떤 역할을 합니까?

시편 119:105 … 주의 말씀은 내 발에 등이요 내 길에 빛이니이다

시편 16:8-9 … 내가 여호와를 항상 내 앞에 모심이여 그가 나의 오른쪽에 계시므로 내가 흔들리지 아니하리로다 이러므로 나의 마음이 기쁘고 나의 영도 즐거워하며 내 육체도 안전히 살리니

말씀은 삶의 길을 안전하게 진행할 수 있도록 밝혀주는 등과 빛이다. 그리스도인은 항상 인도하시는 말씀에 대한 확신으로 기쁨과 행복한 삶이 된다.

잠언 6:20-23 … 내 아들아 네 아비의 명령을 지키며 네 어미의 법을 떠나지 말고 그것을 항상 네 마음에 새기며 네 목에 매라 그것이 네가 다닐 때에 너를 인도하며 네가 잘 때에 너를 보호하며 네가 깰 때에 너와 더불어 말하리니 대저 명령은 등불이요 법은 빛이요 훈계의 책망은 곧 생명의 길이라

잠언 5:21 … 대저 사람의 길은 여호와의 눈 앞에 있나니 그가 그 사람의 모든 길을 평탄하게 하시느니라

요한계시록 22:5 … 다시 밤이 없겠고 등불과 햇빛이 쓸 데 없으니 이는 주 하나님이 그들에게 비치심이라 그들이 세세토록 왕 노릇 하리로다

1. 말씀묵상은 인생길의 조명 │ 미래에 어떤 일이 일어날지 알 수 없는 게 우리의 삶이다. 이는 마치 어둠으로 가늠하기 어려운 미지의 길을 걷는 것과 같다고 할 수 있다. 빛이 없는 인생길에서 말씀묵상은 빛이다. 말씀은 우리가 가야할 길을 환하게 비춰주어 갈 길의 방향을 제시해 준다. 그뿐만 아니라 가는 걸음걸음에 등불(전조등)이 되어 넘어지지 않도록 때마다 일마다 적절하게 우리를 인도하신다.

2. 주님께서 함께하심을 확신함 │ 말씀묵상은 주님께서 함께하심에 대한

확신을 갖게 한다. 시편 16편 8-10절(행 2:25-28에 인용됨) 말씀에 의하면 다윗의 삶은 주님과 함께 하는 삶이다. 다윗은 "주님이 내 우편에 계시므로 내 마음이 기뻐한다. 내 말과 행동도 즐거워한다. 내 육체도 안전하다"고 고백하였다. 이는 자기 우편에 계신 주님을 항상 뵙기 때문이라고 하였다. 그리스도의 말씀묵상의 생활은 주님이 우편에 계신 것같은 확신을 주어 어떤 경우에도 믿음이 흔들리지 않았다. 말씀 묵상을 통하여 주님과 깊은 교제로 만나게 되면 실제로 다윗의 고백이 나의 고백이 될 수 있다.

질문 5　우리가 말씀을 어떻게 묵상하여야 하며 묵상하는 이유는 무엇입니까?

베드로전서 1:25-2:2 … 오직 주의 말씀은 세세토록 있도다 하였으니 너희에게 전한 복음이 곧 이 말씀이니라 그러므로 모든 악독과 모든 기만과 외식과 시기와 모든 비방하는 말을 버리고 갓난 아기들 같이 순전하고 신령한 젖을 사모하라 이는 그로 말미암아 너희로 구원에 이르도록 자라게 하려 함이라

정 답

영원하신 주님의 말씀은 갓난아기가 엄마의 젖을 찾듯이 간절하게 사모하는 마음으로 말씀을 묵상하여야 한다. 그러한 자세로 말씀을 묵상하면 예수님을 닮게 되어 구원(거룩성)을 이루어 가게 된다.

참고말씀

신명기 8:3 … 너를 낮추시며 너를 주리게 하시며 또 너도 알지 못하며 네 조상들도 알지 못하던 만나를 네게 먹이신 것은 사람이 떡으로만 사는 것이 아니요 여호와의 입에서 나오는 모든 말씀으로 사는 줄을 네가 알게 하려 하

심이니라

마태복음 4:4 ⋯ 예수께서 대답하여 이르시되 기록되었으되 사람이 떡으로만 살 것이 아니요 하나님의 입으로부터 나오는 모든 말씀으로 살 것이라 하였느니라 하시니

베드로전서 1장 25-2장 2절은 말씀 묵상하는 데 3요소를 가르쳐 주고 있다.

첫째로 말씀을 묵상하기 위해서는 버릴 것이 있다. 모든 악독과 모든 기만과 외식과 시기와 모든 비방하는 말을 버려야 한다. 이와 같은 것들은 세상살이에서 사람들 사이에 항상 벌어지는 것들이다. 말씀묵상의 자리로 나가려면 이런 것들을 하지 않아야 한다. 세상적인 가치관과 삶의 방식을 버리지 않으면 하나님의 말씀이 마음에 오시지 않는다.

둘째로 말씀을 사모하여야 한다. 갓난아기가 엄마의 젖을 사모하듯이 신령한 젖(말씀)을 아기처럼 사모하여야 한다. 갓난아기의 특징은 엄마의 전적인 보호가 없으면 살 수 없고, 오직 엄마로부터 모든 필요를 채움받는 존재로서, 갓난아기에게 있어서 엄마는 절대적인 존재이다. 따라서 말씀을 묵상할 때에는 오직 성경으로부터 하나님께서 주시는 말씀을 받겠다는 한 가지 생각으로 집중해야 한다.

셋째로 말씀을 묵상하는 이유는 구원에 이르도록 자라기 위함이다. 말씀묵상을 생활화하면 생활이 성결해져서 예수님의 거룩한 모습을 닮게 된다. 그래서 말씀묵상의 연조가 길어지면 예수님 같이 된다.

PRESS 묵상법

서양에서 개발된 큐티는 그 과정을 PRESS라고 한다. PRESS는 기도, 성경읽기, 묵상, 기도, 나눔을 뜻하는 영어의 이니셜이다.

P : Pray for a moment(잠깐 기도하라.)

R : Read His Word(말씀을 읽으라.)

E : Examine His Word(말씀을 묵상하라.)

S : Say back to God(주신 말씀에 따라 다시 기도하라.)

S : Share with the others what you gave found(받은 은혜를 다른 사람과 나누라.)

질문 6　말씀묵상의 자리에서 말씀을 받을 때의 자세는 어떻게 가져야 합니까?

시편 62:5-8 … 나의 영혼아 잠잠히 하나님만 바라라 무릇 나의 소망이 그로부터 나오는도다 .오직 그만이 나의 반석이시요 나의 구원이시요 나의 요새이시니 내가 흔들리지 아니하리로다. 나의 구원과 영광이 하나님께 있음이여 내 힘의 반석과 피난처도 하나님께 있도다. 백성들아 시시로 그를 의지하고 그의 앞에 마음을 토하라 하나님은 우리의 피난처시로다 (셀라)

정 답

1. 오직 나를 온전히 인도할 하나님께만 우선순위로 바라봐야 한다.

2. 말씀에 나타난 하나님(성부, 성자, 성령)은 어떤 하나님(성품)이신가? 그분이 하신 일은 무엇인가? 등을 살펴서 나에게 나타나 보여주

시는 하나님의 목적, 하나님의 역사하심, 하나님의 인도하심 등을
안다.

3. 하나님만 의지하여 그 앞에 마음을 다 드려 고백(기도)해야 한다.

마태복음 6:33 … 그런즉 너희는 먼저 그의 나라와 그의 의를 구하라 그리하
면 이 모든 것을 너희에게 더하시리라

시편 19: 14 … 나의 반석이시요 나의 구속자이신 여호와여 내 입의 말과 마
음의 묵상이 주님 앞에 열납되기를 원하나이다

1. 하나님의 말씀을 듣고 응답 | 말씀묵상을 시작할 때에 하나님의 세계로
이끌어 주시기를 기도해야 한다. 오직 하나님만 바라보는 일념으로 성경
을 읽고 묵상한다면 성령님께서 이끄셔서 하나님의 말씀하심을 들을 수
있는 은혜가 임하게 된다. 우리가 언제든지 하나님의 말씀을 듣고자 할
때에 하나님께서는 외면하지 않으시고 감동으로 말씀하여 주신다. 하나
님의 말씀하심을 듣게 되면 반드시 그 말씀에 기도로 반응(say back)하여
야 한다. 하나님의 말씀하심 앞에서 우리의 기도는 순명(順命)의 기도뿐이
다. 말씀묵상에서 중요한 것은 하나님의 말씀하심에 기도로 대답할 시간
을 갖지 않게 되면 말씀을 체화하지 못한다.

2. 영원히 안전한 피난처 | 말씀묵상은 하나님께서 주시는 안전한 피난처
(쉼터)이다. 하나님께서는 자녀들과 함께 하시며 일일이 말씀으로 인도해
주시므로 피난처가 되어 지켜주신다. 말씀묵상은 하나님의 보호 안에 안

전하게 거하게 하는 비결이다. 그뿐만 아니라 말씀으로 충만한 자는 성령님께서 직접 삶의 현장에서 함께 하시며 인도하신다. 그리고 하나님의 사람으로 든든히 세워주셔서 하나님의 일하심에 참여할 수 있게 해주신다. 말씀묵상과 그에 순종하는 사역 충성은 영과 혼과 육이 평안을 누리게 한다. 말씀 안에 있을 때에 비로소 안전한 피난처가 되어 참된 쉼이 있다.

질문 7   큐티를 나누는 그룹이 있으면 소개하고 큐티 나눔 그룹이 없다면 어떻게 큐티를 나눌 것인지 계획을 세우고 기록하시오.

리더지침

1. 나눔을 유도함 | 리더는 큐티나눔을 구체적으로 지도하여야 한다. 큐티는 개인적으로 하지만 항상 공동체(나눔 그룹)에서 나누는 성도의 교제가 꼭 필요하기 때문이다. 영적인 은혜와 진리는 나누어 줄 때 진정으로 소유한 것이 된다. 그렇기 때문에 큐티에 있어서 교회(공동체)의 영적인 비중을 무시할 수 없다. 큐티 나눔을 통하여 하나님께서 내게 무엇이라고 말씀하셨고 그 말씀으로 인해서 나는 어떻게 했다는 간증은 성도의 교제가 되고 이는 '실제적인 교회'가 된다. 그러므로 리더는 하나님께서 주신 묵상의 은혜를 나누도록 인도한다.

2. 나눔의 유익 | 나눔의 유익은 ① 교회의 공동체적 친밀감이 고양하게 하고 ② 서로 기도와 교제를 깊게 해주고 ③ 다른 그리스도인 형제자매를 통하여 나를 점검하고 비춰볼 수 있고 ④ 나눔을 통하여 생활 속에서 로드십(Lordship)을 인정하게 하고 ⑤ 삶에 활력을 얻어 그리스도인의 교제

(교회)를 더욱 풍성하게 한다. 큐티 나눔의 삶을 살게 되면 큐티가 자신을 변화시켜서 하나님의 자녀로서 합당하게 살아가는 것을 실감할 수 있게 된다.

어떻게 큐티 나눔 그룹을 할 것인가?

1. 기존의 그룹 활용 | 교회 내의 소모임, 구역(셀, 목장), 사역을 중심으로 된 그룹(교사, 성가대, 찬양단) 등에서 큐티를 나눈다. 기존에 가졌던 기능을 수행하면서 큐티 나눔 그룹으로 확장할 수 있다. 필요하다면 기존에 교회 내의 그룹을 큐티 나눔 그룹으로 변경해서 활용해도 된다.

2. 새롭게 그룹 만들기 | 아직 큐티 나눔 그룹이 없으면 새로운 그룹을 만든다. 우선 가까운 사람들 중에 큐티하는 사람들을 모아서 큐티 나눔 그룹을 구성할 수 있다. 큐티 나눔 그룹이 활성화 되려면 모이는 장소와 시간을 잘 정해야 한다. 교회나 가정, 커피숍 등의 장소에서 모일 수 있으나 되도록 외부의 영향을 적게 받는 곳이 좋다. 인원은 10명을 넘어가지 않게 하고 나눔의 시간은 충분하게 갖는 것이 좋다.

질문 8　우리의 삶을 인도하시는 분은 누구입니까. 그 사실이 당신의 생활에 어떤 영향을 줍니까?

잠언 16:9 ⋯ 사람이 마음으로 자기의 길을 계획할지라도 그의 걸음을 인도하시는 이는 여호와시니라 우리의 삶을 인도하시는 분은 하나님이시다. 따라서 우리의 말씀묵상을 주도하시는 분도 하나님이시다.

출애굽기 13:21-22 … 여호와께서 그들 앞에서 가시며 낮에는 구름 기둥으로 그들의 길을 인도하시고 밤에는 불 기둥을 그들에게 비추사 낮이나 밤이나 진행하게 하시니 낮에는 구름 기둥, 밤에는 불 기둥이 백성 앞에서 떠나지 아니하니라

1. 성령님을 초청 | 큐티를 잘하려면 성령님께 의탁하라. 실제로 큐티생활을 결심하더라도 이를 지속하는 것이 쉽지 않다. 큐티를 지속하지 못하는 경우에 마음에 부담을 갖거나 심지어 죄책감을 갖는 경우도 있다. 우리가 경건생활을 인간적인 의지를 갖고 주도하려고 하기보다는 성령님을 초청하여 성령님의 주도하심에 의탁(依託)하는 게 좋다. 실제로 경건생활은 하나님께서 은혜로 보살펴주셔야 잘 할 수 있다. 이를 인정하고 성령님께 의탁하라. 그러면 성령님께서 우리를 인도해주시고 영적인 능력을 덧입혀 주셔서 실제로 큐티의 깊은 세계를 즐길 수 있다(롬 8:26상반절). 성령님께서 우리의 마음과 눈을 열어주셔야 하나님의 음성을 들을 수 있다. 지금 내가 하나님의 말씀으로 받는 것은 전적으로 성령님의 도우심임을 기억하라.

이와 같이 성령도 우리의 연약함을 도우시나니(롬 8:26 상반절).

2. 죄의 고백 | 하나님께서 말씀을 주시는 큐티를 하려면 죄를 고백하여 처리하라. 그렇지 않으면 내 죄가 하나님과 교통을 막아서 하나님의 말씀을 듣지 못하게 한다. "오직 너희 죄악이 너희와 너희 하나님 사이를 갈라 놓았고 너희 죄가 그의 얼굴을 가리어서 너희에게서 듣지 않으시게 함이니라"(사 59:2). 혹시 숨어 있는 죄가 있는지 알게 해주시도록 기도하라. 그리고 성령님께서 알려주시는 대로 자백하라. 죄를 자백하여 하나님 앞에서 성결한 심령이 되면 말씀하심을 들을 수 있다.

> 하나님이여 나를 살피사 내 마음을 아시며 나를 시험하사 내 뜻을 아옵소서내게 무슨 악한 행위가 있나 보시고 나를 영원한 길로 인도하소서(시 139:23-24)

3. 욕심을 내려놓음 | 하나님의 말씀하심을 들으려면 하나님으로부터 무엇을 받아야겠다는 목록표와 이미 갖고 있는 기도제목들을 일단 내려놓아야 한다. 그래야 하나님께서 주체가 되셔서 말씀하신다. 내 욕심이 지나쳐서 바라는 바대로 하나님께서 말씀하시도록 유도하려고 하지 말라. 그렇게 되지도 않을뿐더러 된다고 한들 그것은 전부 개인적인 욕심으로 채워진 거짓이다. 욕심이 없이 백지처럼 되어 하나님께서 말씀하시고 일하실 것에 대한 기대감을 갖고 조용히 기다려라. 하나님의 생각은 내 생각과 전혀 다를 수 있다(사 55:8). 하나님의 말씀을 대망하는 가운데 마음속에 하나님께서 가져다주시는 것(떠오르게 해 주시는 것)을 믿음으로 받아라.

> 너는 마음을 다하여 여호와를 신뢰하고 네 명철을 의지하지 말라 너는 범사에 그를 인정하라 그리하면 네 길을 지도하시리라(잠 3:5-6)

질문 9   당신이 큐티를 계획한다면 가장 좋은 시간은 언제이며 가장 좋은 장소는 구체적으로 어디입니까?

1. 시간과 장소 | 리더는 큐티를 하기에 좋은 장소와 시간을 정하게 하고, 그 곳과 그 시간이 자기에게 왜 좋은지를 서로 나눌 수 있게 하라. 시간을 정할 때는 방해받지 않고 홀로 일정한 시간을 보낼 수 있는 장소와 시간을 정하는 것이다.

2. 큐티 지속에 중요 | 큐티를 하는 시간과 장소를 정하는 것은 큐티를 규칙적으로 하기 위해서이다. 가족이나 그 어떤 것도 말씀묵상으로 하나님께 나가는데 방해받지 않기 위해서 시간과 장소를 정하는 것이 중요하다. 큐티의 시간과 장소를 정할 때에는 자신의 형편과 환경을 잘 살펴서 정해야 한다. 전업주부는 가족들이 출근과 등교한 이후의 시간이 좋다. 아침 일찍 출근하는 사람이나 야간 근무자 등은 아침 시간이 오히려 더 분주할 수 있으므로 자기에게 조용한 시간을 정하면 되겠다.

3. 아침이 좋다 | 말씀묵상의 시간은 아침이 좋다. 큐티를 아침에 하는 것이 다른 시간대보다 좋은 이유는 하루의 첫 시간을 주님과 교제에 드리므로 하루를 기쁨으로 출발할 수 있다. 그리고 말씀을 통해 깨달은 바를 하루의 생활 속에서 실천할 수 있다.

4. 새벽기도와 큐티 | 큐티를 한다고 새벽기도회의 필요성과 효용성이 무시되어서는 안 된다. 큐티는 새벽기도와 어울려 하나님의 말씀하심과 영

적 생활의 시너지 효과를 낸다. 새벽기도와 큐티는 우리의 경건을 안보하는 두 날개다. 새벽기도와 큐티는 우리가 경건을 유지하고 또 그리스도인으로서 정체성을 유지하는데 꼭 필요한 영적 활동이다.

질문 10 주님과 교제인 큐티를 지속하기 위하여 어떻게 해야 합니까?

히브리서 4:16 … 그러므로 우리는 긍휼하심을 받고 때를 따라 돕는 은혜를 얻기 위하여 은혜의 보좌 앞에 담대히 나아갈 것이니라

정 답

주님과 교제를 위해서는 상황과 형편과 문제 등 제반 여건을 뛰어넘어 담대하게 하나님께로 나가야 한다. 담대하게 하나님께로 나가야 때를 따라 하나님께서 주시는 은혜로 살 수 있다. 강력한 방해자인 마귀와 그로인한 옛 습관(구습)을 벗어버리기 위해서 담대하게(억지로라도) 큐티를 해야 한다.

참고말씀

시편 57:1 … 하나님이여 내게 은혜를 베푸소서 내게 은혜를 베푸소서 내 영혼이 주께로 피하되 주의 날개 그늘 아래에서 이 재앙들이 지나기까지 피하리이다

고린도후서 3: 17 … 주는 영이시니 주의 영이 계신 곳에는 자유가 있느니라

1. 바쁨 증후군 | 하나님께 나아가 큐티 교제를 어렵게 하는 대표적인 것으로 '바쁨 증후군'을 들수 있다. 그러나 우리의 삶에서 큐티를 위하여 시간을 내지 못할 만큼 바쁘지 않다. 다만 바쁘게 느껴질 뿐인 '바쁨 증후군'인 경우가 대부분이다. 바쁨 증후군은 우선 말씀에 집중이 안 되고 산만한 증상을 갖고 있다. 이를 척결하여야 한다. 말로만 우선순위라고 말하지 말고 우선순위에 따른 삶을 살아야 한다. 실제로 바쁘게 만드는 일이 우리 앞에 존재할 수 있다. 그러므로 우선순위를 조정해야 한다. 바쁨 증후군은 담대하게 하나님 앞에 나와 큐티를 하므로 치유할 수 있다. 큐티를 하면 마음의 여유를 회복되어 큐티에 집중할 수 있다.

2. 성경본문의 어려움 | 때때로 성경본문이나 성경의 배경이 전문적인 지식을 요구할 만큼 어려운 본문을 대면할 때가 있다. 이런 경우에는 번역이 쉬운 성경들을 활용하거나 성경적인 지식이 더 풍성해진 뒤로 미루는 것도 괜찮다. 굳이 필요하다면 성경사전, 성서지도와 같은 기본적인 참고도서를 활용할 수 있다.

3. 큰 걱정거리 | 큰 걱정거리가 생기면 그것에 정신이 쏠려서 큐티할 여력이 사라질 수 있다. 그러한 때에는 '고난당할 때 기도하라'는 야고보서의 말씀대로(약 5:13) 기도한다. 그러면 걱정거리 위에서 역사하시는 하나님의 일하심을 경험하게 된다. 기도하면서 담대하게 큐티의 자리로 나와야 한다. 주님과 말씀으로 깊이 만나는 큐티는 걱정과 근심을 넘어서게 하는 능력이 있다. 실제로 걱정과 근심은 큐티를 통하여 해결할 수 있다.

4. 죄악에서 빠져나오지 못함 │ 범죄의 한 가운데서 큐티의 자리로 나오는 것이 어려운 게 사실이다. 죄의 행실은 빛의 자리로 나와 자기 모습이 드러나는 것을 본능적으로 두려워하기 때문이다. 이런 상황에서는 하나님의 건져주심을 기도하는 자리로 나오는 게 우선된다. 죄에 빠져 있을 때에는 스스로 큐티를 할 힘이 빠진 상태이기 때문에 설교 메시지를 통한 도전과 기도의 자리로 나와 죄를 자백하는 것이 우선되어야 한다.

5. 육체적으로 병이 있거나 피곤함 │ 심한 노동이나 질병으로 인하여 육체적으로 피곤 할 때에도 큐티의 자리로 나아오기 힘들다. 이때는 무엇보다도 먼저 큐티를 회복하기 위하여 육체적인 피곤을 해결하여야 한다. 충분히 휴식을 취하고 수면 부족으로 인한 피곤은 잠을 자고 쉬어야한다. 질병의 경우도 치료받고 회복하면서 말씀으로 다가가야 한다. 육체를 피곤하게 하는 것을 자의로 해결이 불망할 때는 그 부분을 놓고 하나님께 집중하여 기도하라. 그러면 하나님께서 치유와 회복을 주신다.

6. 찾기 어려운 이유들 │ 이유가 뚜렷하지 않은데 큐티가 하기 싫을 때가 있다. 이럴 때는 목소리를 활용하라. 소리 내서 성경을 읽고, 찬송을 부르고, 기도하라. 그리고 큐티를 하고 싶지 않게 된 사실을 큐티 나눔 그룹에게 알리고 중보기도를 요청하라. 마귀는 우리를 공격하여 큐티 묵상의 자리에서 내려오게 하려고 도전한다. 우리의 약점들 속에 교묘하게 파고들어 큐티를 방해하는 마귀를 이길 힘은 기도뿐이다.

6주

행복한 교회 생활
Happy Church Life

• 학습목표

1. 교회의 존재(to be)와 활동(to do)에 대하여 이해하고 신실한 멤버십(membership)이 된다.

2. 교회의 지체된 자로서 사명감을 갖고 교회로서 역할과 기능을 수행하므로 칭찬받는 멤버십이 된다.

• 중심구절

또 내가 네게 이르노니 너는 베드로라 내가 이 반석 위에 내 교회를 세우리니 음부의 권세가 이기지 못하리라(마태복음 16:18)

• 암송구절

서로 돌아보아 사랑과 선행을 격려하며 모이기를 폐하는 어떤 사람들의 습관과 같이 하지 말고 오직 권하여 그 날이 가까움을 볼수록 더욱 그리하자(히브리서 10:24-25)

질문 1 하나님께서는 교회를 세우기 위해 어떤 대가를 치루셨습니까?

사도행전 20:28 ⋯ 여러분은 자기를 위하여 또는 온 양 떼를 위하여 삼가라 성령이 그들 가운데 여러분을 감독자로 삼고 하나님이 자기 피로 사신 교회를 보살피게 하셨느니라

정 답

하나님께서 독생자 예수 그리스도를 피흘려 죽게하시므로 교회를 세우셨다. 교회는 하나님의 생명의 대가 위에 세워진 하나님의 것이다.

참고말씀

마태복음 16:18 ⋯ 또 내가 네게 이르노니 너는 베드로라 내가 이 반석 위에 내 교회를 세우리니 음부의 권세가 이기지 못하리라

사도행전 9:31 ⋯ 그리하여 온 유대와 갈릴리와 사마리아 교회가 평안하여 든든히 서 가고 주를 경외함과 성령의 위로로 진행하여 수가 더 많아지니라

해설노트   1. 하나님의 교회 계획 |

교회는 인간을 구원하기 위해 하나님께서 창세전부터 의중에 품으셨던 하나님의 비밀의 경륜이다(엡 3:2). 하나님께서는 경륜(οἰκνομία)에 따라 감추어 두었던 교회를 세우시고, 그 교회를 통하여 세상을 구원하신다. 즉 교회는 이 세상에서 하나님의 구원 계획을 성취할 수 있는 가장 경제(economy)적인 방법이다. 경제라는 영어 단어 Economy는 경륜을 뜻하는 헬라어 오이코노미아라가 어원이다.

2. 교회의 시작 |

교회의 시작은 성령님께서 오시므로 시작 되었다(행 2:1-

4). 교회는 하나님의 구원계획에 따라 예수 그리스도의 핏값으로 세워지고, 교회의 드러남은 예수님께서 승천하신 후 마가의 다락방에 제자들이 모여 있을 때에 성령님의 강림하심으로 되었다. 교회는 삼위일체이신 하나님의 연합에 의해 탄생한 하나님의 조직체이다.

3. 교회의 성장 | 오순절의 성령강림을 계기로 태동한 교회는 12사도들, 특히 베드로, 요한, 예수님의 아우 야고보 그리고 바울을 중심으로 각 처에 퍼지게 되었다. 초대 교회의 기초는 부활하신 예수 그리스도를 주님으로 믿는 자들 모두가 다 제사장이 된다는 원칙에서 이루어진 가족이었다. 그들은 말씀대로 고난 속에서도 성령으로 충만하여 복음을 증거하여 교회가 크게 성장하였다.

4. 교회의 확장 | 교회의 성장은 결국 유대인들과 충돌이 일어나고 동시에 교회에 대한 박해가 시작되었다. 그래서 그리스도인들은 각지로 흩어져 유대지경을 벗어나 멀리 외국까지 나가게 되었다. 그 결과로 복음이 널리 전파되는 계기가 되고 특히 안디옥에 교회가 세워져서 선교의 전진 기지가 되었다. 교회는 로마제국의 군복무와 황제에게 충성을 거부하여 큰 박해를 받았다. 그 결과 수많은 순교자들이 나왔고 박해와 음모 속에서도 순교적인 신앙으로 복음을 증거하여 그리스도인이 점점 늘어갔다.

5. 교회의 타락 | AD 4세기 초 로마황제 콘스탄티누스 때에 기독교는 공인되었고, 로마 정부의 중요한 기관이 되었다. 그러나 정교 혼합으로 교회는 신앙의 본질을 잃어버려 중세기는 교회의 암흑 시대라는 말을 들을 정도로 타락하였다.

6. 교회의 부흥 | 중세 교회의 부패와 타락에 반하여 16세기에 독일에서 교회의 권위를 성경에 둔 교회 개혁 운동이 시발점이 되어 새롭게 교회의 부흥이 일어났다. 율법이나 예전보다 개인의 신앙고백과 복음을 중요시하게 되었다. 또한 교회는 성경 해석의 자유를 갖게 되면서 교리적 강조점이 달라지고 역사적인 배경이 합세하면서 여러 교파들이 생기게 되었다. 그렇게 해서 오늘 우리가 주님의 몸으로서 귀하게 여기는 교회공동체가 되어 교회를 섬기고 있다.

교회관련 주요 해설

1. 교회의 정의 | 신약성경에서 교회는 헬라어 '에클레시아($\dot{\epsilon}\kappa\kappa\lambda\eta\sigma\acute{\iota}a$)' 라는 단어를 쓰고 있다. '에클레시아' 는 본래 고대 그리스 도시국가의 시민모임을 가리키는 말로 사회적인 집회를 뜻하던 말이었다. 그런데 이 단어를 그리스도인 공동체인 교회를 뜻하는 말로 확장하여 활용하였다. 즉 에클레시아는 "세상으로부터 불러냄을 받아 하나님을 섬기는 사람들"이라는 구별된 의미를 갖게 되었다. 교회는 에클레시아라는 단어의 의미 그대로 세상으로부터 하나님께로 나온 하나님의 거룩한 가족이다.

2. 두 종류의 교회 | 교회의 정의에 따를 때, 교회는 시공간을 초월해서 과거와 현재와 미래의 모든 믿는 자들을 지칭할 수도 있고(우주적, 불가시적 교회), 현재 시점에서 어떤 한정된 지역에 있는 믿는 자들을 지칭할 수도 있다(지역적, 가시적 교회). 신약성경에는 교회라는 단어가 115회 사용되었는데, 23회는 우주적 교회의 의미로 사용되었고, 92회는 지역적인 의미의

교회로 사용되었다.

- 우주적 교회 – 그는 몸인 교회의 머리시라 그가 근본이시요 죽은 자들 가운데서 먼저 나신 이시니 이는 친히 만물의 으뜸이 되려 하심이요(골 1:18)
- 지역적 교회 – 이에 사도와 장로와 온 교회가 그 중에서 사람들을 택하여 바울과 바나바와 함께 안디옥으로 보내기를 결정하니 곧 형제 중에 인도자인 바사바라 하는 유다와 실라더라(행 15:22)

3. 교회빌딩 │ 교회가 건물(교회당)을 의미하는 것은 아니다. 그렇지만 물리적인 공간인 교회빌딩은 교회의 기능을 수행하기 위해 필요하다. 교회는 교회빌딩을 중심으로 교회의 기능을 수행하고 교회를 지탱한다. 초기교회는 회당, 집, 동굴 등에서 모였지만 AD 4세기 이후에는 교회빌딩을 갖추게 되었고 오늘날까지 교회빌딩은 교회사역의 효율성을 제공하고 있다. 오늘날 구체적으로 존재하는 지역교회가 하나님의 뜻을 실현하기 위해 건물을 중심으로 활동하는 것에 대한 필요성을 제한하거나 비난해서는 안될 것이다.

4. 교회의 회원권(Church Membership) │ 교회의 회원권은 예수 그리스도를 개인의 구세주와 주님으로 신앙고백을 하고 침례·세례를 받고 교회의 회원으로 등록한 사람에게 주어진다. 일부 교회에서는 새신자 성경교육이나 교회의 신앙입문 프로그램을 거쳐야 하는 경우도 있다. 그리고 교회의 의식으로 주의 만찬(성찬식)은 침례(세례)를 받은 교인만이 참여하도록 권면하고 있다. 중요한 것은 교회 멤버십은 '교회당 다니는 사람(church-goer)'을 의미하는 것이 아니라 개인적인 신앙고백의 경험을 가지고 지역

에 있는 교회에 동참하는 사람이다.

질문 2   아래 말씀을 중심으로 교회의 정의와 교회와 그리스도인 개인의 관계를 기록하시오.

에베소서 1:23 … 교회는 그(예수그리스도)의 몸이니 만물 안에서 만물을 충만하게 하시는 이의 충만함이니라

고린도전서 12:27 … 너희는 그리스도의 몸이요 지체의 각 부분이라

정 답

예수 그리스도는 교회의 머리이시고, 교회는 예수 그리스도의 몸이다. 그리스도인은 지체로서 서로 연합하여 생활한다.

참고말씀

골로새서 1:18 … 그는 몸인 교회의 머리시라 그가 근본이시요 죽은 자들 가운데서 먼저 나신 이시니 이는 친히 만물의 으뜸이 되려 하심이요

에베소서 5:30 … 우리는 그 몸의 지체임이라

해설노트

1. 지역교회에 대한 추가 설명 ｜ 리더는 아래 구절로 교회의 의미를 추가로 설명할 수 있다. 다음 고딕체 부분은 헬라어의 교회(에클레시아)라는 낱말을 번역이다.

"사람들이 외쳐 어떤 이는 이런 말을, 어떤 이는 저런 말을 하니 **모인 무리**

가 분란하여 태반이나 어찌하여 모였는지 알지 못하더라"(행 19:32).

만일 그 외에 무엇을 원하면 정식으로 **민회(民會)**에서 결정할지라(행 19:39)

이에 그 **모임을 흩어지게 하니라**(행 19:41)

2. 교회에 대한 표현 | 성경에는 교회를 설명하는 다양한 표현들이 있다. 그 중에서도 중요한 표현은 첫째로 교회를 인체에 비유하여 예수 그리스도의 몸이라고 하였다(고전 12:27). 교회가 '그리스도의 몸' 인 까닭은 바로 예수 그리스도가 자신의 몸을 죽음에 아낌없이 내주셔서 죄인들을 구원하시고, 구원받은 자들(교회)로 예수님의 몸(교회)으로 삼으셨기 때문이다. 그러므로 예수님께서 교회의 주인(머리)이시며, 교회를 건강하게 유지, 확장시키시는 주체자이다.

둘째로 교회는 하나님의 가족이다. 가족 같은(like family) 관계가 아니라 순전한 가족(original family)이다. 그래서 하나님과 교회는 부자(父子)관계이다. 가족으로서 성도들은 서로 기쁨도 나누고 슬픔도 함께한다. 가족은 혈연관계, 지속적인 관계로, 삶의 영역에서 책임지는 사랑의 관계이다. 교회공동체가 가족이기에 진정한 사랑을 실천할 수 있다.

너희에게 아버지가 되고 너희는 내게 자녀가 되리라 전능하신 주의 말씀이니라 하셨느니라(고후 6:18)

질문 3　아래 말씀에서 교회 안에 교회와 함께 계시는 분은 누구입니까?

고린도전서 3:16 ⋯ 너희는 너희가 하나님의 성전인 것과 하나님의 성령이 너희 안에 계시는 것을 알지 못하느냐

교회는 하나님의 성령께서 계시는 곳이다. 교회 빌딩에 성령님께서 계시는 것이 아니라 교회공동체(사람들)와 함께 계신다.

디모데전서 3:15 ⋯ 만일 내가 지체하면 너로 하여금 하나님의 집에서 어떻게 행하여야 할지를 알게 하려 함이니 이 집은 살아 계신 하나님의 교회요 진리의 기둥과 터니라

1. 성령님께서 함께하시는 교회 | 교회는 성령님의 공동체이다. 예수님께서 승천하신 후 120명의 제자들이 예루살렘의 한 다락방에 모여서 기도할 때에 하늘로부터 하나님의 성령이 그들 위에 강림하므로 교회공동체가 탄생하였다. 교회는 성령님에 의해 태어났을 뿐만 아니라 교회와 계속 함께하신다.

2. 교회는 성령님을 나타냄 | 교회는 성령님께서 거하는 집이다. 이는 교회가 인간의 친목단체가 아닌 하나님의 주인이심을 뜻한다. 하나님께서는 영이시기 때문에 불신자들이 육안으로 볼 수 있는 교회가 필요했다. 그래서 예수님께서 피로 값주고 사셨고, 성령님에 의해 교회(하나님의 사람들)를 세우셨다. 하나님께서 교회를 통하여 나타나셔야 하기 때문이다.

세상은 교회 공동체를 통하여 하나님을 만날 수 있다.

3. 성령님께서 일하심 | 교회는 성령님께서 주도하시는 성령님의 공동체
이다. 성령님께서 계시는 집이 교회이기 때문에 성령님께서 교회를 지켜
주신다. 그래서 성령님은 교회의 거룩성을 지켜 세속화를 저지하고 영혼
을 구원하는 열정으로 충만하게 하신다. 성령님으로 말미암아 교회는 성
령님의 열매를 맺어 예수님의 인격을 온전하게 구현하는 예수님의 몸이
된다. 그리고 교회는 성령님께서 주신 은사로 교회의 기능을 다하여 교회
를 부흥하게 된다.

질문 4　초대 교회는 사역의 분량이 많아지면서 생긴 문제를 어떻게 효과적으
로 처리했습니까?

사도행전 6:1-3 … 그 때에 제자가 더 많아졌는데 헬라파 유대인들이 자기의
과부들이 매일의 구제에 빠지므로 히브리파 사람을 원망하니열두 사도가 모든
제자를 불러 이르되 우리가 하나님의 말씀을 제쳐 놓고 접대를 일삼는 것이 마
땅하지 아니하니 형제들아 너희 가운데서 성령과 지혜가 충만하여 칭찬 받는
사람 일곱을 택하라 우리가 이 일을 그들에게 맡기고

정 답

교회 형제들 중에서 새로 일꾼을 피택하여 세우므로 그들이 필요한
사역을 감당하였다. 봉사하도록 세워지는 사람은 사람들로부터 칭
찬받고 하나님으로부터 인정받는 사람들이다.

갈라디아서 1:10 ··· 이제 내가 사람들에게 좋게 하랴 하나님께 좋게 하랴 사람들에게 기쁨을 구하랴 내가 지금까지 사람들의 기쁨을 구하였다면 그리스도의 종이 아니니라

야고보서 3:17-18 ··· 오직 위로부터 난 지혜는 첫째 성결하고 다음에 화평하고 관용하고 양순하며 긍휼과 선한 열매가 가득하고 편견과 거짓이 없나니 화평하게 하는 자들은 화평으로 심어 의의 열매를 거두느니라

* 리더는 다음에 소개한 제 조건을 학습자들에게 소개하고 직분자로서 각자 자기에게 부족한 부분이 무엇인지, 그리고 칭찬받을만한 부분이 무엇인지 서로 나누는 시간을 가지십시오.

1. 사역자의 자격 : 하나님의 마음에 합격한 자 | 사역자를 세우는데 세상적인 기준은 중요하지 않다. 학력, 재산, 사회적인 신분, 지위여부는 교회에서 봉사하는데 상관이 없다. 교회는 영적인 조직체이기 때문에 교회의 지도자는 세상의 지도자가 되는 것과 다르다. 교회역사를 보더라도 가난하고, 병들고, 공부를 많이 못했던 사람들도 크게 쓰임 받았다. 다만 직분자로서 신분상 제한을 없으나 영적이며 인격적인 부분에 대한 조건은 구비되어야 한다. 교회의 일꾼은 하나님의 마음에 합당하기만 하면 하나님께서 쓰신다.

2. 사역자의 자격 : 성령님의 지배를 받는 자 | 성령충만은 하나님의 주권적인 질서확립이며 동시에 날마다 순간마다 성령님께서 지배하는 삶이다. 성령충만은 어떤 특별한 계기나 특별한 사람에 의해서 일시적이며

순간적인 신비체험을 하는 게 아니다. 성령충만은 성령님의 지배를 받는 삶으로 지금도 계속되는 상태이다. 그래서 하나님의 사역을 하고자 하는 자는 성령님의 지배받는 성령충만한 삶이어야 한다. 그래야만 하나님의 뜻을 이루고 하나님의 교회를 온전하게 섬길 수 있다. 성령으로 충만하지 못하면 하나님의 뜻을 제대로 분별하지 못하게 되어 온전하게 순종하지 못한다.

3. 사역자의 자격 : 지혜로운 자 | 하나님께로부터 온 지혜로 충만한 자는 성품이 성결하고 화평하고 관용하고 양순하며 긍휼과 선한 열매가 가득하고 편견과 거짓이 없다(약 3:17). 그래서 범사에 헤아려(지혜) 좋은 것을 취하는(살전 5:21) 삶을 산다. 사역자는 지혜로 의의 열매, 선한 행실의 결과를 풍성하게 거둘 수 있다. 하나님께서 주신 지혜를 가진 자는 반드시 그 지혜가 행함으로 드러난다(약 3:13).

> 너희 중에 지혜와 총명이 있는 자가 누구냐 그는 선행으로 말미암아 지혜의 온유함으로 그 행함을 보일지니라(약 3:13)

4. 사역자의 자격 : 사람들로부터 칭찬받는 자 | 교회의 사역자로 일하는 자는 사람들로부터 칭찬받는 자이어야 한다. 칭찬을 받으려면 성품이 인격적이고 덕이 있어야 한다. 디모데전서 3장 8-9절에 일꾼(집사)의 성품을 6가지로 제시하고 있다.

(1) 정중함 – 믿음직하고 진지하여 경망스럽지 않음.

(2) 일구이언을 하지 않음 – 자기 편의와 이기적인 판단에 따라 말을 바꾸지 않음.

(3) 술에 인박히지 아니함 – 어떤 경우에도 자기관리를 잘함.

(4) 더러운 이(利)를 탐하지 아니함 – 부당하게 생기는 이득을 취하지 않음.

(5) 깨끗한 양심 –바른 것을 순수하게 추구하는 마음.

(6) 믿음의 비밀을 가짐 – 예수님께 로드십(Lordship)을 드림.

5. 사역자의 자격 : 검증된 자

성경은 교회에서 일꾼을 피택하여 직분을 맡기는데 신중에 신중을 기할 것을 권고하고 있다. 일꾼으로 충분한 능력과 성품을 가졌더라도 그를 바로 세울 것이 아니라 먼저 검증한 후에 사역자로 세울 것을 권하고 있다. 검증하여 책망할 것이 없으면(인정되면) 비로소 직분을 맡기라는 것이다. 교회사역에서 일꾼을 세우는 것이 중요한 것은 누구를 어떻게 세우느냐에 따라 하나님께 영광이 되기도 하지만, 영광을 가릴 수도 있기 때문이다.

이에 이 사람들을 먼저 시험하여 보고 그 후에 책망할 것이 없으면 집사의 직분을 맡게 할 것이요(딤전 3:10)

질문 5 직분자로서 교회를 섬기는데 마땅한 태도는 무엇입니까??

베드로전서 5:2–3 … 너희 중에 있는 하나님의 양 무리를 치되 억지로 하지 말고 하나님의 뜻을 따라 자원함으로 하며 더러운 이득을 위하여 하지 말고 기꺼이 하며 맡은 자들에게 주장하는 자세를 하지 말고 양 무리의 본이 되라 일꾼은 자원하는 마음으로 주님과 교회를 섬겨야 한다. 개인의 사리 사욕을 위해 일하지 않고 오직 주님과 교회를 위해 모범을 보이는 사역자가 되어야 한다.

마태복음 20:26-27 … 너희 중에는 그렇지 않아야 하나니 너희 중에 누구든지 크고자 하는 자는 너희를 섬기는 자가 되고 너희 중에 누구든지 으뜸이 되고자 하는 자는 너희의 종이 되어야 하리라

에베소서 4:1-3 … 그러므로 주 안에서 갇힌 내가 너희를 권하노니 너희가 부르심을 받은 일에 합당하게 행하여 모든 겸손과 온유로 하고 오래 참음으로 사랑 가운데서 서로 용납하고 평안의 매는 줄로 성령이 하나 되게 하신 것을 힘써 지키라

1. 직분자의 겸손 | 직분자로서 교회를 섬길 때에 맡겨진 사역에 대해서 종의 자세로 겸손하게 행해야 한다. 겸손하게 사역을 감당해야 함께 일하는 동역자들 중에 상처받는 이도 없을 뿐더러 주님의 이름이 영광되게 드러나게 된다.

2. 직분자의 자원 | 사역은 자원하는 마음으로 감당하여야 한다. 그렇게 맡아야 성실하게 섬길 수 있고, 성실하게 감당해야 열매를 거둘 수 있다. 자원하는 마음으로 사역을 감당하는 자는 처음 마음(초심)을 잃지 않는다.

3. 직분자는 교회의 유익을 구함 | 교회 사역은 성공주의와 계급주의라는 세상적인 잣대로 다가가면 안 된다. 세상의 성공주의적인 서열이 그대로 교회에 전이되게 되면 교회는 인본주의와 상업주의적 단체로 변질된다. 그렇게 되면 사람들은 교회를 인간적인 성공의 발판으로 활용한다. 교회는 어떤 경우에도 정치, 사업, 파벌 등 인간적인 유익을 구하는 도구로 이용해서는 안 된다.

4. 직분자의 팀워크 준수 | 교회는 공동체이기 때문에 사역의 팀워크가 중요하다. 팀워크에서는 솔선수범의 리더십과 다양성 속의 하나 됨이 중요하다. 공동체가 하나되는 팀워크를 이루기 위해서는 2인3각 게임처럼 n인(n-1)각으로 협력하여야 한다. 협력은 인내와 이해를 바탕으로 서로 양보하고 배려하므로 질서를 존중하는 가운데 한마음으로 사역하는 것이다.

질문 6   하나님께서 기뻐하시는 예배는 어떤 예배입니까?

로마서 12:1 … 그러므로 형제들아 내가 하나님의 모든 자비하심으로 너희를 권하노니 너희 몸을 하나님이 기뻐하시는 거룩한 산 제물로 드리라 이는 너희가 드릴 영적 예배니라

정 답

하나님께서 기뻐하시는 예배는 우리의 삶이 하나님께서 인정할만한 그리스도인으로 드려지는 것이다.

마가복음 12:30 ⋯ 예수께서 대답하시되 첫째는 이것이니 이스라엘아 들으라 주 곧 우리 하나님은 유일한 주시라 네 마음을 다하고 목숨을 다하고 뜻을 다하고 힘을 다하여 주 너의 하나님을 사랑하라 하신 것이요

히브리서 10:11-14 ⋯ 제사장마다 매일 서서 섬기며 자주 같은 제사를 드리되 이 제사는 언제나 죄를 없게 하지 못하거니와 오직 그리스도는 죄를 위하여 한 영원한 제사를 드리시고 하나님 우편에 앉으사 그 후에 자기 원수들을 자기 발등상이 되게 하실 때까지 기다리시나니 그가 거룩하게 된 자들을 한 번의 제사로 영원히 온전하게 하셨느니라

사무엘하 6:13-15 ⋯ 여호와의 궤를 멘 사람들이 여섯 걸음을 가매 다윗이 소와 살진 송아지로 제사를 드리고 다윗이 여호와 앞에서 힘을 다하여 춤을 추는데 그 때에 다윗이 베 에봇을 입었더라 다윗과 온 이스라엘 족속이 즐거이 환호하며 나팔을 불고 여호와의 궤를 메어오니라

1. 삶을 드림 | 지금은 구약 시대와 같은 제사의 시대가 아니다. 예수님께서 인간으로 오셔서 스스로 제사의 제물로 드려졌기 때문에 다시는 제사를 드릴 필요가 없다. 예수님께서 영원한 속죄를 이루셨기 때문이다(히 9:12). 그런데도 로마서 12장 1절은 구약의 제사를 염두에 둔 비유적 묘사로써 자기 자신을 '산 제물'로 드리라고 말씀하고 있다. 이는 그리스도인의 삶이 하나님께 드려진 제물처럼 예배가 되도록 살라는 뜻이다. 즉 하나님께 순복하는 태도가 삶으로 그대로 드러나도록 살아야 한다는 의미이다.

2. 이웃을 사랑함 | 삶이 예배가 되어야 한다는 것은 교회당을 중심으로 교회 안에만 머물러 있으라는 뜻이 아니다. 그리스도인이 세상으로 나가지 못하고 교회당 안에만 머물러 있게 되면 교회의 기능 대부분은 쇠퇴하고 만다. 그리스도인으로서 삶의 예배는 세상에서 소금과 빛의 역할을 감당 하므로 하나님의 영광을 드리는 삶이 되는 것이다. 하나님께 드리는 삶의 예배는 세상에서 그리스도인으로 살면서 하나님을 사랑하고 동시에 이웃을 사랑하는 것이다.

> 대답하여 이르되 네 마음을 다하며 목숨을 다하며 힘을 다하며 뜻을 다하여 주 너의 하나님을 사랑하고 또한 네 이웃을 네 자신 같이 사랑하라 하였나이다(눅 10:27)

질문 7　아래 말씀에서 보는 예루살렘 교회의 교제하는 모습은 구체적으로 어떤 모습입니까?

사도행전 2:44-47 … 믿는 사람이 다 함께 있어 모든 물건을 서로 통용하고 . 또 재산과 소유를 팔아 각 사람의 필요를 따라 나눠 주며 날마다 마음을 같이 하여 성전에 모이기를 힘쓰고 집에서 떡을 떼며 기쁨과 순전한 마음으로 음식을 먹고 하나님을 찬미하며 또 온 백성에게 칭송을 받으니 주께서 구원 받는 사람을 날마다 더하게 하시니라

정 답

성도들은 서로 유무상통의 나눔과 모임과 교제 그리고 하나님을 찬미하는 예배의 생활을 하였다.

잠언 11:24-25 … 흩어 구제하여도 더욱 부하게 되는 일이 있나니 과도히 아껴도 가난하게 될 뿐이니라 구제를 좋아하는 자는 풍족하여질 것이요 남을 윤택하게 하는 자는 자기도 윤택하여지리라

마태복음 6:3-4 … 너는 구제할 때에 오른손이 하는 것을 왼손이 모르게 하여 네 구제함을 은밀하게 하라 은밀한 중에 보시는 너의 아버지께서 갚으시리라

1. 한 가족의식 | 그리스도인이 추구하는 교제의 모델은 사도행전 2장 44-47절의 예루살렘 교회이다. 예루살렘 교회는 물질과 마음이 유무상통(有無相通)하는 공동체이다. 예루살렘 교회와 같이 되려면 성도들이 한 가족의식을 갖는 것이다. 교회는 아버지 하나님과 수직적 관계에서 예배(효도)하고, 수평적으로 한 형제 된 성도의 관계는 역동적인 교제의 관계로 연결된다. 그리스도인은 한 가족이라는 의식 안에서 정신적, 물질적으로 서로 나누는 성도의 교제가 가능하다. 그렇게 될 때에 행복한 신앙생활이 가능하다.

2. 지체의식 | 그리스도인은 한 몸(교회)의 지체이다. 신체의 각 기관과 세포가 서로 의존적이듯이 성도들도 교회 안에서 서로 뗄 수 없는 상호 의존적인 관계이다. 그리스도인이 교회의 지체가 되려면 우선 개교회의 멤버십이 되어야 한다. 교회의 멤버십이 되지 않고는 지체가 될 수 없다. 교회의 지체가 되어야 비로소 성도의 교제를 할 수 있다. 교회의 지체가 되어 성도의 교제로 인격적인 공동체를 실천할 때에 교회의 기능은 활발하게 된다.

질문 8   당신은 교회가 가진 선포와 증거(전도)의 기능을 어떻게 구체적으로 담당하고 있습니까?

사도행전 1:8 … 오직 성령이 너희에게 임하시면 너희가 권능을 받고 예루살렘과 온 유대와 사마리아와 땅 끝까지 이르러 내 증인이 되리라 하시니라

사도행전 4:12 … 다른 이로써는 구원을 받을 수 없나니 천하 사람 중에 구원을 받을 만한 다른 이름을 우리에게 주신 일이 없음이라 하였더라

정 답

전도는 불신자를 예수 그리스도께 인도하여 생명을 받도록 안내하는 주님의 지상명령이며 성도들의 의무이다. 그리스도인은 지역 또는 관계의 제한을 넘어서서 주님께서 명령하신 복음 선포하여 예수 그리스도를 증거하는 삶을 살아야 한다.

참고말씀

누가복음 14:23 … 길과 산울가로 나가서 사람을 강권하여 데려다가 내 집을 채우라

사도행전 5:42 … 저희가 날마다 성전에 있든지 집에 있든지 예수는 그리스도라 가르치기와 전도하기를 쉬지 아니하니라

해설노트

* 리더는 학습자들이 어떻게 전도의 삶을 살고 있는지 확인하고, 서로 자기의 전도(증거)의 삶을 나누게 하면 좋을 것이다.

1. 전도는 교회의 기능 ｜ 전도는 은사가 아니다. 은사는 자기가 받은 대로

충성하면 되지만 전도는 은사가 아닌 교회의 기본적인 기능이다. 그러므로 모든 그리스도인에게 전도는 마땅히 해야 할 의무이다. 그러므로 지역의 한계, 관계의 한계를 정복하여 복음이 확산되게 선포하고 증거해야한다.

그리스도인이 전도하면 멸망에 처해 있던 자가 영원한 생명을 얻는다. 그뿐만 아니라 전도자는 성령님의 능력을 경험하게 되고, 교회는 새 생명을 얻은 새 가족을 맞이하게 된다. 그러므로 전도하면 하나님께서는 물론이고 교회와 전도자도 큰 기쁨을 누린다.

2. 전도는 진리의 사수 | 교회는 모든 비신앙, 사이비 불순세력으로부터 복음의 진리를 보수(保守)해야 할 사명이 있다. 이 진리보수의 사명은 예수 그리스도의 복음을 증거할 때에 비로소 가능하다. 그래서 전도는 복음증거와 함께 진리를 사수(死守)하는 기능을 한다. 교회가 구원의 복음을 세상에 전파하므로 진리되신 예수님께서 세세무궁토록 구세주와 주님으로 세워지는 것이다. 우리는 전도를 위해 시간과 정성을 들여야 하며 또한 기도와 물질로 전도에 전심전력하여야 한다.

질문 9 하나님의 말씀인 성경으로 교육과 훈련을 받으면 그리스도인의 인격과 역할은 어떻게 될 수 있습니까?

디모데후서 3:16-17 … 모든 성경은 하나님의 감동으로 된 것으로 교훈과 책망과 바르게 함과 의로 교육하기에 유익하니 이는 하나님의 사람으로 온전하게 하며 모든 선한 일을 행할 능력을 갖추게 하려 함이라 성경을 통하여 신앙의 교육과 훈련을 받으면 그리스도인은 온전한 하나님의 사람이 되고, 모든 선한 일(복음증거)을 능히 행할 수 있는 능력을 갖추게 된다.

골로새서 1:28 … 우리가 그를 전파하여 각 사람을 권하고 모든 지혜로 각 사람을 가르침은 각 사람을 그리스도 안에서 완전한 자로 세우려 함이니

마태복음 28:19-20 … 그러므로 너희는 가서 모든 족속으로 제자를 삼아 아버지와 아들과 성령의 이름으로 침례/세례를 주고 내가 너희에게 분부한 모든 것을 가르쳐 지키게 하라 볼찌어다 내가 세상 끝날까지 너희와 항상 함께 있으리라 하시니라

1. 성경교육과 신앙훈련 | 교회의 성경교육과 성도의 신앙훈련은 교회 교육의 핵심 사역이다. 그리스도인은 성경교육을 통하여 하나님의 뜻과 진리와 규범을 배울 수 있고 신앙훈련을 통하여 진리를 생활화하고 말씀을 전할 수 있는 실천 능력을 얻기 때문이다. 교회 교육을 통해 성경적 신앙교리를 배우고 지키므로 복음이 확산되고 또 후대로 전달한다. 교회는 이를 위해서 연령별 교회학교를 운영하고 또 단계별로 교육과 훈련을 시행하여 주님을 닮은 그리스도인 사역자로 세워나간다.

2. 교회의 훈련(양육) 모델

	1	2	3	4	5
신앙단계	불신자	새신자	제자	사역자	지도자
발달단계	태아기	영유아기	청소년기	청장년기	장년기 이후
사역	복음전도	양육(정착)	제자화	무장	코칭
성경	고전 1:18	고전 3:1-3	고전 3:5-6	고전 4:1	고전 4:15-16

(1) 복음전도(non chirstinan / believer)

십자가의 도가 멸망하는 자들에게는 미련한 것이요 구원을 받는 우리에게는 하나님의 능력이라(고전 1: 18)

(2) 양육(new comer / new christian)

형제들아 내가 신령한 자들을 대함과 같이 너희에게 말할 수 없어서 육신에 속한 자 곧 그리스도 안에서 어린 아이들을 대함과 같이 하노라 내가 너희를 젖으로 먹이고 밥으로 아니하였노니 이는 너희가 감당하지 못하였음이거니와 지금도 못하리라 너희는 아직도 육신에 속한 자로다 너희 가운데 시기와 분쟁이 있으니 어찌 육신에 속하여 사람을 따라 행함이 아니리요(고전 3:1-3)

(3) 제자화(discipline)

그런즉 아볼로는 무엇이며 바울은 무엇이냐 그들은 주께서 각각 주신대로 너희로 하여금 믿게 한 사역자들이니라 나는 심었고 아볼로는 물을 주었으되 오직 하나님께서 자라나게 하셨나니(고전 3: 5-6)

(4) 사역/ 무장(worker)

사람이 마땅히 우리를 그리스도의 일꾼이요 하나님의 비밀을 맡은 자로 여길지어다(고전 4:1)

(5) 코칭 리더십(leadership coach)

그리스도 안에서 일만 스승이 있으되 아버지는 많지 아니하니 그리스도 예수 안에서 내가 복음으로써 너희를 낳았음이라 그러므로 내가 너희에게 권하노니 너희는 나를 본받는 자가 되라(고전4: 15-16)

질문 10   하나님께서 인정하는 경건생활은 무엇입니까?

야고보서 1: 27 … 하나님 아버지 앞에서 정결하고 더러움이 없는 경건은 곧 고아와 과부를 그 환난 중에 돌보고 또 자기를 지켜 세속에 물들지 아니하는 그것이니라

정 답

진정한 경건(신앙)은 죄인을 죽기까지 사랑하셨던 예수님을 본받아서 필요가 있는 사람들을 실제적으로 돌아보는(봉사) 것이다. 그리고 자기를 지켜 세속에 물들지 않는 세상과 구별된 삶을 사는 것이다.

참고말씀

히브리서 13:16 … 오직 선을 행함과 서로 나누어 주기를 잊지 말라 하나님은 이같은 제사를 기뻐하시느니라

잠언 21:3 … 공의와 정의를 행하는 것은 제사 드리는 것보다 여호와께서 기

쁘게 여기시느니라

요한계시록 22:12 … 보라 내가 속히 오리니 내가 줄 상이 내게 있어 각 사람

에게 그의 일한 대로 갚아 주리라

1. 섬김의 모델 예수그리스도 │ 봉사는 이웃을 사랑하는 마음이 앞서야 하

며 희생적인 실천이 뒤따라야 하는 헌신이다. 예수님께서는 섬김의 삶을

실천하심으로써 참된 사역자의 모범을 보여주셨다. 예수님께서는 가난

한 자, 병든 자를 불쌍히 여기시고 그들의 필요를 채워주시므로 행복을

회복시켜주셨다.

교회(성도)는 예수님을 본받아 병들고 가난한 자, 좌절하고 어려움 가운

데 있는 자를 심방하고 구제하므로 예수 그리스도의 사랑을 실천해야 한

다. 초대 교회는 고아와 과부를 돌보고, 신자끼리 유무상통하여 서로 구

제하였다. 교회는 이 세상에서 그리고 이 세상을 통과하면서 하나님의 나

라를 구현해야 한다. 이 사명을 다하기 위해 교회는 항상 세상에 존재해

야 한다. 그러므로 교회는 예수님의 본을 따라 이웃의 필요를 채워주는

섬김에 나서야 한다.

2. 섬김의 축복 │ 그리스도인은 하나님께서 주신 은사로 봉사와 구제에

참여하여야 한다. 은사는 자랑하기 위한 것이 아니라 이웃을 섬기기 위한

것이다. 그러므로 은사는 땅에 묻어 두지 말고 매일 삶의 현장에서 복음

을 증거하고 교회를 세우는데 사용하여야 한다. 섬기는 사람은 하나님께

서 인정하고 복을 주신다. 우리가 사람을 섬긴 것이 곧 하나님께 하는 것

이기 때문에 하나님께서 갚아주신다(계 22:12). 주님께서는 냉수 한 그릇을

나눈 것도 다 기억하고 갚아 주시겠다고 약속하셨다.

또 누구든지 제자의 이름으로 이 작은 자 중 하나에게 냉수 한 그릇이라도 주는 자는 내가 진실로 너희에게 이르노니 그 사람이 결단코 상을 잃지 아니하리라 하시니라(마 10:42).

7주

진짜 예배
Worship to God

질문 1 그리스도인이 예배해야 할 대상은 누구입니까?

누가복음 4:8 … 예수께서 대답하여 이르시되 기록된 바 주 너의 하나님께 경배하고 다만 그를 섬기라 하였느니라

역대상 16:8-9 … 너희는 여호와께 감사하며 그의 이름을 불러 아뢰며 그가 행하신 일을 만민 중에 알릴지어다 그에게 노래하며 그를 찬양하고 그의 모든 기사를 전할지어다

정 답

예배의 대상은 오직 하나님 한 분 뿐이다. 우리는 하나님께 감사하며 하나님의 영광을 만민에게 선포하며 찬양해야 한다.

참고말씀

마가복음 12:30 … 예수께서 대답하시되 첫째는 이것이니 이스라엘아 들으라 주 곧 우리 하나님은 유일한 주시라 네 마음을 다하고 목숨을 다하고 뜻을 다하고 힘을 다하여 주 너의 하나님을 사랑하라 하신 것이요

해설노트

1. 하나님께서 기뻐하시는 예배 | 창조주이신 하나님께서는 피조물이 순복하여 예배하기를 바라신다. 하나님의 은혜로 사는 그리스도인은 마땅히 예배의 자리로 나와서 하나님을 기쁘시게 해드려야 한다. 하나님께서 기뻐하시는 것을 알고도 예배를 실천하지 않는다면 성도로서 바른 태도가 아니다. 그리스도인은 "내게 주신 모든 은혜를 내가 여호와께 무엇으로 보답할까"(시116:12)라는 심정으로 하나님께 무릎 꿇어 경배해야 한다.

예배를 드릴 때에는 하나님께로 향한 경외심으로 겸손하게 자신을 드

리는 복종의 자세를 가져야 한다. 여기에는 대가를 바라거나 어떤 거래는
있을 수 없다. 순전하고 순수하게 하나님 앞에 서는 것으로 예배를 드려야
한다.

2. 두 가지 형태의 예배 │ 예배는 개인 예배와 공동체 예배로 나눌 수 있
다. 개인 예배는 경건한 생활이고 공동체 예배는 교회의 예배의식이다.
개인 생활의 예배는 하나님과 인격적인 교제를 갖는 행복 그 자체이다.
삶이 예배가 되어 행복하게 되는 것은 언제나 함께하시는 하나님의 은혜
안에서 승리의 생활이 보장되기 때문이다.

공동체 예배는 하나님께 드리는 신앙의 최고 표현이다. 함께 모여서
영과 진리로 하나님께 예배한다면 그 예배는 하나님께서 기뻐 받으시는
예배가 된다. 그러므로 우리는 겸손하게 하나님께로 나아가 예배자로 섬
으로써 하나님께 영광을 드려야 한다. 그렇게 드려지면 예배의 삶을 사는
자의 인격과 경험 세계에 하나님의 놀라운 은혜와 경이로운 기쁨이 넘쳐
나게 될 것이다.

질문 2 우리가 창조주이시며 구세주이신 주님을 예배하려면 어떻게 해야 합니까?

빌립보서 2:10-11 … 하늘에 있는 자들과 땅에 있는 자들과 땅 아래에 있는 자
들로 모든 무릎을 예수의 이름에 꿇게 하시고 모든 입으로 예수 그리스도를 주
라 시인하여 하나님 아버지께 영광을 돌리게 하셨느니라.

정 답

예수님께 겸손하게 무릎 꿇고 주님으로 시인하는 것은 하나님께 영

광의 예배가 된다. 예배는 외적인 태도에서도 경배가 나타나야 한다.

시편 95:6-7 … 오라 우리가 굽혀 경배하며 우리를 지으신 여호와 앞에 무릎을 꿇자 그는 우리의 하나님이시요 우리는 그가 기르시는 백성이며 그의 손이 돌보시는 양이기 때문이라 너희가 오늘 그의 음성을 듣거든

전도서 5:1-2 … 너는 하나님의 집에 들어갈 때에 네 발을 삼갈지어다 가까이 하여 말씀을 듣는 것이 우매한 자들이 제물 드리는 것보다 나으니 그들은 악을 행하면서도 깨닫지 못함이니라 너는 하나님 앞에서 함부로 입을 열지 말며 급한 마음으로 말을 내지 말라 하나님은 하늘에 계시고 너는 땅에 있음이니라 그런즉 마땅히 말을 적게 할 것이라

마태복음 5:23-24 … 그러므로 예물을 제단에 드리려다가 거기서 네 형제에게 원망들을 만한 일이 있는 것이 생각나거든 예물을 제단 앞에 두고 먼저 가서 형제와 화목하고 그 후에 와서 예물을 드리라

1. 준비과정도 예배 | 공동체로서 하나님께서 받으시는 예배를 드리려면 준비하는 과정도 예배라는 생각을 가져야 한다. 특히 여럿이 모여서 함께 드리는 예배이기 때문에 약속한 시간을 지켜야 한다. 시간을 지키지 않는다면 예배를 받으시는 하나님께는 물론이고 다른 예배자들에게도 예도에 어긋난 태도라고 할 수 있다. 그래서 적어도 약속된 예배시간보다 일찍 예배당에 와서 준비하는 것이 바른 태도일 것이다. 특히 주일 예배를 잘 드리기 위해서는 충분히 잠을 자고 일찍 일어나 식사를 하고 좋은 컨디션으로 예배에 참여하여야 한다. 그렇지 않으면 예배시간에 공복감,

피로감 등으로 집중하지 못하게 되므로 예배가 하나님께 드려지지 못하게 된다. 예배자는 예배를 준비하는 것 자체가 예배자로서 마땅히 드릴 또 하나의 예배임을 인식해야 한다.

2. 인간관계의 매듭해결 | 인간관계에 어려움이 있는 경우에는 예배의 자리로 나가기도 어렵고 예배를 드린다 해도 예배가 열납되지 않는다. 교회 예배는 음악회의 청중이 아니라 한 가족이기 때문이다. 청중은 옆자리에 누가 앉더라도 아무 문제가 되지 않지만 가족은 서로 친밀한 관계이어야 하기 때문에, 예배에 참여할 때 관계에 문제가 있으면 하나님께 열납되지 않는다. 그러므로 공동체 예배에 참여할 때에 누군가와 관계가 악화되었다면 그 부분을 해결하고 하나님께로 나와야 한다(마 5:23-24).

> 너희가 사람의 잘못을 용서하면 너희 하늘 아버지께서도 너희 잘못을 용서하시려니와 너희가 사람의 잘못을 용서하지 아니하면 너희 아버지께서도 너희 잘못을 용서하지 아니하시리라(마 6:14-15)

질문 3 하나님께 예배하는 자의 자세는 어떠해야 합니까?

요한복음 4: 23-24 … 아버지께 참되게 예배하는 자들은 영과 진리로 예배할 때가 오나니 곧 이 때라 아버지께서는 자기에게 이렇게 예배하는 자들을 찾으시느니라 하나님은 영이시니 예배하는 자가 영과 진리로 예배할지니라

정 답

하나님께 예배하는 자는 영과 진리로 예배를 드려야 하나님께서 받

으시는 예배가 된다.

히브리서 10:22 ⋯ 우리가 마음에 뿌림을 받아 악한 양심으로부터 벗어나고 몸은 맑은 물로 씻음을 받았으니 참 마음과 온전한 믿음으로 하나님께 나아 가자

1. 영으로 드리는 예배 | 본문 성경구절에서 '영과 진리'(in spirit and in truth)에서 영은 인간의 영이다. '하나님은 영이시니'(God is Spirit)라고 할 때의 영은 대문자로 시작하는 성령(The Holy Spirit)이다. 인간의 영은 성령 이신 하나님을 알 수 있게 하는 영역이며 이 부분을 통하여 하나님과 교 통할 수 있다. 그런데 문제는 인간이 죄를 범하여 하나님을 떠남으로써 나무의 뿌리가 잘린 것처럼 인간의 영은 하나님과 단절(죽음)되었다. 그러 나 다시 교통하기를 원하시는 하나님의 십자가 사랑으로 말미암아 접붙 여져서 영이 살게 되었다(롬 11:17). 따라서 예배는 영으로 드려야 하나님께 서 받으신다. 예배를 드리려면 영으로 드리는 예배라야 열납하신다. 인 간의 육(flesh)적이고 혼(soul)적인 것으로 하나님께 나아갈 수가 없다. 예배 는 오로지 예수 그리스도로 말미암아 회복된 영으로 드릴 수 있다. 즉 속 사람(영)에 성령이 내주한 자가 드릴 수 있다.

2. 진리로 드리는 예배 | 진리는 거짓됨이나 부정적 요소가 전혀 없는 순 수함, 변하지 않는 영원함이다. 이는 곧 예수 그리스도의 속성이다(요 14:6). 따라서 진리로 예배한다는 것은 곧 진리 되신 예수 그리스도 안에

서, 예수 그리스도를 통하여 예배해야 한다는 뜻이다. 하나님께서 기쁘게 받으시는 예배를 드리려면 예수님께서 함께 하셔야 한다. 예수님께서 중보가 되어주셔서 예배를 이끌어 주셔야만 하나님께서 받으신다(딤전 2:5). 그래서 참된 예배자는 예수 그리스도 안에 거해야 하며, 예수님과 동행하는 삶을 살아야 한다.

질문 4   주님께 예배의 삶을 사는 자에게 하나님께서 주시는 것들은 무엇입니까?

시편 4: 5-8 … 의의 제사를 드리고 여호와를 의지할지어다 여러 사람의 말이 우리에게 선을 보일 자 누구뇨 하오니 여호와여 주의 얼굴을 들어 우리에게 비추소서 주께서 내 마음에 두신 기쁨은 그들의 곡식과 새 포도주가 풍성할 때보다 더하니이다 내가 평안히 눕고 자기도 하리니 나를 안전히 살게 하시는 이는 오직 여호와이시니이다

정 답

하나님께서 예배자에게 주시는 축복은 ① 하나님의 얼굴을 보여 주시고 ② 최고의 기쁨을 주시며 ③ 마음에 평안을 주신다.

참고말씀

요한복음 14:27 … 평안을 너희에게 끼치노니 곧 나의 평안을 너희에게 주노라 내가 너희에게 주는 것은 세상이 주는 것과 같지 아니하니라 너희는 마음에 근심하지도 말고 두려워하지도 말라

요한복음 16:33 … 이것을 너희에게 이르는 것은 너희로 내 안에서 평안을

누리게 하려 함이라 세상에서는 너희가 환난을 당하나 담대하라 내가 세상을 이기었노라

시편 116:7-8 … 내 영혼아 네 평안함으로 돌아갈지어다 여호와께서 너를 후대하심이로다 주께서 내 영혼을 사망에서, 내 눈을 눈물에서, 내 발을 넘어짐에서 건지셨나이다

1. 인격적인 교제가 이루어짐 | 예배는 피조물이 창조주 하나님을 인정하고 하나님께 항복하고 순전하게 경배하는 생활이다. 그러므로 그리스도인으로서 예배의 삶은 당연한 것이다. 예배의 삶을 통하여 하나님과 교통이 있다. 하나님과 관계 소통을 통하여 하나님과 인격적인 만남(교제)이 이루어진다. 예배는 하나님과 인격적인 교제가 이루어지게 하는 통로이다.

2. 예배는 주님을 닮아 가는 길 | 어떤 종교를 막론하고 사람은 자신이 예배하는 대상을 닮는다(시 115:8). 그리스도인은 날마다 예배의 교통을 통해 하나님의 속성에 비춰져서 성품이 빚어진다. 그리고 하나님께서 주시는 은혜의 바다를 깊이 체험하게 됨으로써 주님의 인격이 전이된다. 하나님께 영과 진리로 예배할 때에 영적인 교통이 활발해지고 그 결과 우리는 더욱더 예수님의 형상으로 변화하게 된다.

우상들을 만드는 자들과 그것을 의지하는 자들이 다 그와 같으리로다(시 115:8)

3. 승리의 삶으로 이끄는 예배 | 예배는 삶에서 어떤 어려운 문제나 위기

의 순간을 겪게 될지라도 능히 이겨낼 수 있게 된다. 예배를 통하여 인생의 무거운 짐을 능히 감당하고 세상과 맞서 싸울 수 있는 영적인 힘을 제공받기 때문이다. 예배의 삶이 일상화 되면 영적능력이 배가되어 무슨 일을 만나도 풍성한 하나님의 능력을 힘입게 된다. 우리는 예배를 통하여 하나님께서 우리의 피난처가 되시며 힘이신 것(시 46:1)을 경험한다. 하나님께서는 친히 피난처가 되셔서 우리를 숨기시므로 우리는 그 안에서 예배를 영원히 지속하게 된다.

질문 5   교회 공동체에 하나님께서 역사하심이 증거 될 때에 불신자들에게는 어떤 일이 일어납니까?

고린도전서 14:24-25 … 그러나 다 예언을 하면 믿지 아니하는 자들이나 알지 못하는 자들이 들어와서 모든 사람에게 책망을 들으며 모든 사람에게 판단을 받고 그 마음의 숨은 일들이 드러나게 되므로 엎드리어 하나님께 경배하며 하나님이 참으로 너희 가운데 계신다 전파하리라

정 답

교회를 통하여 불신자들이 예수님의 하나님이심을 인정하게 되고, 그들도 예수님께로 나와 구세주와 주님으로 믿는 중생의 역사가 일어나게 된다.

참고말씀

사도행전 2:44-47 … 믿는 사람이 다 함께 있어 모든 물건을 서로 통용하고 또 재산과 소유를 팔아 각 사람의 필요를 따라 나눠 주며 날마다 마음을 같

이하여 성전에 모이기를 힘쓰고 집에서 떡을 떼며 기쁨과 순전한 마음으로
음식을 먹고 하나님을 찬미하며 또 온 백성에게 칭송을 받으니 주께서 구원
받는 사람을 날마다 더하게 하시니라

1. 예배는 전도 | 사람들은 하나님께 예배하는 자들의 모습을 보고 하나
님께 대한 경외감을 갖는다. 예를 들어 극심한 고난 중에도 신앙을 지켜
내는 모습, 교회 공동체가 끝까지 펼치는 사회 구제와 봉사 등은 불신자
들에게 하나님께서 살아계심과 사랑을 믿게 한다. 그리스도인의 예배와
사역으로 불신세계에 대한 감동과 도전은 일시적으로 끝나는 것이 아니
다. 사람들이 하나님의 존재를 확신하고 경외심을 갖고 애배의 자리로 나
오는 때까지 계속된다.

2. 사역의 능력 | 성경은 고린도 교회에서 방언보다는 예언을 사모하는
것이 더 낫다고 말씀한다. 예언(말씀)은 죄를 드러나게 하여 사람들을 깨우
칠 것이고 그들을 책망하고 권면하여 회개의 자리로 나오게 하기 때문이
다. 만일 성도들이 알아들을 수 없는 방언만 한다면 불신자들을 주님께로
인도하기가 어려울 것이다. 교회의 부흥을 위해서 직분자들이 성경의 진
리를 가르치면, 불신자가 말씀을 듣고 자기의 죄를 고백하고 예수 그리스
도께로 나와 구원받게 된다. 말씀은 사람들이 죄인인 자신의 모습을 인식
하고 회개할 수 있게 한다.

질문 6   초대교회의 예배에는 어떤 요소들로 채워져 있습니까?

고린도전서 14:26 … 그런즉 형제들아 어찌할까 너희가 모일 때에 각각 찬송시도 있으며 가르치는 말씀도 있으며 계시도 있으며 방언도 있으며 통역함도 있나니 모든 것을 덕을 세우기 위하여 하라

골로새서 3:16 … 그리스도의 말씀이 너희 속에 풍성히 거하여 모든 지혜로 피차 가르치며 권면하고

정 답

초대 교회의 공적예배는 성서 읽기, 찬송, 설교, 은사사역(계시 방언 등), 성도의 교제, 주의 만찬(떡과 포도주의 분배) 회중의 감사, 가난한 사람들을 위한 헌금 등의 순서로 진행되었다.

참고말씀

역대하 7:3 … 이스라엘 모든 자손은 불이 내리는 것과 여호와의 영광이 성전 위에 있는 것을 보고 돌을 깐 땅에 엎드려 경배하며 여호와께 감사하여 이르되 선하시도다 그의 인자하심이 영원하도다 하니라

해설노트

초대 교회의 예배는 오늘 우리의 예배와 유사한 예배의식의 요소들이 있었다. 예배는 하나님을 만난 자들의 생활이기에 우리의 마음과 삶을 하나님께 드리며 그 안에서 하나가 되는 내용이 담겨있는 게 중요하다. 예배의식이 엄격하거나 복잡할 필요는 없지만 그렇다고 예배를 무질서하게 드려도 된다는 의미는 아니다. 초대 교회 때나 지금이나 찬송, 기도, 봉헌, 교제, 설교 등을 내용으로 예배를 드리고 있다.

- 가르침 받음(설교) – 그들이 사도의 가르침을 받아 서로 교제하고 떡을 떼며 오로지 기도하기를 힘쓰니라(행 2:42)

- 교제 – 그리스도의 말씀이 너희 속에 풍성히 거하여 모든 지혜로 피차 가르치며 권면하고(골 3:16)

- 떡을 뗌(주의 만찬) – 그들이 먹을 때에 예수께서 떡을 가지사 축복하시고 떼어 제자들에게 주시며 이르시되 받아서 먹으라 이것은 내 몸이니라 하시고 또 잔을 가지사 감사 기도 하시고 그들에게 주시며 이르시되 너희가 다 이것을 마시라 이것은 죄 사함을 얻게 하려고 많은 사람을 위하여 흘리는 바 나의 피 곧 언약의 피니라(마 26:26-28)

- 기도 – 그들이 사도의 가르침을 받아 서로 교제하고 떡을 떼며 오로지 기도하기를 힘쓰니라(행 2:42)

- 찬송 – 시와 찬송과 신령한 노래를 부르며 감사하는 마음으로 하나님을 찬양하고 또 무엇을 하든지 말에나 일에나 다 주 예수의 이름으로 하고 그를 힘입어 하나님 아버지께 감사하라(골 3:17)

- 연보(헌금) – 매주 첫날에 너희 각 사람이 수입에 따라 모아 두어서 내가 갈 때에 연보를 하지 않게 하라(고전 16: 2)

질문 7　성도들이 찬송의 제사(예배)를 늘 드리면 어떤 열매를 얻을 수 있습니까?

히브리서 13:15 … 그러므로 우리는 예수로 말미암아 항상 찬송의 제사를 하나님께 드리자 이는 그 이름을 증언하는 입술의 열매니라

에베소서 5:19-21 … 시와 찬송과 신령한 노래들로 서로 화답하며 너희의 마음으로 주께 노래하며 찬송하며 범사에 우리 주 예수 그리스도의 이름으로 항상 아버지 하나님께 감사하며 그리스도를 경외함으로 피차 복종하라

찬송의 예배는 예수 그리스도를 증거하는(전도적인 선포) 입술의 열매이다. 성도는 주님을 향한 감사와 기쁨을 마음에 담아 항상 경배하여야 한다.

요한계시록 19: 6-7상 … 또 내가 들으니 허다한 무리의 음성과도 같고 많은 물 소리와도 같고 큰 우렛소리와도 같은 소리로 이르되 할렐루야 주 우리 하나님 곧 전능하신 이가 통치하시도다 우리가 즐거워하고 크게 기뻐하며 그에게 영광을 돌리세

1. 찬송은 하나님께 예배 | 하나님을 찬송하는 것은 모든 피조물의 존재의 이유이며 동시에 특권이다. 하나님께서 우리를 지으시고 우리를 구원하신 이유가 삼위일체 하나님께 찬송하기 위함이다. 피조물로서 호흡이 있는 동안은 항상 하나님을 찬양해야 한다. 찬송은 구원받은 자가 하나님께 드려야 할 감사의 고백이며 하나님을 기쁘시게 하는 피조물의 최상급의 행위이다. 찬송이야말로 사죄의 은총을 입은 성도들의 감사의 예배이다. 성도는 찬송으로 구원의 즐거움을 노래하며 하나님께 감사와 영광을 돌리는 예배의 삶을 살아야 한다.

2. 찬송은 대중가요가 아님 | 우리가 부르는 찬송은 대중가요와 같은 부류의 노래가 아니다. 일부 대중가요가 감흥을 주고 마음에 와 닿는다하여 찬송과 동일시 할 수 없다. 대중가요는 인간의 감정과 접촉하는 게 전부

이지만 찬송은 우리를 구원하신 하나님께 드리는 노래이다. 찬송은 성령님의 감동을 받은 그리스도인들의 신앙 간증이요, 하나님께 대한 감사이며, 기도이며, 선포이며, 가장 아름다운 노래이다. 그러므로 찬송이 입에서 떠나지 않게 해야 하며 우리를 구원하신 주님을 날마다 찬양하여야 한다. 찬송이야말로 천사도 부러워할 만큼 위대한 성도의 특권이다. 찬송을 통하여 하나님의 마음을 접촉할 수 있는 깊은 영적 경지에 다다를 수 있기 때문이다.

질문 8 고린도 교회는 언제 어떤 자세로 헌금하였습니까?

고린도후서 9:7 … 각각 그 마음에 정한 대로 할 것이요 인색함으로나 억지로 하지 말지니 하나님은 즐겨 내는 자를 사랑하시느니라

고린도전서 16:2 … 매주 첫날에 너희 각 사람이 수입에 따라 모아 두어서 내가 갈 때에 연보를 하지 않게 하라

정 답

고린도 교회 성도들은 헌금을 드릴 때에 억지로 하지 않고 미리 준비하여 헌금했다.

참고말씀

마태복음 6:21 … 네 보물 있는 그 곳에는 네 마음도 있느니라

고린도후서 9:13 … 그들과 모든 사람을 섬기는 너희의 후한 연보로 말미암아 하나님께 영광을 돌리고

1. 헌금의 예배 | 헌금은 하나님께 드리는 예배이다. 물질이 있는 곳에 마음이 있기 때문에(마 6:21) 하나님께 드리는 헌금은 정성이 담긴 만큼 마음도 같은 비율로 담겨서 드려지기 때문이다. 그러므로 우리가 헌금을 드릴 때는 하나님께서 받으시는 예배가가 되도록 마음을 담아서 드려야 한다. 마음이 담기지 않으면 하나님께 경배와 감사의 예배로 드려질 수 없다. 모든 헌금은 마음과 뜻과 정성을 드린다는 고백으로 하나님께 드려야 한다.

2. 헌금은 신앙의 척도 | 헌금은 우리가 받아 누리는 복의 근원이 하나님이심을 시인하는 매우 실제적인 믿음의 표현이다. 오늘날과 같이 재물의 가치가 커진 시대에 살면서 최선으로 헌금을 드린다는 것은 믿음이 없이는 불가능하다. 그래서 헌금은 신앙의 척도가 된다. 성도는 헌금생활을 통하여 자기의 믿음의 정도를 가늠할 수 있다. 헌금생활을 성실하게 하면 드리는 것이 받는 것보다 훨씬 복되고 기쁨인 것을 누릴 수 있게 된다(행20:35). 그리고 믿음이 크게 성장하게 된다. 성도는 자기의 헌금생활을 잘 점검하여 헌금을 드릴 때에 그 헌금에 믿음을 담아 드리기를 힘써야 한다.

3. 복음증거의 필수요소 | 헌금은 교회의 기능을 잘 할 수 있게 하고, 복음이 증거되어 구원받는 이가 많아지게 하는데 필수적이다. 이에 따라 하나님께서는 헌금하는 자를 축복하셔서 계속 헌금생활을 할 수 있게 하신다. 하나님께서는 헌금에 잘 순종하는 자를 통하여 헌금의 선순환이 일어나게 하신다. 그래서 헌금은 하나님의 나라에 심는 축복의 씨앗이다. 그

씨앗은 30배, 60배, 100배의 결실을 거두게 하여 드리는 자에게 풍성함을 누리게 하는 축복이 된다(눅 8:8).

질문 9 　그리스도인으로서 개인 예배는 어떻게 드려야 합니까?

고린도전서 10:31 … 그런즉 너희가 먹든지 마시든지 무엇을 하든지 다 하나님의 영광을 위하여 하라

빌립보서 4:13 … 내게 능력 주시는 자 안에서 내가 모든 것을 할 수 있느니라

정 답

우리가 행하는 것과 말하는 것 모두 경건한 예배이다. 우리가 삶으로 하나님께 예배를 드리고자 할 때에 성령님께서는 능히 예배자의 삶을 살 수 있게 하신다.

참고말씀

로마서 12:1 … 그러므로 형제들아 내가 하나님의 모든 자비하심으로 너희를 권하노니 너희 몸을 하나님이 기뻐하시는 거룩한 산 제물로 드리라 이는 너희가 드릴 영적 예배니라

해설노트

1. 삶이 곧 예배 | 예배는 주일 오전에 드리는 의식(rite)이 전부가 아니다. 예배는 그리스도인의 일상에서 겪는 모든 일과 관계된다. 그래서 그리스도인으로서 매일의 삶이 경건한 예배이어야 한다. 생활의 모든 것 즉 밥 먹고, 잠자고, 친구 만나고, 직장에 가고, 교회 모임에 참여하는 등의 모

든 것 속에서 예배의 주요소인 찬송, 기도, 봉헌(헌신), 교제, 설교 등이 나타나야 한다. 개인 예배를 아름답게 드리려면 삶의 부족한 부분들이 예배가 되도록 삶을 바로 세워야 한다. 물론 성령님께서 삶이 예배가 되도록 능력을 주셔서 개인 예배의 삶이 흐트러지지 않게 도우신다.

2. 생활 예배의 승리 사례 |

⑴ 고넬료 : 사도행전 10장 1-2절의 고넬료는 예배의 삶에 모범을 보였다. 그는 하나님을 경외하고, 구제와 기도생활로 개인경건에 충실하게 생활 예배자의 삶을 살았다.

가이사랴에 고넬료라 하는 사람이 있으니 이달리야 부대라 하는 군대의 백부장이라 그가 경건하여 온 집안과 더불어 하나님을 경외하며 백성을 많이 구제하고 하나님께 항상 기도하더니(행 10:1-2)

⑵ 바울 : 바울은 성령님의 능력으로 어떤 형편에 처하더라도 자족하는 삶을 살았다. 자족하는 삶이 생활 예배의 전형이다. 바울은 풍부함 속에서나 궁핍함 속에서나 주님의 사역자로서 쓰임 받았던 생활 예배자이다.

내가 궁핍하므로 말하는 것이 아니니라 어떠한 형편에든지 나는 자족하기를 배웠노니 나는 비천에 처할 줄도 알고 풍부에 처할 줄도 알아 모든 일 곧 배부름과 배고픔과 풍부와 궁핍에도 처할 줄 아는 일체의 비결을 배웠노라 내게 능력 주시는 자 안에서 내가 모든 것을 할 수 있느니라(빌 4:11-13)

질문 10 성경시대 교회는 주로 언제 공중예배를 드렸습니까?

사도행전 20:7 … 그 주간의 첫날에 우리가 떡을 떼려 하여 모였더니 바울이 이튿날 떠나고자 하여 그들에게 강론할새 말을 밤중까지 계속하매

고린도전서 16:2 … 매주 첫날에 너희 각 사람이 수입에 따라 모아 두어서 내가 갈 때에 연보를 하지 않게 하라

정 답

안식일이 지난 그 다음날(안식 후 첫 날)에 모여서 예배를 드렸다. 오늘날로 말하면 주일에 모여서 예배를 드린 것이다.

참고말씀

갈라디아서 4장 9–11절 … 이제는 너희가 하나님을 알 뿐 아니라 더욱이 하나님이 아신 바 되었거늘 어찌하여 다시 약하고 천박한 초등학문으로 돌아가서 다시 그들에게 종 노릇 하려 하느냐 너희가 날과 달과 절기와 해를 삼가 지키니 내가 너희를 위하여 수고한 것이 헛될까 두려워하노라

해설노트

예배에 있어서 신약성경의 가르침은 날짜나 시간은 특별히 강조되지 않는다. 예수님께서 부활하시므로 '장소의 하나님'이 아니라 구원의 역사를 주시는 '사건의 하나님'이 되셨기 때문이다. 다시 말해서 하나님께서는 어떤 특정한 장소, 시간, 형식에 관계없이 영과 진리로 드리는 예배를 받으신다.

예수님께서 부활하신 이후로 안식일에서 주일로 모임의 날짜가 바뀌었음에도 불구하고 성경은 날짜를 규정해서 명시하고 있지 않다. 이는 곧

특정일이 성일이 되는 성일 개념을 인정하지 않는 것을 의미한다.

특정 날짜를 인정하지 않는 것이 공동체로 모이는 예배를 파괴하는 것이 아니라는 사실이다. 공동체가 함께 약속된 날짜와 시간을 잘 지키는 것은 중요하다. 초대 교회의 성도들은 예수님께서 부활하신 날(주일)에 모여 예배하고 기도하며 성도의 교제를 가졌다. 이는 강요하지 않고, 날짜를 숭배한 것도 아니지만 그 전통은 기독교 2000년 역사를 지나오면서 지금까지 지켜지고 있다.

초대교회 예배장소의 변화

	장 소	특 징	말 씀
1	예루살렘 성전	유대인의 전통적 장소	사도행전 2:46; 4:1
2	유대인의 회당	성전 파괴된 후, 여러 지역으로 분산되었을 때	사도행전 14:1
3	교회(= 집)	복음이 확산되면서	로마서 16:5 고린도전서 16:19

질문 11 아래 말씀을 읽고 그리스도인들은 인터넷 예배와 관련해서 어떻게 신앙생활을 해야 합니까?

히브리서 10: 24–25 … 서로 돌아보아 사랑과 선행을 격려하며 모이기를 폐하는 어떤 사람들의 습관과 같이 하지 말고 오직 권하여 그 날이 가까움을 볼수록 더욱 그리하자

모이기를 폐하려는 시대조류와 달리 교회 집회에 모이기를 힘쓰고,

함께 모여 예수님의 죽으심과 부활을 주님께서 다시 오실 때까지 전해야 한다. 그리고 서로 모이면 예배를 드리고 서로 격려하는 성도의 교제를 나누어야 한다.

하박국 2:20 … 오직 여호와는 그 성전에 계시니 온 땅은 그 앞에서 잠잠할지니라 하시니라

1. 교회 예배는 개인 예배의 모형 | 교회 예배는 개인 예배를 공동체로서 표현하는 것이다. 생활 예배 속에 교회 예배가 포함 되지만 교회 예배는 생활 예배의 기준이며 생활 예배를 온전하게 하는 원동력이 된다. 교회 예배의 내용은 어떻게 생활에서 예배로 드려져야 하는지에 대한 내용을 제시한다.

교회 예배는 인체의 심장과 같다. 교회 예배를 통해서 우리는 하나님 중심으로 삶을 조율하게 되고, 인간을 지배하는 탐욕을 물리칠 수 있다. 만일에 교회 예배를 드리지 않는 다면 인간 속에 내재한 죄의 성품이 경건을 옥죄어서 생활예배를 흩어버릴 것이다. 따라서 교회 예배를 드리지 않게 되면 개인 경건을 조율(유지)할 수 없게 된다. 결국 교회 예배는 개인의 경건을 이끄는 에너지를 공급한다.

2. 모여야 교회이다 | 인터넷 미디어 등이 급속도로 발달하면서 모이는 교회 예배의 중요성이 낮아지고 있다. 그러나 교회 예배는 교회당에서 일주일에 한 번 모이는 '주일 예배' 그 이상의 의미를 갖는다. 모여야만 형제가 있고, 또 모여야만 우리가 있고, 모여야만 성도의 교제가 가능하다.

그러므로 모이지 않으면 교회의 기능인 성도의 교제가 불가능해진다. 따라서 모이지 않는 교회는 성경이 말하는 교회가 아니다. 아무리 문명이 발달하여 모이는 것이 무용지물처럼 변하더라도 교회는 모이는데서 교회가 되기 때문에 성도는 모이기를 힘써야 한다.

8주

온전한 헌금
The Devoted Offering

질문1 다윗은 재물의 소유권에 대해 어떻게 고백하고 있습니까?

역대상 29:11-12 ··· 여호와여 위대하심과 권능과 영광과 승리와 위엄이 다 주께 속하였사오니 천지에 있는 것이 다 주의 것이로소이다 여호와여 주권도 주께 속하였사오니 주는 높으사 만물의 머리이심이니이다 부와 귀가 주께로 말미암고 또 주는 만물의 주재가 되사 손에 권세와 능력이 있사오니 모든 사람을 크게 하심과 강하게 하심이 주의 손에 있나이다

정 답

재물의 소유주는 인간 공동체나 개인이 아닌 하나님이시다. 다윗은 철저하게 소유권이 하나님께 있음을 인정하는 삶을 살았다.

참고말씀

시편 50:12 ··· 내가 가령 주려도 네게 이르지 않을 것은 세계와 거기 충만한 것이 내 것임이로다

학개 2:8 ··· 은도 내 것이요 금도 내 것이니라 만군의 여호와의 말이니라

로마서 11:36 ··· 만물이 주에게서 나오고 주로 말미암고 주에게로 돌아감이라

해설노트

1. 인간은 관리 및 사용자 ㅣ 재물의 소유권은 하나님께 있다. 성경은 소산물을 생산하는 토지(재물)의 소유주를 하나님이심을 선포하셨다. "토지를 영구히 팔지 말 것은 토지는 다 내 것임이니라 너희는 거류민(소작인)이요 동거하는 자로서 나와 함께 있느니라"(레위기 25:23). 이 말씀은 농경시대에만 적용되는 게 아니다. 현 시대도 변하지 않는 하나님의 법이다. 소유권

은 하나님께 있으므로 인간은 관리 및 사용자로서 축복을 누리는 것이다. 이는 하나님께서 인간을 창조하신 때부터 인간에게 관리 및 사용권을 위임하셨다. "여호와 하나님이 그 사람을 이끌어 에덴동산에 두어 그것을 경작하며 지키게 하시고"(창 2:15).

2. 하나님의 목적대로 사용 | 누구든지 자기 소유가 하나님의 것이라고 인정한다면 하나님 중심의 무소유의 가치관으로 살아야 한다. 하나님의 것에 대한 관리자로서 재물에 집착하지 않고 하나님의 뜻에 합당하게 사용하기로 결정해야 한다. 분명한 사실은 하나님께서 우리에게 재물을 주셨을 때, 그것을 개인적인 쾌락만을 위해 쓰라고 주신 것이 아니라는 사실이다. 하나님의 뜻에 따라 이웃과 교회공동체가 함께 나누라고 주신 것이다. 소유권이 하나님께로 이양된 사람이라면 하나님의 목적에 따라 나누고 구제하는데 갈등하지 않는다. 초대 교회 성도들은 소유를 팔아 각 사람의 필요에 따라 나누어 주었다(행 2:45).

3. 헌금에 대한 다윗의 태도

• 재물의 소유권을 하나님의 것으로 인정

나와 내 백성이 무엇이기에 이처럼 즐거운 마음으로 드릴 힘이 있었나이까 모든 것이 주께로 말미암았사오니 우리가 주의 손에서 받은 것으로 주께 드렸을 뿐이니이다(대상 29:14)

• 미리 준비하여 드림

우리 하나님 여호와여 우리가 주의 거룩한 이름을 위하여 성전을 건축하려고 미리 저축한 이 모든 물건이 다 주의 손에서 왔사오니 다 주의 것이니이다(대상 29: 16)

- 기쁨에 넘쳐서 드림

  나의 하나님이여 주께서 마음을 감찰하시고 정직을 기뻐하시는 줄을 내가 아나이다 내가 정직한 마음으로 이 모든 것을 즐거이 드렸사오며 이제 내가 또 여기 있는 주의 백성이 주께 자원하여 드리는 것을 보오니 심히 기쁘도소이다(대상 29:17)

- 사역의 주도권을 주님께 드림

  또 내 아들 솔로몬에게 정성된 마음을 주사 주의 계명과 권면과 율례를 지켜 이 모든 일을 행하게 하시고 내가 위하여 준비한 것으로 성전을 건축하게 하옵소서 하였더라(대상 29:19)

질문 2　　그리스도인으로서 재물에 대하여 마땅히 취해야 할 태도는 무엇입니까?

마태복음 6:24 ⋯ 한 사람이 두 주인을 섬기지 못할 것이니 혹 이를 미워하고 저를 사랑하거나 혹 이를 중히 여기고 저를 경히 여김이라 너희가 하나님과 재물을 겸하여 섬기지 못하느니라

디모데전서 6:17-19 ⋯ 네가 이 세대에서 부한 자들을 명하여 마음을 높이지 말고 정함이 없는 재물에 소망을 두지 말고 오직 우리에게 모든 것을 후히 주사 누리게 하시는 하나님께 두며 선을 행하고 선한 사업을 많이 하고 나누어 주기를 좋아하며 너그러운 자가 되게 하라 이것이 장래에 자기를 위하여 좋은 터를 쌓아 참된 생명을 취하는 것이니라

정 답

그리스도인은 하나님과 재물을 함께 섬길 수 없다. 오직 하나님만

섬겨야 한다. 그리스도인은 삶의 기준을 하나님께 두어야 한다.

마태복음 6:33 … 그런즉 너희는 먼저 그의 나라와 그의 의를 구하라 그리하면 이 모든 것을 너희에게 더하시리라

마 6:19-21 … 너희를 위하여 보물을 땅에 쌓아 두지 말라 거기는 좀과 동록이 해하며 도둑이 구멍을 뚫고 도둑질하느니라 오직 너희를 위하여 보물을 하늘에 쌓아 두라 거기는 좀이나 동록이 해하지 못하며 도둑이 구멍을 뚫지도 못하고 도둑질도 못하느니라 네 보물 있는 그 곳에는 네 마음도 있느니라

1. 재물에 대한 하나님의 주도권 │ 하나님께서 소유권을 가지셨다는 의미는 하나님의 목적대로 재물을 우리에게 주시겠다는 약속을 말하는 것이다. 하나님께서는 하나님께 로드십을 드리는 자에게 재물을 포함한 생활에 필요한 모든 것을 더하시는 축복을 주시기로 약속하셨다(마 6:33). 물론 이 축복된 약속은 지금도 유효하며 하나님께서는 반드시 그렇게 실현하신다. 전지전능하신 하나님께 소유권을 드리고 사는 자의 인생은 하나님께서 책임지신다.

2. 하나님이냐 돈이냐 │ 재물을 삶의 가장 높은 가치로 여기며 부를 목적으로 살아갈 경우 재물은 물신(mammon)이 된다. 그래서 하나님께 삶의 우선순위가 되어 있지 않은 사람은 모두 물신(物神)을 섬기게 된다. 물신주의의 유혹은 자본주의 사회에 사는 그리스도인들에게 가장 큰 유혹 중에 하나이다. 그러나 낙타가 바늘귀로 들어갈 수 있을 지언정 부자(물신주의자)는

천국에 못 간다. 이는 예수님을 찾아왔던 부자 청년이 그 사실을 알려준다. 그 청년은 재물을 선택하고 주님 곁을 떠났다(마 19:21-22). 재물을 중심으로 살고 있다면 아직 주님은 명목만 주님일 뿐이다. 지갑이 주님이면 하나님 나라를 유업으로 받지 못한다.

3. 헌금은 하나님을 섬기는 자의 예배 │ 재물이 삶에서 갖는 능력이 막강하고, 재물은 시간과 노력을 쏟아야만 얻는 게 가능하기 때문에 재물에는 마음이 담겨진다. 같은 맥락에서 마음이 담긴 헌금을 하나님께 드리는 것은 곧 예배이다. 그리스도인으로서 하나님께 예배로서 마음을 드리는 데는 선택의 여지가 없다. 그러므로 그리스도인이라면 누구나 마음이 담긴 헌금으로 예배에 참여해야 한다. 예배로서 헌금은 재정 능력과 관계없이 드림으로 예배해야 한다. 하나님께 헌금의 예배를 통하여 부요한 자가 된다면 결국 가장 크게 유익을 얻는 자는 바로 헌금을 한 당사자이다.

질문 3   그리스도인은 경제적인 안정을 위해서 어떤 삶의 태도를 가져야 합니까?

데살로니가전서 4: 11-12 … 또 너희에게 명한 것 같이 조용히 자기 일을 하고 너희 손으로 일하기를 힘쓰라 이는 외인에 대하여 단정히 행하고 또한 아무 궁핍함이 없게 하려 함이라

정 답

물질의 축복은 하나님께서 주신다. 하나님께서는 성실하게 자기 일을 하는 자에게 윤택한 생활의 복을 주신다.

잠언 11:16 … 유덕한 여자는 존영을 얻고 근면한 남자는 재물을 얻느니라

전도서 5:18-19 … 사람이 하나님께서 그에게 주신 바 그 일평생에 먹고 마시며 해 아래에서 하는 모든 수고 중에서 낙을 보는 것이 선하고 아름다움을 내가 보았나니 그것이 그의 몫이로다 또한 어떤 사람에게든지 하나님이 재물과 부요를 그에게 주사 능히 누리게 하시며 제 몫을 받아 수고함으로 즐거워하게 하신 것은 하나님의 선물이라

역대하 1:11-12 … 하나님이 솔로몬에게 이르시되 이런 마음이 네게 있어서 부나 재물이나 영광이나 원수의 생명 멸하기를 구하지 아니하며 장수도 구하지 아니하고 오직 내가 네게 다스리게 한 내 백성을 재판하기 위하여 지혜와 지식을 구하였으니 그러므로 내가 네게 지혜와 지식을 주고 부와 재물과 영광도 주리니 네 전의 왕들도 이런 일이 없었거니와 네 후에도 이런 일이 없으리라 하시니라

1. 사역 우선주의 | 재물의 복은 사역이 우선순위에 있을 때에 주신다. 하나님의 목적대로 복음을 증거하고 교회를 섬기기로 결심하고 순종하는 자에게 하나님께서는 경제적인 어려움을 겪지 않도록 축복하여 주신다.

예수께서 이르시되 내가 진실로 너희에게 이르노니 나와 복음을 위하여 집이나 형제나 자매나 어머니나 아버지나 자식이나 전토를 버린 자는 현세에 있어 집과 형제와 자매와 어머니와 자식과 전토를 백 배나 받되 박해를 겸하여 받고 내세에 영생을 받지 못할 자가 없느니라(막 10:29-30

2. 부익부빈익빈의 원리 | 재물의 복은 맡겨진 일에 충성하면 주신다. 사역자에 대한 하나님의 공급은 부익부빈익빈(富益富貧益貧)의 원리가 적용된다. 하나님께서는 핑계하며 일을 피하는 자에게서는 있는 것도 빼앗고, 맡은 일에 충성하는 자에게는 더 얹어주셔서 맡은 자가 풍성하게 누리도록 이끄신다.

> 그에게서 그 한 달란트를 빼앗아 열 달란트 가진 자에게 주라 무릇 있는 자는 받아 풍족하게 되고 없는 자는 그 있는 것까지 빼앗기리라(마 25: 28-29)

3. 로드십(Lordship)을 드림 | 하나님께서는 겸손하게 하나님을 경외하고 예배하는 자에게 재물의 복을 주신다. 천하 만물이 하나님께로부터 왔고, 하나님께서 주관하시기 때문에 하나님께서 허락하지 않으시면 아무 것도 마음대로 할 수 없다(마 10:29). 그러므로 재물의 복은 하나님께 머리를 숙여 겸손하면 그 결과로 재물의 축복을 더하신다.

> 겸손과 여호와를 경외함의 보상은 재물과 영광과 생명이니라(잠 22:4)

질문 4 성경시대 교회가 교제를 지탱하는데 중요한 요소는 무엇입니까?

> 사도행전 4:32 … 믿는 무리가 한마음과 한 뜻이 되어 모든 물건을 서로 통용하고 자기 재물을 조금이라도 자기 것이라 하는 이가 하나도 없더라

정 답

초대 교회를 지탱한 것은 물질의 유무상통이었다. 초대 교회는 재물

의 소유권을 하나님께로 완전히 이전한 사람들이로서 형제들(교회)
간에 자기 것을 하나님의 것으로 여기고 아낌없이 나누었다.

고린도후서 9:12-13 ⋯ 이 봉사의 직무가 성도들의 부족한 것을 보충할 뿐
아니라 사람들이 하나님께 드리는 많은 감사로 말미암아 넘쳤느니라 이 직
무로 증거를 삼아 너희가 그리스도의 복음을 진실히 믿고 복종하는 것과 그
들과 모든 사람을 섬기는 너희의 후한 연보로 말미암아 하나님께 영광을 돌
리고

1. 초대 교회의 헌금생활 | 초대 교회 그리스도인들은 자원하여 자신의 소
유를 팔아 교회에 드렸다. 교회는 드려진 헌금을(교회재정) 성도들의 필요
에 따라 나누어 주었다(행 4:32; 6:1). 또한 각 지방의 교회들은 다른 지역의
교회를 위해 희생적으로 헌금하였다. 그리고 헌금을 모아 예배와 구제 그
리고 선교를 위해서 사용하였다.

• 안디옥 교회 : 흉년으로 궁핍해진 유대지역 교회를 위해 헌금하였다.
  그 때에 선지자들이 예루살렘에서 안디옥에 이르니 그 중에 아가보라 하
  는 한 사람이 일어나 성령으로 말하되 천하에 큰 흉년이 들리라 하더니 글
  라우디오 때에 그렇게 되니라 제자들이 각각 그 힘대로 유대에 사는 형제
  들에게 부조(봉사)를 보내기로 작정하고(행 11:27-30)

• 마게도냐 교회 : 예루살렘의 가난한 형제들을 위해 연보하였다.

환난의 많은 시련 가운데서 그들의 넘치는 기쁨과 극심한 가난이 그들의 풍
성한 연보를 넘치도록 하게 하였느니라 내가 증언하노니 그들이 힘대로 할
뿐 아니라 힘에 지나도록 자원하여 이 은혜와 성도 섬기는 일에 참여함에 대
하여 우리에게 간절히 구하니(고후 8:2-4)

• 빌립보 교회 : 바울의 사역을 위해 헌금하였다.

그러나 에바브로디도를 너희에게 보내는 것이 필요한 줄로 생각하노니 그는
나의 형제요 함께 수고하고 함께 군사 된 자요 너희 사자로 내가 쓸 것을 돕
는 자라(빌 2:25)

2. 헌금의 필요성

교회의 지체로서 헌금을 해야 하는 이유는 다음과 같이 나누어 볼 수
있다.

(1) 증거 - 주님의 지상 명령인 복음을 증거하기 위해서 헌금해야 한다.
교회가 주님의 지상명령인 복음을 증거하는데 재정적인 필요는 절대
적이다. 복음이 증거되는데 꼭 필요한 두 가지 요소는 복음을 증거하
는 사람과 복음을 사람에게 들려 보내는데 필요한 재물이다. 그래서
복음전도의 사명을 받은 교회가 이를 실천하기 위해서 지체들이 헌금
에 참여하여야 한다.

(2) 구제 - 구제와 사회봉사를 위해서 헌금해야 한다. 우리와 함께 사는
사회에는 곤란하고 궁핍한 형제들이 있다. 하나님께서 이들을 우리
곁에 두신 것은 교회를 통하여 그리스도의 사랑이 실천되어야 하기
때문이다(신 15:10-111). 가난한 이웃을 물질로 돕는 교회의 사역을 위해

서 성도는 교회 앞에 헌금을 하고, 드려진 헌금은 교회의 이름으로 구
제와 봉사의 사역을 쓰여야 한다.

(3) 보전 – 헌금은 교회공동체가 마땅히 교회로서 기능이 활성화하여 이
땅에서 하나님의 교회로서 보전하기 위해서 해야 한다. 이는 교회당
건축이나 교회운영만 등의 현실적인 부분만을 말하는 것이 아니다.
민족과 역사와 언어를 아울러서 교회로 영속해야 하는 것을 말한다.
교회가 이 땅에 존재하면서 예배, 전도, 봉사, 교제, 전임사역자의 생
활 등을 하는데 재물의 사용을 제한하지 말아야 한다.

질문 5 예수님께서는 십일조에 대하여 어떻게 가르치셨습니까?

마태복음 23:23 … 화 있을진저 외식하는 서기관들과 바리새인들이여 너희가
박하와 회향과 근채의 십일조는 드리되 율법의 더 중한 바 정의와 긍휼과 믿음
은 버렸도다 그러나 이것도 행하고 저것도 버리지 말아야 할지니라

말라기 3:10 … 만군의 여호와가 이르노라 너희의 온전한 십일조를 창고에 들
여 나의 집에 양식이 있게 하고 그것으로 나를 시험하여 내가 하늘 문을 열고
너희에게 복을 쌓을 곳이 없도록 붓지 아니하나 보라

정 답

예수님께서는 성도들이 마땅히 십일조를 드려야 할뿐만 아니라 그
에 상응하는 정의롭고 긍휼이 넘치는 구제와 믿음에 따른 신앙의 삶
을 살도록 가르치셨다.

말라기 3:8 … 사람이 어찌 하나님의 것을 도둑질하겠느냐 그러나 너희는 나의 것을 도둑질하고도 말하기를 우리가 어떻게 주의 것을 도둑질하였나이까 하는 도다 이는 곧 십일조와 봉헌물이라

레위기 27:30 … 그리고 그 땅의 십분의 일 곧 그 땅의 곡식이나 나무의 열매는 그 십분의 일은 여호와의 것이니 여호와의 성물이라

누가복음 11: 42 … 화 있을진저 너희 바리새인이여 너희가 박하와 운향과 모든 채소의 십일조는 드리되 공의와 하나님께 대한 사랑은 버리는도다 그러나 이것도 행하고 저것도 버리지 말아야 할지니라

1. 십일조는 성도의 당연한 드림 | 수입의 1/10은 십일조로써 하나님의 것이다(레 27:30). 그리스도인은 십일조와 봉헌물을 하나님의 것을 구별하여 드려야 한다. 십일조를 드리지 않는 것은 아담이 먹지 말라는 명령을 어긴 것과 같이 피조물의 본분을 망각한 것이다. 온통 하나님께서 주신 것으로 살면서 하나님의 것으로 명명한 십일조를 드리지 않는다면 이것은 하나님의 것을 도둑질 하는 것이 된다.

2. 십일조는 지금도 계속 드려야 함 | 십일조는 구약 율법의 산물이 아니다. 신약시대 이후 오늘날도 십일조는 계속 드려야 한다. 예수님 당시의 십일조는 성전과 12지파의 전통이 있었기 때문에 구약시대의 십일조의 용도와 같은 의미로 드렸을 것이다. 구약시대의 십일조는 레위지파의 생활비(예배), 절기 행사, 구제의 용도로 드렸다. 오늘날 십일조 역시 사역자의 생활비, 예배와 교회의 활동, 구제 및 사회봉사라는 측면에서 구약의

십일조와 같은 의미의 헌금은 여전히 필요하다.

3. 예수님의 가르침 | 누가복음 18장 12절과 마태복음 23장 23절에서 바리새인의 자랑에 대한 예수님의 대답이 여전히 십일조가 계속됨을 증명한다. 오늘날 십일조가 구약의 산물이라 하여 폐지를 주장하는 사람들도 있지만, 예수님께서 하신 말씀의 의도로 볼 때에 교회가 있고 또 교회를 통하여 복음을 증거하려면 여전히 십일조는 계속 하여야 한다.

• 바리새인의 자랑: 저는 이레에 두 번씩 금식하고 또 소득의 십일조를 철저하게 드립니다(눅 18: 12 각색)

• 예수님의 대답: 서기관들과 바리새인들아! 너희에게 화가 미칠것이다. 너희는 시시콜콜한 것에 대해서는 철저하게 십일조를 잘 내놓으면서 더 중요한 정의와 긍휼과 믿음은 버리는구나. 그러나 십일조도 드리고 이것도 버리지 말아야 한다(마 23:23 각색).

질문 6   신뢰받는 재정 관리자는 어떤 태도로 헌금을 관리해야 합니까?

  고린도후서 8:20-21 … 이것을 조심함은 우리가 맡은 이 거액의 연보에 대하여 아무도 우리를 비방하지 못하게 하려 함이니 이는 우리가 주 앞에서뿐 아니라 사람 앞에서도 선한 일에 조심하려 함이라

정 답

  성도들이 드린 헌금은 조심하여 관리해야 한다. 조심한다는 것은 정

직하고(honesty)투명하게(openness) 관리하고 목적(purpose)에 합당하게 집행한다는 뜻이다. 헌금관리를 조심하지 않으면 잡음이 생기고 또 분란의 단초가 되어 주님의 영광을 가릴 수 있다.

누가복음 12:42-43 ··· 주께서 이르시되 지혜 있고 진실한 청지기가 되어 주인에게 그 집 종들을 맡아 때를 따라 양식을 나누어 줄 자가 누구냐 .주인이 이를 때에 그 종이 그렇게 하는 것을 보면 그 종은 복이 있으리로다

고전 4:1-2 ··· 사람이 마땅히 우리를 그리스도의 일꾼이요 하나님의 비밀을 맡은 자로 여길지어다 그리고 맡은 자들에게 구할 것은 충성이니라

1. 하나님의 선한 청지기 | 성도들이 하나님께 드린 헌금은 교회가 복음을 전하고, 선교적 사명을 감당하는데 사용된다. 그러므로 헌금을 관리하는 직분자는 선한 청지기가 되어 하나님 앞에서 헌금을 두렵고 떨리는 마음으로 헌금을 잘 관리하고, 헌금이 교회의 존재 목적에 부합하게 사용되도록 감독해야 한다. 하나님께 드려진 헌금이기 때문에 교회가 헌금으로 하나님의 목적을 이루어 드릴 수 있게 하여야 한다. 하나님의 목적을 이루는데 쓰이는 헌금이 하나님께서 기쁘게 수납한 드림이 된다. 그리고 헌금이 하나님의 목적에 맞게 사용할 때에 구원의 복음이 널리 퍼져서 죽은 생명을 살리게 된다.

2. 투명한 재정 관리 | 교회는 헌금을 하는 성도들과 정직하게 의사소통을 하며, 재정이 어떻게 쓰이는지 명확하게 보고해야 한다. 교회의 투명

한 재정 관리를 위해 관련분야에 대한 전문적 식견을 키우고 재정 관리자를 포함한 교회의 행정결정권자들은 항상 바로 앞에 하나님이 계시다는 의식을 각성하여 재정을 집행해야 한다. 특히 교회의 재정과 관련해서 교회의 최고 리더십의 위치에 있는 이들은 철저하게 관리 감독하여 하나님의 영광을 가리지 않게 해야 한다.

질문 7 하나님의 사랑을 받는 헌금을 드리려면 어떻게 드려야 합니까?

고린도후서 9:7 … 각각 그 마음에 정한 대로 할 것이요 인색함으로나 억지로 하지 말지니 하나님은 즐겨 내는 자를 사랑하시느니라

정 답

인색함이나 억지로 하지 않고 즐거운 마음으로 헌금하는 자를 하나님께서 사랑하신다. 하나님께 드리는 헌물이나 헌금은 자발적으로 드릴 때에 그 믿음을 하나님께서 기쁘게 받으신다.

참고말씀

출애굽기 35:5 … 너희의 소유 중에서 너희는 여호와께 드릴 것을 택하되 마음에 원하는 자는 누구든지 그것을 가져다가 여호와께 드릴지니 곧 금과 은과 놋과

신명기 16:10 … 네 하나님 여호와 앞에 칠칠절을 지키되 네 하나님 여호와께서 네게 복을 주신 대로 네 힘을 헤아려 자원하는 예물을 드리고

누가복음 21:4 … 저들은 그 풍족한 중에서 헌금을 넣었거니와 이 과부는 그 구차한 중에서 자기의 있는바 생활비 전부를 넣었느니라.

1. 자원함으로 드리는 헌금 | 하나님께서 받으시는 헌금은 자원하여 드리는 헌금이다. 우리가 헌금을 드릴 때에 할당에 의한 헌금, 금액의 한계선을 정해 놓고 그 기준에 따라 하는 헌금은 참된 드림이라고 할 수 없다. 과부에게 두 렙돈은 큰 돈이지만 부자에게 두 달란트는 작은 돈이 되는 것처럼(눅 21:4). 헌금은 얼마 이상의 액수를 헌금해야 한다는 하한의 기준이 있는 것도, 얼마까지만 한다는 상한이 정해진 것도 아니다. 오직 헌금은 자원하여 드리는 헌금이어야 한다. 그래야 하나님께서도 기뻐하시고 헌금하는 그리스도인도 기쁨을 누리게 된다.

2. 주님께 드리는 헌금 | 헌금은 하나님께 드리는 것이다. 하나님께 드리는 헌금은 우리의 마음과 생각이 불순하면 하나님이 받으실 수 없게 된다. 즉 다른 사람과 경쟁심에서 하거나, 남을 의식해서 혹은 남들이 하니까 어쩔 수 없이 하는 헌금, 직분자이니까 마지못해 하는 헌금은 하나님께 드리는 헌금이라고 보기 어렵다. 이러한 헌금은 사람과 관련되고 결국 사람에게 보이기 위한 헌금이다. 따라서 얻게 되는 것은 육신적 이익뿐이다. 헌금이나 헌물에는 자기과시, 적당주의, 이권, 조건부 헌금 등의 세상적인 목적과 동기가 전혀 없어야 한다. 그래야만 헌금이 거룩해지고 하나님께서 열납하신다.

3. 최선을 드리는 헌금 | 구약의 헌물(소, 양, 비둘기 등)은 최고의 것을 드리기 위해 첫 태생을 하나님께 드렸다. 첫 태생과 첫 열매야 말로 가장 좋은 것으로 이를 하나님께 드렸다. 구약의 '최선의 헌금' 정신은 오늘 우리들에게 그대로 계승되어 우리도 최선으로 헌금을 드려야 한다. 최선은 재정

능력과 관계없다. 최선의 헌금은 드리는 자가 잘 안다. 최선을 오해하여 하나님께서 큰 재물을 요구하신다고 생각하지 말라. 하나님께서는 큰 액수의 돈보다 믿음을 보기 원하신다. 헌금은 믿음을 하나님께 보이는 좋은 도구이다. 인색한 곳에는 하나님의 은혜도 고갈(枯渴) 된다.

질문 8 마게도냐 교회 성도들은 어떠한 태도로 헌금을 했습니까?

고린도후서 8:2-4 … 형제들아 하나님께서 마게도냐 교회들에게 주신 은혜를 우리가 너희에게 알리노니 .환난의 많은 시련 가운데서 그들의 넘치는 기쁨과 극심한 가난이 그들의 풍성한 연보를 넘치도록 하게 하였느니라 .내가 증언하노니 그들이 힘대로 할 뿐 아니라 힘에 지나도록 자원하여 .이 은혜와 성도 섬기는 일에 참여함에 대하여 우리에게 간절히 구하니

정 답

마게도냐 교회 성도들은 극심한 가난 가운데서도 풍성한 헌금을 드렸다. 풍성한 헌금을 드렸다는 것은 힘껏 드렸을 뿐만 아니라 힘에 지나도록(빚을 얻어서) 헌금하였음을 의미한다.

참고말씀

고린도후서 11:9 … 또 내가 너희와 함께 있을 때 비용이 부족하였으되 아무에게도 누를 끼치지 아니하였음은 마게도냐에서 온 형제들이 나의 부족한 것을 보충하였음이라 내가 모든 일에 너희에게 폐를 끼치지 않기 위하여 스스로 조심하였고 또 조심하리라

1. 최선 그 이상으로 헌금 | 마게도냐 교회 성도들은 많은 환란과 극심한 가난 속에 힘들고 어렵게 살았다. 그럼에도 불구하고 그들은 자기들의 힘에 지나도록 헌금을 하였다. 이는 경제 능력 이상으로 즉 빚을 내서 하나님의 일에 참여했다는 뜻이다. 그들이 극심한 가난과 어려움 속에서도 힘에 지나도록 헌금할 수 있었던 이유는 소유권이 확실하게 이양되었기 때문이다. 그러므로 그들은 자기가 가진 것을 전부 내 놓고도 모자라 빚을 얻어서 드렸던 것이다.

2. 헌금생활로 환란 극복 | 마게도냐 교회 성도들은 헌금을 드림으로 힘듦을 기쁨으로 바꿔주시는 신앙생활의 진수를 느끼며 기쁨으로 신앙생활을 했다. 환란과 시련과 가난을 극복할 수 있는 비결이 바로 헌금생활이었기 때문이다. 그래서 그들은 헌금을 하면서 하나님께서 주시는 기쁨이 충만한 생활을 할 수 있었다. 일반적으로 기쁜 일이 있을 때는 헌금을 드리지만 역경 중에는 감사하지 못한다. 역경 중에도 믿음으로 헌금에 참여한 교회가 바로 마게도냐 교회이다. 그들은 시련 가운데서 풍성하게 주시는 하나님의 은혜의 비밀을 알았다.

질문 9　아래 성경말씀에서 헌금을 드리는 자의 자세에 대하여 어떻게 말씀합니까?

　출애굽기 25:2 … 이스라엘 자손에게 명령하여 내게 예물을 가져오라 하고 기쁜 마음으로 내는 자가 내게 바치는 모든 것을 너희는 받을지니라

　출애굽기 35:5 … 너희의 소유 중에서 너희는 여호와께 드릴 것을 택하되 마음에 원하는 자는 누구든지 그것을 가져다가 여호와께 드릴지니 곧 금과 은과 놋과

소유권이 하나님께 있음을 인정함과 동시에 예수님의 주님 되심을 전적으로 시인하는 태도를 갖고 구별하여 기쁜 마음으로 드린다.

고린도후서 8: 12 … 할 마음만 있으면 있는 대로 받으실 터이요 없는 것은 받지 아니하시리라

고린도전서 16:1-2 … 성도를 위하는 연보에 관하여는 내가 갈라디아 교회들에게 명한 것 같이 너희도 그렇게 하라 매주 첫날에 너희 각 사람이 수입에 따라 모아 두어서 내가 갈 때에 연보를 하지 않게 하라

신명기 16:16-17 … 너의 가운데 모든 남자는 일 년에 세 번 곧 무교절과 칠칠절과 초막절에 네 하나님 여호와께서 택하신 곳에서 여호와를 뵙되 빈손으로 여호와를 뵙지 말고 각 사람이 네 하나님 여호와께서 주신 복을 따라 그 힘대로 드릴지니라

1. 미리 준비하여 드림 | 헌금을 기쁨으로 드리려면 미리 계획을 세워서 드려야 한다. 그래서 연간 계획을 세우고 월 단위, 주 단위로 미리 준비해서 드려야 한다. 헌금은 미리 준비하여 드릴 때에 받는 것에서 얻는 기쁨과 비교할 수 없을 정도도 큰 기쁨을 누릴 수 있다.

그러므로 내가 이 형제들로 먼저 너희에게 가서 너희가 전에 약속한 연보를 미리 준비하게 하도록 권면하는 것이 필요한 줄 생각하였노니 이렇게 준비하여야 참 연보답고 억지가 아니니라 이것이 곧 적게 심는 자는 적게 거두고 많이 심는 자는 많이 거둔다 하는 말이로다 각각 그 마음에 정한 대

로 할 것이요 인색함으로나 억지로 하지 말지니 하나님은 즐겨 내는 자를 사랑하시느니라(고후 9:5-7)

2. 아까운 마음을 갖지 않음 │ 우리를 구원해 주셨을 뿐만 아니라 우리의 아버지가 되셔서 모든 쓸 것을 공급하시는 하나님께 드린다. 이 사실을 믿는 믿음에서는 드리는 헌금은 아까울 것이 전혀 없다. 아까운 생각에서 드리는 헌금은 인색함을 낳는다. 아까워서 머뭇거리는 것의 근원에는 아직 소유권이 이양되지 않았다는 증거이다. 가난한 과부처럼 아까워하지 않는 헌금이라야 힘껏 드려도 전혀 아깝지 않게 된다.

또 어떤 가난한 과부가 두 렙돈 넣는 것을 보시고 이르시되 내가 참으로 너희에게 말하노니 이 가난한 과부가 다른 모든 사람보다 많이 넣었도다(눅 21:2-3)

하나님께서 주신 4대 복

1. 피조 됨의 복 │ 하나님이 자기 형상 곧 하나님의 형상대로 사람을 창조하시되 남자와 여자를 창조하시고 하나님이 그들에게 복을 주시며 하나님이 그들에게 이르시되 생육하고 번성하여 땅에 충만하라, 땅을 정복하라, 바다의 물고기와 하늘의 새와 땅에 움직이는 모든 생물을 다스리라 하시니라(창 1:27-28)

2. 구원받음의 복 │ 하나님이 세상을 이처럼 사랑하사 독생자를 주셨으니

이는 그를 믿는 자마다 멸망하지 않고 영생을 얻게 하려 하심이라 하나님이 그 아들을 세상에 보내신 것은 세상을 심판하려 하심이 아니요 그로 말미암아 세상이 구원을 받게 하려 하심이라(요 3:16-17)

3. 함께 동행의 복 | 내가 너희에게 분부한 모든 것을 가르쳐 지키게 하라 볼지어다 내가 세상 끝날까지 너희와 항상 함께 있으리라 하시니라(마 28:20)

4. 천국 시민권을 받은 복 | 내 아버지 집에 거할 곳이 많도다 그렇지 않으면 너희에게 일렀으리라 내가 너희를 위하여 거처를 예비하러 가노니 가서 너희를 위하여 거처를 예비하면 내가 다시 와서 너희를 내게로 영접하여 나 있는 곳에 너희도 있게 하리라(요 14:2-3)

9주

성도의 교제
Joyful Koinonia

• 학습목표

1. '성도의 교제'의 의미를 알고 교회의 지체로서 교제에 참여하기 위한 태도를 갖는다.
2. 그리스도인으로서 교제의 기술을 익혀 다른 그리스도인과 풍성한 교제를 나누는 교회를 이룬다.

• 중심구절

너희를 불러 그의 아들 예수 그리스도 우리 주와 더불어 교제하게 하시는 하나님은 미쁘시도다(고린도전서 1:9)

• 암송구절

우리가 보고 들은 바를 너희에게도 전함은 너희로 우리와 사귐이 있게 하려 함이니 우리의 사귐은 아버지와 그의 아들 예수 그리스도와 더불어 누림이라(요한일서 1:3)

질문 1   성도의 교제를 이루는 그리스도인이 되도록 하나님께서는 어떻게 하셨습니까?

요한일서 4:10 ⋯ 사랑은 여기 있으니 우리가 하나님을 사랑한 것이 아니요 하나님이 우리를 사랑하사 우리 죄를 속하기 위하여 화목 제물로 그 아들을 보내셨음이라

에베소서 2:13-14 ⋯ 이제는 전에 멀리 있던 너희가 그리스도 예수 안에서 그리스도의 피로 가까워졌느니라 그는 우리의 화평이신지라 둘로 하나를 만드사 원수 된 것 곧 중간에 막힌 담을 자기 육체로 허시고

정 답

하나님께서 우리와 교제를 온전히 회복하기 위해 독생자 예수 그리스도를 보내셨고, 예수님께서는 관계 회복(화목)을 위한 희생제물로 죽어 주셨다.

참고말씀

에베소서 2: 16-19 ⋯ 또 십자가로 이 둘을 한 몸으로 하나님과 화목하게 하려 하심이라 원수 된 것을 십자가로 소멸하시고 또 오셔서 먼 데 있는 너희에게 평안을 전하시고 가까운 데 있는 자들에게 평안을 전하셨으니 이는 그로 말미암아 우리 둘이 한 성령 안에서 아버지께 나아감을 얻게 하려 하심이라 그러므로 이제부터 너희는 외인도 아니요 나그네도 아니요 오직 성도들과 동일한 시민이요 하나님의 권속이라

해설노트

1. 십자가로 교제의 통로를 여심 | 하나님의 피조물로서 인간은 무관계(독

처) 로 살 수 없는 존재로 지음받았다. 하나님께서 3위 1체로 관계적인 존재이듯이 '하나님의 형상'을 가진 인간이야말로 관계적인 존재로서 살도록 구성되었다. 그래서 인간은 본질적으로 관계가 단절되어 독립적으로 존재할 수 없다. 모든 인간은 하나님과 또 사람들과 교제를 통하여 관계를 형성해야 살 수 있는 존재이다. 그런데 하나님과 관계가 단절되어 자존하고자 했던 인간의 가장 큰 문제는 하나님께로 나아갈 소망이 없는 존재라는 것이다. 이 문제를 해결하기 위해 예수님께서 화목제물이 되시므로 우리는 관계회복의 길을 찾게(근거) 되었다.

> 그 때에 너희는 그리스도 밖에 있었고 이스라엘 나라 밖의 사람이라 약속
> 의 언약들에 대하여는 외인이요 세상에서 소망이 없고 하나님도 없는 자
> 이더니(엡 2:12)

2. 성도의 교제는 십자가에서 시작 | 그리스도인의 교제는 막힌 담을 헐어놓으신 예수님의 십자가에서 시작된다. 십자가의 '세로'는 주님과 친밀한 관계의 회복이다. 주님과 관계 회복(교제) 없이 십자가의 '가로'인 성도의 교제가 될 수 없다. 십자가 아래서 모든 그리스도인들은 하나님의 가족으로서 친밀한 '멤버십의 누림'이 가능하다. 십자가 사랑에 기반을 두지 않으면 '성도의 교제'를 이룰 수 없다.

> 이제는 전에 멀리 있던 너희가 그리스도 예수 안에서 그리스도의 피로 가
> 까워졌느니라 .그는 우리의 화평이신지라 둘로 하나를 만드사 원수 된 것
> 곧 중간에 막힌 담을 자기 육체로 허시고(엡 2:13-14)

3. 십자가가 성도의 교제의 내용 │ 일반적인 사교활동이나 어울림으로는 성도의 교제가 추구하는 목적에 이를 수 없다. 예수 그리스도께서 이루어 놓으신 십자가의 사랑에 기반을 두지 않는 모임이기 때문이다. 십자가가 빠진 채 나누는 교제는 그리스도인들의 모임일지라도 일반적인 사교활동일 뿐이지 '성도의 교제'가 아니다. '코이노니아'라는 말로 표현되는 성도의 교제는 예수 그리스도의 십자가 사랑 안에서 이루어지는 성도의 교제이다.

> 모든 것이 하나님께로부터 났으며 그가 그리스도로 말미암아 우리를 자기
> 와 화목하게 하시고 또 우리에게 화목하게 하는 직분을 주셨으니 곧 하나
> 님께서 그리스도 안에 계시사 세상을 자기와 화목하게 하시며 그들의 죄
> 를 그들에게 돌리지 아니하시고 화목하게 하는 말씀을 우리에게 부탁하셨
> 느니라(고후 5:18-19)

4. 그리스도인의 교제의 회복 │ 성도의 교제는 하나님과 친밀한 관계에 의존한다. 그래서 하나님과 관계에 문제가 생기면 성도들과 관계도 지속하지 못하고 무너진다. 그러나 하나님과 관계가 회복되었다 하더라도 성도들과 관계가 자동으로 회복되는 것은 아니다. 하지만 하나님과 관계 회복은 다른 사람과 관계 회복으로 나가도록 마음의 변화와 실천 능력이 된다. 하나님께서 주시는 능력으로 사람들과 교제 회복을 위해서 다가가야 한다. 하나님께서 주시는 사랑으로 만나서 화해와 용서를 구하는 역지사지의 실천은 교제를 회복시킨다.

질문 2　그리스도인의 교제는 어떤 축복된 결과를 가져다줍니까?

고린도전서 12:26 … 만일 한 지체가 고통을 받으면 모든 지체가 함께 고통을 받고 한 지체가 영광을 얻으면 모든 지체가 함께 즐거워하느니라

전도서 4:12 … 한 사람이면 패하겠거니와 두 사람이면 맞설 수 있나니 세 겹줄은 쉽게 끊어지지 아니하느니라

정 답

그리스도인의 교제는 서로 사랑으로 신앙을 격려하므로써 그리스도인으로서 영적 성숙에 이르게 한다. 그뿐만 아니라 상호 의존적인 관계를 형성하여 기쁨과 즐거움을 나누고 슬픔과 어려움에도 기꺼이 동참하고 합력하여 복음의 능력을 나타낸다.

참고말씀

잠언 27:17 … 철이 철을 날카롭게 하는 것 같이 사람이 그의 친구의 얼굴을 빛나게 하느니라

전도서 4:9-12 … 두 사람이 한 사람보다 나음은 그들이 수고함으로 좋은 상을 얻을 것임이라 혹시 그들이 넘어지면 하나가 그 동무를 붙들어 일으키려니와 홀로 있어 넘어지고 붙들어 일으킬 자가 없는 자에게는 화가 있으리라 또 두 사람이 함께 누우면 따뜻하거니와 한 사람이면 어찌 따뜻하랴 한 사람이면 패하겠거니와 두 사람이면 맞설 수 있나니 세 겹줄은 쉽게 끊어지지 아니하느니라

해설노트

1. 성도의 교제는 행복한 삶을 담보 │ 그리스도인의 삶은 푸른 초장에서 쉼

(자유)을 누리는 양떼처럼 행복이 이미 보장되었다. 모든 그리스도인은 성도의 교제를 통하여 보장된 행복을 누릴 수 있다. 또한 성도의 교제를 통해서 교회의 영적인 비밀인 '한 몸 됨'의 행복과 만족을 체험할 수 있다. 고난과 시험을 당할 때에도 다른 지체가 함께하므로 일으켜 세워주어 이겨낼 수 있다. 그리스도인들은 교회의 지체로서 협력하여 건강한 몸(교회)이 된다.

2. 성도의 교제는 치유와 회복을 생산 │ 성도의 교제는 사랑으로 서로 돌아보아 죄책감과 열등감으로 인한 상처를 치유할 수 있다. 또한 인간관계에서 나타나는 자기 가면, 자기 편애, 자기 방어에 따른 관계의 이중성과 거부감 등을 극복할 수 있다. 성도의 교제를 통하여 치유와 회복을 이루어 서로 관계의 친밀도가 높아진다. 이는 예수님께서 성도에게 주신 화목하게 하는 직분이 성도의 교제를 통하여 축복으로 내려온 결과이다.

모든 것이 하나님께로서 났으며 그가 그리스도로 말미암아 우리를 자기와

화목하게 하시고 또 우리에게 화목하게 하는 직분을 주셨으니(고후 5:18)

3. 성도의 교제는 서로의 필요를 채움 │ 성도의 교제는 말로만 나누는 '입술 봉사' 만이 아니다. 사도행전의 교회처럼 서로 필요를 채워주는 실천이 있어야 한다. 예루살렘 교회는 성도의 교제가 활발했던 결과로 가난한 사람이 없었다(행 4:34). 서로 필요를 채워주는 교회가 되려면 진정한 성도의 교제가 이루어질 때에 가능하다. 진정한 교제는 지체들의 가정, 경제, 결혼, 직업, 거주, 장래, 봉사, 인격의 완성. 건강과 치유 등 삶의 전반을 잘 알게 되기 때문에 진정한 필요를 채워줄 수 있게 된다.

질문 3　그리스도인의 교제는 주위 사람들에게 어떤 사실을 증거합니까?

요한복음13:34-35 … 새 계명을 너희에게 주노니 서로 사랑하라 내가 너희를 사랑한 것 같이 너희도 서로 사랑하라 너희가 서로 사랑하면 이로써 모든 사람이 너희가 내 제자인 줄 알리라

정 답

성도의 교제는 행복한 교회공동체를 이루게 한다. 그래서 주위 사람들이 예수님의 제자 됨의 진수를 볼 수 있게 되고, 그들을 예수님 앞으로 끌어 낼 수 있게 한다. 그래서 성도의 교제는 삶으로 하는 전도이다.

참고말씀

베드로전서 2:12 … 너희가 이방인 중에서 행실을 선하게 가져 너희를 악행한다고 비방하는 자들로 하여금 너희 선한 일을 보고 오시는 날에 하나님께 영광을 돌리게 하려 함이라

해설노트

1. 교제는 인간의 본능 | 하나님께서는 인간이 공동체에서 벗어나 홀로 살거나 공동체의 도움없이 살 수 있게 하지 않으셨다. 그리스도인이 서로 지체가 된다는 것은 다른 성도들이 나를 필요로 한다는 것일 뿐만 아니라 나도 다른 지체의 봉사 없이는 살 수 없다는 뜻이다. '인간은 사회적 동물'이라는 말처럼 인간은 상호 교제 없이 살 수 없다. 이는 곧 상호관계를 맺고 교제하는 생활이 인간의 본질적인 기능이기 때문이다.

2. 진정한 교제의 필요 | 현실적으로 개인가치가 중시되는 지식정보시대를 살면서 인간은 소외되고 고립되어 진정한 교제에 대한 갈망이 크게 된다. 이러한 시대경향으로 인간에게 교제의 필요성은 더욱 커지고 있다. 이러한 현실은 우리가 진정한 성도의 교제를 실천하며 사는 것 자체로 주위 사람들에게 교제욕구를 자극하는 결과를 가져온다. 그래서 사람들을 교제하는 공동체 안으로 들어오게 만들고 그 결과로 전도가 되어 교회는 주님께서 목적하시는 바를 이루게 된다.

3. 온전한 사랑은 아가페 | 인간의 사랑은 인간의 죄성으로 인해 잘못되고 빗나갈 수 있는 불완전한 사랑이다. 반면에 하나님의 사랑(아가페)은 온전할 뿐 아니라 불완전한 인간의 사랑을 변화시킬 수 있는 능력이 있다. 아가페는 인간의 자연적인 사랑을 변화시켜 온전한 사랑에 의한 행복을 누릴 수 있게 한다. 다만 인간의 자연적인 사랑이 아가페 사랑으로 변화되려면 성령님의 이끄심 안에서 조정을 받아야 한다. 하나님께서 우리에게 주신 아가페로 성도의 교제를 나눌 때에 새로운 그리스도인은 늘어난다.

리더 Tip

사랑의 구분

1	자애(慈愛)	$\sigma\tau\acute{\epsilon}\rho\epsilon\rho\omega$	affection	부모와 자녀의 사랑	
2	우정(友情)	$\phi\iota\lambda\acute{\epsilon}\omega$	friendship	친구와 사랑	자연적인 사랑
3	애정(愛情)	$\acute{\epsilon}\rho\acute{\alpha}\omega$	erotic love	연인의 사랑	
4	긍휼(矜恤)	$\dot{\alpha}\gamma\alpha\pi\acute{\alpha}\omega$	agape	하나님의 사랑	초자연적이며 온전한 사랑

* 1번 부터 3번의 자연적인 사랑은 현실 생활에서 정확하게 구분지어지지 않고 혼재되어 나타난다.

질문 4 몸으로 비유된 교회에서 각 개인은 무엇에 비유되며, 어떻게 기능해야 합니까?

로마서 12:5 … 이와 같이 우리 많은 사람이 그리스도 안에서 한 몸이 되어 서로 지체가 되었느니라

고린도전서 12:26-27 … 만일 한 지체가 고통을 받으면 모든 지체가 함께 고통을 받고 한 지체가 영광을 얻으면 모든 지체가 함께 즐거워하느니라 너희는 그리스도의 몸이요 지체의 각 부분이라

정 답

각각의 성도들은 서로서로 한 몸의 지체가 된다. 그래서 유기체로서 기쁨과 슬픔을 함께 나누는 동고동락하는 공동체(식구)를 이룬다.

참고말씀

고린도전서 12:12 … 몸은 하나인데 많은 지체가 있고 몸의 지체가 많으나 한 몸임과 같이 그리스도도 그러하니라

해설노트

*리더는 고린도전서 12장 14-25절의 말씀으로 지체의 역할과 협력에 대하여 설명하므로 성도들이 지체로서 서로 협동의 필요성을 깨닫게 한다. 인체의 모든 기관이 서로 협력하듯이 교회의 성도는 서로 '한 몸 의식'으로 협력하도록 도와야 한다.

1. 지체의 역할과 협력

고린도전서 12장 14-25절

14 몸은 한 지체뿐만 아니요 여럿이니 15 만일 발이 이르되 나는 손이 아니니 몸에 붙지 아니하였다 할지라도 이로써 몸에 붙지 아니한 것이 아니요 16 또 귀가 이르되 나는 눈이 아니니 몸에 붙지 아니하였다 할지라도 이로써 몸에 붙지 아니한 것이 아니니 17 만일 온 몸이 눈이면 듣는 곳은 어디며 온 몸이 듣는 곳이면 냄새 맡는 곳은 어디냐 18 그러나 이제 하나님이 그 원하시는 대로 지체를 각각 몸에 두셨으니 19 만일 다 한 지체뿐이면 몸은 어디냐 20 이제 지체는 많으나 몸은 하나라 21 눈이 손더러 내가 너를 쓸 데가 없다 하거나 또한 머리가 발더러 내가 너를 쓸 데가 없다 하지 못하리라 22 그뿐 아니라 더 약하게 보이는 몸의 지체가 도리어 요긴하고 23 우리가 몸의 덜 귀히 여기는 그것들을 더욱 귀한 것들로 입혀 주며 우리의 아름답지 못한 지체는 더욱 아름다운 것을 얻느니라 그런즉 24 우리의 아름다운 지체는 그럴 필요가 없느니라 오직 하나님이 몸을 고르게 하여 부족한 지체에게 귀중함을 더하사 25 몸 가운데서 분쟁이 없고 오직 여러 지체가 서로 같이 돌보게 하셨느니라

지체의 특징

(1) 한 몸에 지체는 여럿이다.(14절)

(2) 지체가 자기 역할에 대한 불만을 표출하지 않는다.(15-16절)

(3) 지체의 역할을 각기 다르다.(17절)

(4) 지체 됨은 하나님께서 정하셨다.(18절)

(5) 지체가 연합하면 각 지체는 뒤로 가고 몸이 드러난다(19-20절)

(6) 모든 지체는 독같이 중요하다.(21-22절)

(7) 부족해 보이는 지체가 다른 지체를 아름답게 한다.(23-24절)

(8) 지체는 분쟁하할 수 없다.(25절)

2. 지체(개인)의 역할과 위치를 나타내는 예화

(1) 조각그림 – 교회의 각 지체는 조각그림 퍼즐 맞추기 게임으로 설명할 수 있다. 조각그림 퍼즐에서 지체의 역할은 한 개의 조각그림과 같다고 할 수 있다. 그 조각 그림은 반드시 자기 자리에 가야 맞춰진다. 그뿐만 아니라 자기 자리에 있어야 맞춰진 전체 그림의 아름다운 모양을 알 수 있다. 지체는 교회라는 전체 그림을 제대로 보는데 반드시 필요한 존재이면서 동시에 반드시 자기가 있어야 할 위치에 있어야 한다.

(2) 장난감 로봇 – 아이들이 가지고 노는 장난감 로봇은 분리와 합체의 기능이 있다. 합체하면 큰 로봇이 되지만, 팔, 다리, 몸통, 머리 등도 각기 다른 작은 모양의 로봇이 된다. 교회의 성도들도 이와 마찬가지다. 각 지체가 독립적으로 작은 로봇이 되어 지체로서 기능을 수행한다. 또한 작은 로봇이라고 할 수 있는 지체들이 모이면 큰 로봇(교회)이 된다. 교회의 지체 역시 장난감 로봇처럼 개별적으로도 교회의 고유한 기능을 하고 동시에 교회공동체(합체 로봇)로서도 교회의 기능과 역할을 한다.

질문 5   믿음이 성숙하지 못한 성도에 대하여 어떤 태도를 가져야 합니까?

로마서 14:1–3 … 믿음이 연약한 자를 너희가 받되 그의 의견을 비판하지 말라 어떤 사람은 모든 것을 먹을 만한 믿음이 있고 믿음이 연약한 자는 채소만 먹느니라 먹는 자는 먹지 않는 자를 업신여기지 말고 먹지 않는 자는 먹는 자를 비판하지 말라 이는 하나님이 그를 받으셨음이라

교회의 모든 지체는 아직 성숙하지 않은 성도를 사랑으로 감싸 안아
야 한다. 영적으로 어린(미숙한) 부분이 발견된다고 비판하거나 업신
여기지 말아야 한다. 미성숙을 질책하면 성도의 교제는 이루어 질
수 없다.

골로새서 1:28-29 … 우리가 그를 전파하여 각 사람을 권하고 모든 지혜
로 각 사람을 가르침은 각 사람을 그리스도 안에서 완전한 자로 세우려
함이니 이를 위하여 나도 내 속에서 능력으로 역사하시는 이의 역사를 따
라 힘을 다하여 수고하노라

사도행전 14:21-22 … 복음을 그 성에서 전하여 많은 사람을 제자로 삼고
루스드라와 이고니온과 안디옥으로 돌아가서 제자들의 마음을 굳게 하여
이 믿음에 머물러 있으라 권하고 또 우리가 하나님의 나라에 들어가려면
많은 환난을 겪어야 할 것이라 하고

1. 새신자의 양육 | 양육이란 전도된 새신자와 인격적인 관계를 맺고 그
가 그리스도의 장성된 분량까지 성숙하여 재생산할 수 있도록 돕는 전 과
정을 말한다. 교회는 성도를 양육하면서 차별해서는 안 된다. 특히 교회
안에서 모든 성도들은 상호간에 비교하여 열등의식이나 우월의식을 갖
지 않아야 한다. 한 교회 안에서 모든 성도들은 계속 함께 하며 잘 성장하
도록 서로 양육해야 한다. 특히 먼저 멤버십이 된 그리스도인들은 교회
안의 지체들이 성숙한 그리스도인으로 자라도록 성실하게 도와야 한다.

2. 멘토가 되어라 | 교회는 새신자들이 영적으로 성장할 수 있도록 멘토가 되어 양육하여야 한다. 바울은 자기가 그리스도에게로 인도한 사람들에게 자신을 부모로 비유하였다. 고린도교회 교인들에게 "그리스도 안에서 일만 스승이 있으되 아비는 많지 아니하니 그리스도 예수 안에서 복음으로써 내가 너희를 낳았음이니라"(고전 4:15)라고 말했다. 또한 디모데와 디도를 믿음 안에서 "아들"이라고 불렀다. 교회의 성도들은 새신자가 '영적인 고아' 가 되지 않도록 부모의 마음으로 성숙한 그리스도인이 되도록 키워주는 일을 잘 감당하여야 한다.

영적 양육을 위한 10가지 지침

1. 기도철저 | 리더는 양육의 과정에서 항상 기도로 시작하고 기도로 끝낸다.

2. 준비철저 | 성경을 공부하거나 신앙을 훈련 할 때에는 철저히 준비하고 양육 대상자가 적용 할 수 있도록 쉽게 가르친다.

3. 성장확신 | 하나님께서 인도하시므로 양육은 반드시 결실이 있다는 것과 그리스도인은 반드시 승리한다는 것을 확신하고 인내한다.

4. 모델링 | 큐티, 기도, 교제, 전도, 청지기 직분, 사역의 순종 등에서 본을 보여주는 모델의 삶을 산다. 영적 리더는 보스가 아니다.

5. 약속준수 | 양육대상자와 약속을 하면 우선해서 지키도록 하고 정기

적인 만남을 가질 때에는 약속한 시간을 잘 지키고 특히 끝나는 시간을
잘 지킨다.

6. 멘토링 │ 양육대상자가 균형 잡힌 신앙생활을 하도록 삶의 우선순위
를 확인하며 멘토가 된다. 격려하고 붙들어 주고, 조용히 중보기도로 멘
토링을 한다. 그리고 상처받지 않는 범위 내에서 책망할 수도 있다.

7. 삶의 나눔 │ 양육은 성경공부가 전부가 아니다. 양육 대상자와 함께
식사, 건전한 영화나 연극 관람, 등산, 쇼핑, 스포츠 활동, 야유회 등으로
좋은 관계로 가꾸어 간다.

8. 필요를 채움 │ 양육대상자에게 영육 간에 필요한 것을 채워줄 수 있도
록 한다. 스스로 감당할 수 없을 때에는 교회의 구제위원회 등의 기관을
통하여 성도의 교제가 이루어지게 한다. 필요를 채워줄 때에는 오른손이
한 일을 왼손이 모르게 해야 한다.

9. 기도교제 │ 양육 대상자와 그룹이 되어 가능하면 함께 말씀을 나누고
기도로 흠뻑 젖는 시간을 갖는다. 함께 드리는 기도는 응답이 빠를 뿐만
아니라 성도의 관계에서도 영적인 결속력을 아주 빠르게 강화시킨다.

10. 비밀유지 │ 성도를 양육하면서 알게 된 사실들 중에 공개되면 덕이
되지 않는 내용은 외부에 노출하지 않는다. 서로 비밀로 한 것들은 비밀
을 지켜야 좋은 관계를 지속할 수 있다.

고린도전서 10: 23-24… 모든 것이 가하나 모든 것이 유익한 것은 아니요 모든 것이 가하나 모든 것이 덕을 세우는 것은 아니니 누구든지 자기의 유익을 구하지 말고 남의 유익을 구하라

고린도전서 14:26 … 그런즉 형제들아 어찌할까 너희가 모일 때에 각각 찬송시도 있으며 가르치는 말씀도 있으며 계시도 있으며 방언도 있으며 통역함도 있나니 모든 것을 덕을 세우기 위하여 하라

정 답

그리스도인에게 덕이 있어야 하는 것은 불신자를 구원으로 인도하기 위함이다. 덕을 세우면 다른 사람들에게 유익을 끼치게 되어 그들로 하여금 구원에 이르게 한다. 그러므로 교회 안의 모든 사역은 덕을 세우는 데로 집중되어야 한다.

참고말씀

고린도전서 10:32-33 … 유대인에게나 헬라인에게나 하나님의 교회에나 거치는 자가 되지 말고 나와 같이 모든 일에 모든 사람을 기쁘게 하여 자신의 유익을 구하지 아니하고 많은 사람의 유익을 구하여 그들로 구원을 받게 하라

데살로니가전서5: 10-11 … 예수께서 우리를 위하여 죽으사 우리로 하여금 깨어 있든지 자든지 자기와 함께 살게 하려 하셨느니라 그러므로 피차 권면하고 서로 덕을 세우기를 너희가 하는 것 같이 하라

에베소서 4:29 … 무릇 더러운 말은 너희 입 밖에도 내지 말고 오직 덕을 세우는 데 소용되는 대로 선한 말을 하여 듣는 자들에게 은혜를 끼치게 하라

1. 단어 설명 | 우리말로 '덕' 이라는 뜻의 '아레테($\dot{\alpha}\rho\acute{\epsilon}\tau\eta$)' 와 '덕을 세우다' 의 오이코도메($oi\kappa o\delta o\mu\eta$)가 있다. 아레테는 우수함, 너그러움, 도덕적인 능력 등의 뜻으로 우리가 일반적으로 생각하는 덕이라고 할 수 있다. 오이코도메는 집을 뜻하는 오이코스($oi\kappa os$)와 건축하다라는 뜻의 도모($\delta\acute{\omega}\mu\omega$)의 합성어로 '집을 짓다;' 또는 '지어진 건축물' 을 뜻한다.

2. 덕은 예수 그리스도 세우는 것 | 고린도전서 14장 26절은 우리에게 시사하는 바가 크다. 고린도 교회는 건강한 교회로 여길만한 예배와 사역이 풍성하였다. 그러나 그 교회는 덕을 세우는데 부족을 노정하였다. 그리스도인이 덕을 세운다는 것은 인간의 영광과 유익을 위한 것이 아니라 오직 예수님께서 드러나시게 하는 것이다. 한마디로 교회에서 덕은 바로 예수 그리스도이시다(벧전 2:9 참조). 그러므로 덕을 세운다는 것은 예수님께서 영광이 되시는 것이다. 교회의 지체는 예수님께로 향하여 나아가므로 덕을 세워야 한다. 인간의 욕심에서 나오는 모든 행위는 덕을 세울 수 없으므로 성도들과 관계를 어렵게 만들어 교제를 지속하지 못하게 한다. 모든 그리스도인은 교회로서 덕을 세우는 교제를 이루어야 한다.

3. 섬기는 종이 됨 | 덕의 실천은 일상생활 속에서 서로를 섬기는 삶을 살 때에 가능하다. 덕을 실천하는 자는 예수님께서 하셨던 것처럼 섬김을 받기 위해서가 아니라 섬기기 위한 '섬기는 종' 이 되어야 한다(마 20:28). 그리스도인은 함께 교회를 이루는 지체들을 나보다 낮게 여기고 섬기는 종이 될 때에 비로소 덕을 세우게 된다. 섬기는 종으로서 성도의 삶은 불신자들에게 강력한 울림을 주는 덕을 이루는 사역이 된다. 그러면 불신자

들은 덕을 세우는 성도를 통하여 예수 그리스도를 보게 되고 복음의 메시지로 받아들여 교회의 멤버십으로 흡인하게 된다. 그 결과 복음이 흥왕하여 교회는 부흥한다.

4. 도덕적인 삶 | 덕을 세우려면 도덕적으로 지탄받는 말과 행동을 하지 말아야 한다. 말과 행동이 덕스럽지 못하면 불신자 구원과 성도의 영적인 성장 그리고 교회의 부흥에 거침돌이 된다. 성경에서 요구하는 그리스도인의 삶은 도덕적인 삶이다. 예를 들어 디모데전서 3장 3절을 보더라도 "술을 즐기지 아니하며 구타하지 아니하며 다투지 아니하며 돈을 사랑하지 아니하는" 등의 금지행위들은 도덕적인 요구이다. 그리스도인에게는 죄용서의 은총과 자유가 있어서 모든 것이 가능하지만, 덕스럽지 못한 언행을 계속한다면 교제는 지속하지 못할 것이다(고전 10:23). 교회의 본질 기능인 그리스도인의 교제를 위해 성도는 서로 덕을 세우는데 힘써야 한다(롬 14:19).

질문 7   그리스도인들에게 있어서 성경이 교제의 주 메뉴(main dish)이어야 하는 이유는 무엇입니까?

디모데후서 3:16–17 … 모든 성경은 하나님의 감동으로 된 것으로 교훈과 책망과 바르게 함과 의로 교육하기에 유익하니 이는 하나님의 사람으로 온전하게 하며 모든 선한 일을 행할 능력을 갖추게 하려 함이라

베드로전서 2:2 … 갓난 아기들 같이 순전하고 신령한 젖을 사모하라 이는 그로 말미암아 너희로 구원에 이르도록 자라게 하려 함이라 너희가 주의 인자하심을 맛보았으면 그리하라

성경이 하나님의 말씀이기 때문이다. 성경을 통한 교제는 (1) 온전한 그리스도인이 되어 (2) 선한 일을 할 일꾼으로 능력을 갖추게 하고 (3) 영적인 성장하게 하는 영의 양식이 된다. 성경은 말씀을 대하는 자를 거룩하게 하여 주님 중심의 생활로 바꿔서 생활구원에 이르도록 자라게 한다.

누가복음 24:27 … 이에 모세와 모든 선지자의 글로 시작하여 모든 성경에 쓴 바 자기에 관한 것을 자세히 설명하시니라

요한복음 5:39 … 너희가 성경에서 영생을 얻는 줄 생각하고 성경을 연구하거니와 이 성경이 곧 내게 대하여 증언하는 것이니라

누가복음 24:32 … 그들이 서로 말하되 길에서 우리에게 말씀하시고 우리에게 성경을 풀어 주실 때에 우리 속에서 마음이 뜨겁지 아니하더냐 하고

1. 성경은 기준을 제시함 | 성경은 교과서와 같이 기준적인 가르침이 있다. 우리의 삶의 여정 가운데 필연적인 갈래 길에서 성경은 삶의 기준을 제시해준다. 성경이 하나님의 뜻에 부합하는 길을 제시하므로 그리스도인이 올바른 길을 선택할 수 있게 해준다. 그래서 그리스도인은 제시한 길을 선택하며 행복한 삶을 살도록 인도한다.

2. 성경은 징계하는 회초리 | 성경은 회초리와 같이 징계도구의 역할을 한다. 성경의 가르침대로 따르지 않을 때 회초리 같은 말씀의 도전이 있

다. 우리가 하나님께서 바라는 길에서 벗어나게 되면 성경은 길을 벗어난 사실뿐만 아니라, 어디서 어떻게 바른 길을 벗어났는지를 지적해 준다. 따라서 말씀이 회초리처럼 다가와 책망할 때에 우리는 잘못을 회개하여야 한다.

3. 성경은 앰뷸런스 | 성경은 병으로 회복이 어려워 쓰러져 있는 사람을 구조하여 병원으로 실고 가는 응급차와 같다. 응급실에서 치료를 받고 회복하여 다시 거룩한 일상으로 돌아가게 한다. 우리가 그릇된 길에서 하나님의 목적과 원하시는 바를 이룰 힘이 없을 때에 말씀이 강력한 감동과 도전으로 이끌고 고쳐서 바른 그리스도인의 길로 돌아올 수 있도록 한다.

4. 성경은 훈련소 조교 | 군대훈련소에서 훈련받을 때에 훈련병을 지도하며 모범을 보이는 조교처럼 성경은 우리가 하나님의 뜻을 잘 순종하도록 모범을 보이며 지도한다. 우리에게는 주님께서 원하시는 길로 가기로 결심한다 하더라도 그 길을 계속 갈만한 믿음과 능력이 없다. 그래서 말씀은 훈련소 조교처럼 훈련을 통하여 주님을 닮은 모습을 지탱(sustaining)할 수 있게 한다.

질문 8   아래 말씀에서 바울은 어떤 기도제목으로 기도해줄 것을 요청하고 있습니까?

데살로니가후서 3:1-2 … 끝으로 형제들아 너희는 우리를 위하여 기도하기를 주의 말씀이 너희 가운데서와 같이 퍼져 나가 영광스럽게 되고 또한 우리를 부당하고 악한 사람들에게서 건지시옵소서 하라 믿음은 모든 사람의 것이 아니니라

바울은 중보기도를 부탁하면서 기도의 제목은 오직 복음과 전파하
고 있다. 그가 부탁하는 기도제목은 다음과 같다. (1) 주님의 말씀이
확산되어 널리 복음이 증거되게 하소서. (2) 사역자를 부당하고 악한
사람들에게서 건지므로 사역의 장애물들을 해결하여 주소서.

출애굽기 17:11-12 … 모세가 손을 들면 이스라엘이 이기고 손을 내리면
아말렉이 이기더니 모세의 팔이 피곤하매 그들이 돌을 가져다가 모세의
아래에 놓아 그가 그 위에 앉게 하고 아론과 훌이 한 사람은 이쪽에서, 한
사람은 저쪽에서 모세의 손을 붙들어 올렸더니 그 손이 해가 지도록 내려
오지 아니한지라

1. 교제로써 기도 │ 기도의 교제는 교회공동체를 영적인 친교로 결속시
킨다. 기도를 통한 교제는 영적 능력이 있어서 그리스도인의 삶을 풍성
하게 한다. 바울은 중보기도의 필요성과 함께 중보기도의 능력을 확신하
였다. 그래서 그는 시시때때로 형제들을 위해 기도하였고 또 형제들에게
중보기도를 요청하였다. 그리스도인은 서로를 위해 기도로 교제하고 또
그 응답을 통하여 영적인 공동체의 멤버십이 되어야 한다. 서로 기도해
주는 교제는 영적인 성장을 이루게 하여 '기도의 사람' 이라는 별칭을 듣
게 한다.

2. 반드시 필요한 중보기도 │ 기도의 교제는 꼭 면대면 접촉이 아니더라

도 기도를 통한 성도의 교제는 가능하다. 왜냐하면 기도는 제목을 나누면 어디서든지 기도할 수 있고 따라서 기도의 교제는 시공간을 초월하여 나눌 수 있는 교제이기 때문이다. 또한 중보기도는 모든 그리스도인이 누구나 할 수 있고 누구에게나 필요한 기도이다. 자기가 가진 문제, 사역 등의 기도제목을 믿음의 형제들이 나누고, 서로 기도하는 그리스도인이 된다.

3. 기도제목을 얻는 법 | 기도제목은 일반적으로 당사자가 기도제목을 말해줄 때 그 제목을 받으면 된다. 그러나 기도를 하다보면 기도하는 중에 기도제목이 다르게 바뀌는 경우가 있다. 이때는 성령님께서 기도제목을 만들어 가는 경우로 성령님의 인도를 받아서 기도하면 된다. 그리고 당사자가 기도제목을 말해주지 않더라도 기도하는 중에 새롭게 기도제목이 생기는 경우도 있다. 이 경우도 성령님의 인도하심이므로 그대로 기도하면 된다. 중요한 것은 기도제목은 구체적이어야 한다. 기도제목에 구체성이 없으면 기도의 응답 여부를 확인할 수 없을 뿐만 아니라 기도에 집중하지 못한다.

질문 9   하나님께서 기뻐하며 받으시는 것은 무엇입니까?

히브리서 13:16 ··· 오직 선을 행함과 서로 나누어 주기를 잊지 말라 하나님은 이같은 제사를 기뻐하시느니라

마태복음 25:40 ··· 임금이 대답하여 이르시되 내가 진실로 너희에게 이르노니 너희가 여기 내 형제 중에 지극히 작은 자 하나에게 한 것이 곧 내게 한 것이니라 하시고

정 답

선행, 구제, 섬김을 하나님께서 기뻐하신다. 아무리 작은 일이라도 선행과 구제는 실천한 당사자에게 하나님께서 빚지는 것이다. 그래서 하나님께서 선행을 실천하는 자에게 복을 쌓을 곳이 없도록 주신다.

참고말씀

로마서 12:13 … 성도들의 쓸 것을 공급하며 손 대접하기를 힘쓰라

디모데전서 6:18 … 선을 행하고 선한 사업을 많이 하고 나누어 주기를 좋아하며 너그러운 자가 되게 하라

해설노트

1. 재물의 나눔 │ 재물의 교제는 교회가 처음 생길 때부터 계속되어온 교회의 전통적인 기능이다. 교회의 지체들은 '나눠주는 것(헤라어로 코이노니아)'을 좋아해야 한다(딤전 6:18). 가능한대로 성도의 쓸 것을 '공급(헬라어로 코이노니아)' 해야 한다(롬 12:13). 헬라어 원문에 성도의 교제를 의미하는 코이노니아로 기록된 단어는 재물의 나눔(교제)을 뜻한다.

마게도냐 교회의 성도는 물질의 교제에 있어서 모델이 된다. 그들조차도 구제가 필요할 만큼 환난과 궁핍함 속에 있었지만, 그들은 구제하고 성도를 섬겼을 뿐만 아니라 계속 구제하는 일에 참여하기를 열망하고 간절히 기도했다(고후 8:4).

2. 식탁의 교제와 연관성 │ 물질의 교제는 음식을 함께 나누는 식탁의 교제와 밀접하게 연관된다. 식탁의 교제는 삶을 나누는 교제를 의미한다. 함께 식탁에서 음식을 먹으므로 서로 연대의식, 공동체의식이 증진된다.

예수님께서는 가난한 사람들, 죄인들, 세리들과 함께 드시므로 그들과 친구가 되시고, 그들과 연대의식을 표하셨다(눅 7:34). 예수님께서는 그들과 함께 밥을 먹으므로 그들과 함께 삶을 나누신 것이다. 결국 예수님께서는 죄인들과 친구가 되신 것이 죄목이 되어 유대인들로부터 미움을 받게 되었고, 이는 예수님께서 십자가에서 돌아가시게 되는 빌미가 되었다. 예수님의 식탁교제는 생명 나눔으로 이어졌다(마 26:20-21).

질문 10   다음은 그리스도인의 교제의 삶을 점검하는 질문들로 자기 자신을 돌아보고 해당하는 부분에 표시하시오.

리더지침

이 질문은 각자 본인의 교제의 삶을 점검하는 질문들이다. 질문에 표시를 하게 한 후에 각자 항목들 중에 가장 많이 도전이 된 내용은 서로 이야기하게 한다. 표시 항목에서 긍정적인 측면이 많고 적음에 따른 평가는 의미가 없다. 리더는 학습자들이 그 부분에는 가치를 두지 않게 지도하기 바란다. 서로 대화를 나누는 중에 느끼게 되는 내용이나 배우는 것이 이 질문이 원하는 학습목표이다.

10주

전도를 즐기는 삶
Powerful Evangelism

● 학습목표

1. 그리스도인은 전도자로 사는 삶이 자연스러운 생활이라는 것을 깨닫고 복음을 증거하는 삶을 산다.
2. 불신자를 전도하기 위해 인격적인 생활과 그 바탕 위에 담대하고도 지혜롭게 예수 그리스도를 증거한다.

● 중심구절

빌기를 다하매 모인 곳이 진동하더니 무리가 다 성령이 충만하여 담대히 하나님의 말씀을 전하니라(사도행전 4:31)

● 암송구절

너는 말씀을 전파하라 때를 얻든지 못 얻든지 항상 힘쓰라 범사에 오래 참음과 가르침으로 경책하며 경계하며 권하라(디모데후서 4:2)

질문 1 그리스도인으로서 복음을 전하지 않으면 어떤 일이 일어납니까?

고린도전서 9:16 ⋯ 내가 복음을 전할지라도 자랑할 것이 없음은 내가 부득불할 일임이라 만일 복음을 전하지 아니하면 내게 화가 있을 것이로다

정 답

바울은 복음을 전하지 않으면 자기에게 화가 미치게 된다고 하였다. 이는 바울이 복음과 영혼구원에 대한 간절함의 발로에서 한 표현이다. 우리도 당연히 해야 할 전도의 사명을 회피하면 그 결과의 엄중함을 명심하고 전도명령을 신실하게 이행하여야 한다.

참고말씀

디모데전서 2:4 ⋯ 하나님은 모든 사람이 구원을 받으며 진리를 아는 데에 이르기를 원하시느니라

마태복음 28:19-20 ⋯ 그러므로 너희는 가서 모든 민족을 제자로 삼아 아버지와 아들과 성령의 이름으로 침례를 베풀고 내가 너희에게 분부한 모든 것을 가르쳐 지키게 하라 볼찌어다 내가 세상 끝날까지 너희와 항상 함께 있으리라 하시니라

해설노트

1. 명령 거역은 화를 자초 | 전도는 주님께서 우리를 인정하셔서 맡겨주신 명령(임무)이다. 우리가 충분하게 할 수 있기 때문에 하나님께서 맡기신 것이다. 다연히 할 수 있음에도 불구하고 전도의 사명의 불이행은 불신자에게서 구원받을 기회를 빼앗는 것이다. 사역자는 주님께서 감당해야할 분량의 사역을 하지 않게 되면, 그 부분은 아무도 대신할 수 없다는

구령에 대한 책임감을 가져야 한다. 따라서 복음을 증거하지 않아서 마땅히 그리스도인이 되어 영생복락을 누려야 할 사람이 지옥에 간다면 그것은 사역자의 무책임과 게으름과 직무유기이다. 화가 임해야 마땅하다.

2. 그리스도인의 생리는 전도 | 모든 살아있는 것은 생식(生殖)한다. 생식해야만 같은 개체를 번식하고 보존할 수 있다. 만일에 생식능력이 쇠퇴하여 생산이 안 되면 결국에는 멸종한다. 생물체의 생식원리가 전도에도 그대로 적용된다. 거듭난 생명은 살아있는 증거로 재생산(전도)이 자연스럽게 나타난다. 따라서 그리스도인에게 있어서 자연스런 생명현상(전도)이 나타나야 한다. 그렇지 않는다면 그는 그리스도인이 아니거나, 문제가 있어서 생산하지 못하거나 둘 중의 하나이다. 열매 맺지 못하는 무화과나무가 뽑혀 버려지듯이 생산(전도)하지 못하면 화가 미치게 된다는 절박감은 당연하다.

3. 전도는 하나님 나라의 확장 | 복음이 증거되면 그 자체로 하나님 나라가 확장된다. 구원받은 그리스도인이 새롭게 늘어나지 않더라도(물론 그런 경우는 없지만) 상관없이 하나님의 통치영역이 확장된다. 그러나 전도하지 않으면 복음의 영향력이 축소되고 결국에는 불신자 구원이라는 영적인 재생산이 끊어진다. 그 결과는 하나님의 나라가 축소되고, 축소된 만큼 마귀의 지배력은 강화되고 늘어난다. 그렇기 때문에 하나님의 통치 영역을 확장하기 위해서는 반드시 전도하여야 한다. 하나님 나라의 확장은 전도 외의 다른 방법이 없다. 전도하지 않으면 화가 미치게 된다는 책임감은 당연하다.

예수님의 전도명령

첫명령	마가복음 1:17	"예수께서 가라사대 나를 따라오너라 내가 너희로 사람을 낚는 어부가 되게 하리라 하시니"	일꾼의 부름
마지막 명령	마가복음 16:15-16	"또 이르시되 너희는 온 천하에 다니며 만민에게 복음을 전파하라 믿고 침례를 받는 사람은 구원을 얻을 것이요 믿지 않는 사람은 정죄를 받으리라"	사역의 부름

질문 2 인간이 구원받을 수 있는 길(way)은 오직 누구에게만 있습니까?

요한복음 14:6 ⋯ 예수께서 이르시되 내가 곧 길이요 진리요 생명이니 나로 말미암지 않고는 아버지께로 올 자가 없느니라

사도행전 4:12 ⋯ 다른 이로써는 구원을 받을 수 없나니 천하 사람 중에 구원을 받을 만한 다른 이름을 우리에게 주신 일이 없음이라 하였더라

구원받을 수 있는 길은 오직 예수 그리스도뿐이다. 인간 구원을 위해 대가를 치른 분이 예수 그리스도이며, 하나님께서 다른 길을 인간에게 제시한 적이 없기 때문이다.

고린도후서 10: 4-5 ⋯ 우리의 싸우는 무기는 육신에 속한 것이 아니요 오직 어떤 견고한 진도 무너뜨리는 하나님의 능력이라 모든 이론을 무너뜨리며 하나님 아는 것을 대적하여 높아진 것을 다 무너뜨리고 모든 생각을 사로잡아 그리스도에게 복종하게 하니

1. 인간이 추구하는 거짓 구원 : 종교(영적인 방편)

인간에게는 종교성이 있다. 인간의 종교성은 곧 인간의 불완전성을 증명하는 것이다. 그래서 인간은 구원을 찾아 여러 모양의 구원의 틀에 무릎을 꿇는다. 그러나 세상의 그 어떤 종교로도 구원받아 영생에 이를 수 없다. 인간의 구원 영생은 오직 예수 그리스도 한 분만이다.

다른 이로써는 구원을 받을 수 없나니 천하 사람 중에 구원을 받을 만한 다른 이름을 우리에게 주신 일이 없음이라 하였더라(행 4:12)

2. 인간이 추구하는 거짓 구원 : 학문, 철학(혼적인 방편)

인간은 이성의 활동이라 할 수 있는 학문, 철학 등을 통하여 진리에 이르고자 노력을 기울인다. 인간 이성을 통한 구원 노력은 성경과 하나님의 존재(은혜)를 부정하는 쪽으로 초점이 맞춰져있다. 이러한 노력이 해결점을 제시하지 못하는 것은 인간 스스로 불완전한 존재(죄인)라는 것을 드러내는 것에 다름이 아니다. 때로는 현인이라 불릴만한 철학자가 나와서 구원 종교에 이르려고 시도했지만 그들 역시 진리에 이르지 못한 것이 역사의 증거이다. 구원은 혼적인 영역의 노력으로는 받을 수 없다. 오직 예수 그리스도의 십자가로만 구원이 가능하다.

누가 철학과 헛된 속임수로 너희를 사로잡을까 주의하라 이것은 사람의 전통과 세상의 초등학문을 따름이요 그리스도를 따름이 아니니라(골 2:8)

3. 인간이 추구하는 거짓 구원 : 재물과 율법적인 선행(육적인 방편)

현대 사

회는 "돈만 있으면 다 된다."는 말 만큼 재물의 위력이 큰 시대이다. 재물이 생활의 필수적인 요소인 것은 분명하지만, 재물이 구원의 방편이 될수 없다. 재물을 삶의 목표로 삼아 그것이 종교(물신주의)가 되면 결국 파멸에 이르게 된다. 그뿐만 아니라 어떤 행위, 특히 율법적인 행위와 같이 상당히 설득력 있는 행동으로도 구원에 이를 수 없다. 인간의 육적인 구원노력은 어항 속의 물고기가 자기 스스로 한강물로 갈 수 있다고 우기는것과 같다. 구원은 오직 예수 그리스도로 말미암는다.

> 너희가 알거니와 너희 조상이 물려 준 헛된 행실에서 대속함을 받은 것은 은이나 금 같이 없어질 것으로 된 것이 아니요 오직 흠 없고 점 없는 어린 양 같은 그리스도의 보배로운 피로 된 것이니라(벧전 1:18-19)

> 사람이 의롭게 되는 것은 율법의 행위로 말미암음이 아니요 오직 예수 그리스도를 믿음으로 말미암는 줄 알므로 우리도 그리스도 예수를 믿나니 이는 우리가 율법의 행위로써가 아니고 그리스도를 믿음으로써 의롭다 함을 얻으려 함이라 율법의 행위로써는 의롭다 함을 얻을 육체가 없느니라 (갈 2:16)

질문 3 구원받은 그리스도인으로서 전도해야 하는 이유는 무엇입니까?

로마서 10:13-15 … 누구든지 주의 이름을 부르는 자는 구원을 받으리라 그런즉 그들이 믿지 아니하는 이를 어찌 부르리요. 듣지도 못한 이를 어찌 믿으리요. 전파하는 자가 없이 어찌 들으리요

복음을 들으려면 전해 주는 전도자가 반드시 있어야 한다. 전하지 않으면 죄인들이 구원받을 수 있는 방도나 대안이 없다. 그러므로 실제로 발걸음을 옮겨서 전도를 해야 불신자가 구원받는다.

고린도전서 1:26-29 … 형제들아 너희를 부르심을 보라 육체를 따라 지혜로운 자가 많지 아니하며 능한 자가 많지 아니하며 문벌 좋은 자가 많지 아니하도다 그러나 하나님께서 세상의 미련한 것들을 택하사 지혜 있는 자들을 부끄럽게 하려 하시고 세상의 약한 것들을 택하사 강한 것들을 부끄럽게 하려 하시며 하나님께서 세상의 천한 것들과 멸시 받는 것들과 없는 것들을 택하사 있는 것들을 폐하려 하시나니 이는 아무 육체도 하나님 앞에서 자랑하지 못하게 하려 하심이라

베드로전서 3:15 … 너희 마음에 그리스도를 주로 삼아 거룩하게 하고 너희 속에 있는 소망에 관한 이유를 묻는 자에게는 대답할 것을 항상 준비하되 온유와 두려움으로 하고

1. 구원의 광대한 은혜에 무릎 꿇음 | 전도를 생활화 하려면 먼저 전도자가 예수님의 십자가 사랑에 대한 절절한 감동을 경험해야 한다. 전도자는 예수님께서 엄청난 고난을 받으며 십자가에서 죽으신 이유가 나를 살려내기 위함이었음을 각성해야 한다. 예수님께서 대신 죽어주시지 않았다면 어떻게 되었을지 그 결과에 대하여 실제상황을 처참하게 느껴야 한다. 이러한 각성을 통하여 전도자는 하나님의 구속의 은혜에 대한 탕감 받지

못할 만큼 큰 부채의식을 가져야 한다. 그래서 그 은혜의 황송함으로 주님께서 원하시는 바 불신자의 영혼 구원에 나서게 된다.

바울은 은혜에 대한 각성이 있었던 그리스도인이었다. 바울은 자기 자신을 죄인의 괴수라고 일컬었고(딤전 1:15), 만삭되지 못하여 난 자 같다고 했다(고전 15:8). 그는 하나님의 구속의 은혜를 깊이 깨닫고 자신의 고통스런 지병에 대한 치유응답을 받지 못했음에도 "…도리어 크게 기뻐함으로 나의 여러 약한 것들에 대하여 자랑하리니…"(고전 12:9) 라고 고백했다. 죄인이었을 때에 자기 자신의 처참한 현실 인식이 불신 영혼에게 열정으로 다가가게 한다.

2. 불신자에 대한 영적인 동정심 │ 전도자는 예수님의 마음을 닮아야 한다. 예수님께서는 죄 속에서 멸망을 향해 가는 죄인들이 굶어 죽어가는 양같이 불쌍하고 측은하게 보셨다(마 9:36). 전도는 예수님처럼 불쌍히 여기는 영적 동정심의 동기에서 가능하다. 예수님의 마음이 없으면 전도는 의무감과 그 속에서 나오는 형식적인 언행으로 그치게 된다. 전도를 하고자 할 때에 영적인 동정심이 생기지 않는다면 그 부분을 점검하여야 한다.

전도자에게 영적인 동정심이 메말라있다면 이는 예수님으로부터 멀어져서 구령의 열정이 식었기 때문이다. 구령의 열정이 식어 영적 동정심이 메마른 상태라면 그 사실을 주님 앞에 토설하고 회복하기를 기도해야 한다. 전도자로 나서는 그리스도인은 구원받지 못한 영혼을 불쌍히 여기는 영적 동정심이 우러나도록 주님께 매달려야 한다. 그러면 성령님께서 불신자의 영혼을 향한 영적 동정심과 불타는 구령의 열정을 회복시켜 주실 것이다.

3. 주님의 남은 고난을 채우는 전권대사 | 전도자는 주님의 전권대사로 세

상에 파송받은 사명자이다. 그래서 세상에서 주님께서 하셔야 할 일들을
대행해야 할 의무가 있다. 주님의 몸인 교회를 위하여 그리스도의 남은
고난을 우리의 육체에 채워야 한다(골 1:24). 그리스도의 남은 고난은 복음
전도이다. 불신자에게 구원의 복음을 소개하여 그들이 구원의 길로 돌아
오게 하므로 주님의 고난을 채우게 된다.

예수님께서 중요하게 여기는 것은 불신자 구원(=전도)과 성도의 교제(=교
회의 부흥)이다. 그리스도인은 주님의 전권대사로서 주님께서 중요하게 여
기는 것을 직무로 삼아서 성실하게 수행하여야 한다. 불신자에게 예수그
리스도의 복음을 증거하여 그들이 영원한 멸망에 처하지 않고 영생하는
천국을 누리게 하고, 그들이 그리스도인이 되어 교회를 이루게 되면 성도
의 교제를 통하여 교회의 부흥을 이루게 하여야 한다. 그리스도인은 주님
의 대사로서 불신자 구원과 성도의 교제를 삶의 목적으로 삼아야 한다.
그래서 주님의 남은 고난을 육체에 채우는데 성실하게 매진해야한다.

질문 4　잎이 무성한 무화과나무에 열매가 없을 때에 그 나무는 어떤 결과가 오
게 됩니까?

마가복음 11:12-14… 이튿날 그들이 베다니에서 나왔을 때에 예수께서 시장하
신지라 멀리서 잎사귀 있는 한 무화과나무를 보시고 혹 그 나무에 무엇이 있을
까 하여 가셨더니 가서 보신즉 잎사귀 외에 아무 것도 없더라 이는 무화과의
때가 아님이라 예수께서 나무에게 말씀하여 이르시되 이제부터 영원토록 사람
이 네게서 열매를 따 먹지 못하리라 하시니 제자들이 이를 듣더라

잎이 무성하면 그와 함께 열매가 있어야 한다. 그러나 잎이 무성함에도 열매가 없는 무화과나무는 뽑혀 버려진다. 쓸모없기 때문이다. 이는 그리스도인이 성숙한 듯 보이나 전도의 열매(결실)가 없는 경우에 대한 강력한 경고이다.

참고말씀

마태복음 21:18-19 … 이른 아침에 성으로 들어오실 때에 시장하신지라 길 가에서 한 무화과나무를 보시고 그리로 가사 잎사귀 밖에 아무 것도 찾지 못하시고 나무에게 이르시되 이제부터 영원토록 네가 열매를 맺지 못하리라 하시니 무화과나무가 곧 마른지라

해설노트

1. 열매 맺지 못한 이유 : 사이비 무화과나무 │ 무화과나무가 열매를 맺지 못하는 이유는 무화과나무와 비슷한 사이비나무일 경우이다. 외형은 그럴듯해서 사람들을 속게 만드는 나무일뿐이지 실제는 무화과나무가 아니기 때문에 열매를 맺을 수 없다. 사이비 무화과나무는 교회와 거리가 먼 불신자를 말하는 것이 아니다. 이는 바리새인류의 종교인을 일컫는다. 그리스도인이 아닌 종교인은 당연히 전도의 열매 맺지 못한다. 전도는 그리스도인이 재생산(열매)하는 것으로 그리스도인이라면 반드시 열매를 맺게 되어 있다.

2. 열매 맺지 못한 이유 : 문제가 있는 무화과나무 │ 무화과나무가 열매를 맺지 못하는 이유는 나무에 어떤 문제가 있기 때문이다. 계절이 맞지 않

아서 열매를 맺지 못한다는 것은 100% 변명이다. 물론 열매는 제철이 되어야 맺는다는 것은 맞다. 그렇다면 그 무화과나무는 잎이 무성하면 안된다. 무화과나무는 잎이 무성하면 반드시 그에 걸맞게 열매가 있어야 한다. 그런데 지금 이 무화과나무는 잎은 무성한데 열매는 갖고 있지 않았다. 무화과나무인 것은 분명하나 쓸모없는 나무인 것이다. 열매를 맺는데 계절적인 것이 이유가 될 수 없다. 이는 오늘날 온실에서 겨울에도 여름과일을 재배할 수 있는 것과 같이 잎이 무성한 무화과나무라면 계절과 관계없이 잎사귀 뒤에 열매를 갖고 있어야 정상이다. 성장했다고 자타가 인정하는 그리스도인이 결실이 없다면 뽑혀 버려지는 무화과나무에서 교훈을 얻어야 할 것이다.

질문 5　전도자로서 친밀감을 강화하기 위해서 전도 대상자에 대하여 가져야 할 태도는 무엇입니까?

에베소서 4:2 … 모든 겸손과 온유로 하고 오래 참음으로 사랑 가운데서 서로 용납하고

골로새서 3:9 … 너희가 서로 거짓말을 하지 말라 옛 사람과 그 행위를 벗어 버리고

정 답

전도자는 이웃들에게 진실한 언어생활로 칭찬과 격려 그리고 동감하는 태도를 가져야 한다. 전도자는 덕이 되지 않는 행동을 삼가고 모범적인 생활을 해야 한다. 그래서 항상 겸손과 온유와 진실한 태도로 오래참고 수용하는 마음가짐을 가져야 한다.

디도서 3:2 … 아무도 비방하지 말며 다투지 말며 관용하며 범사에 온유함을 모든 사람에게 나타낼 것을 기억하게 하라

1. 친밀감을 강화 : 언어 | 사람들과 관계를 어렵게 하는 말을 하지 말아야 한다. 관계를 어렵게 하는 대부분의 문제는 말에서 기인한다. 언어는 그리스도인으로서 승리하는 생활의 으뜸이 되는 요소이다.

그런즉 우리가 다시는 서로 비판하지 말고 도리어 부딪칠 것이나 거칠 것을 형제 앞에 두지 아니하도록 주의하라(롬 14:13)

누구든지 스스로 경건하다 생각하며 자기 혀를 재갈 물리지 아니하고 자기 마음을 속이면 이 사람의 경건은 헛것이라(약 1:26)

2. 친밀감을 강화 : 구제 | 형제의 어려움을 나누어 감당하려는 태도를 가져야 한다. 충분히 나눌 수 있었던 부자는 나사로의 어려운 짐을 나누어지지 않았다. 그가 친밀감을 갖고자 했더라면 나사로의 형편을 돌보아야 했다. 그러나 그는 나사로를 외면하였고, 그 결과 그는 지옥에서 끝없는 갈증 속에 고통을 겪어야 했다(눅 16:19-31).

너희가 짐을 서로 지라 그리하여 그리스도의 법을 성취하라(갈 6:2)

하나님 아버지 앞에서 정결하고 더러움이 없는 경건은 곧 고아와 과부를 그 환난 중에 돌보고 또 자기를 지켜 세속에 물들지 아니하는 그것이니라 (약 1:27)

3. 친밀감을 강화 : 용서 | 함께 더불어 살다보면 서로 관계를 어렵게 하는 경우들이 발생한다. 어려운 관계에 대한 성경의 가르침은 이해하고 용서하라는 것이다. 서로 용납하고 용서할 때에 친밀감이 강화된다.

그러므로 예물을 제단에 드리려다가 거기서 네 형제에게 원망들을 만한 일이 있는 것이 생각나거든 예물을 제단 앞에 두고 먼저 가서 형제와 화목하고 그 후에 와서 예물을 드리라(마 5:23-24)

그 때에 베드로가 나아와 이르되 주여 형제가 내게 죄를 범하면 몇 번이나 용서하여 주리이까 일곱 번까지 하오리이까 예수께서 이르시되 네게 이르노니 일곱 번뿐 아니라 일곱 번을 일흔 번까지라도 할지니라(마 18:21-22)

리더 Tip

전도대상자에게 호감을 갖게 하는 10가지 방법

1. 공손하고 밝게 인사하기.
2. 대화의 시간을 자주 갖기.
3. 문자메시지, 이메일, 전화 등으로 안부 묻기.
4. 밑반찬이나 김치 담가서 나누기.
5. 가사 도와주기.(쇼핑해주기, 병원 데리고 가기, 일 돌봐주기 등)
6. 자녀 돌봐주기.(공부 돕기, 옷 나눠 입히기)
7. 함께 식탁의 교제하기.
8. 취미, 문화 생활을 같이 하기.(스포츠, 헬스, 공부 등)
9. 명절, 애경사, 생일, 결혼기념일, 특별한 날 챙기기.
10. 기타 그 사람의 특별한 상황에서 도움을 주기.(전도의 눈으로 보면 무궁무진하다.)

질문 6   바울이 전한 복음의 내용(핵심주제)은 무엇입니까?

고린도전서 1:23-24 … 우리는 십자가에 못 박힌 그리스도를 전하니 유대인에게는 거리끼는 것이요 이방인에게는 미련한 것이로되 . 오직 부르심을 받은 자들에게는 유대인이나 헬라인이나 그리스도는 하나님의 능력이요 하나님의 지혜니라

바울은 오직 한 가지 십자가에 못 박힌 예수 그리스도만을 증거하였다. 바울이 전도일념으로 예수 그리스도를 증거한 이유는, 예수님의 십자가 고난은 내가 죄인이라는 증거이고, 예수님의 죽음은 나 스스로 나의 죄를 해결할 수 없으며, 예수님의 부활은 예수님께서 내 죄를 이미 해결하여 놓으셨다는 사실은 확신했기 때문이다.

에베소서 2:1 … 그는 허물과 죄로 죽었던 너희를 살리셨도다

복음의 핵심은 예수 그리스도이다. 초대교회의 모든 사역자들이 생명을 걸고 증거한 분은 실체적 존재이며 구원의 유일한 길인 예수그리스도였다. 그들은 예수그리스도를 위해 기꺼이 목숨을 걸만큼 인생의 최고 가치로 여기며 전도하였다. 바울은 어디를 가든지 예수 그리스도께서 구세주 이시며 주님되심을 강론하였다.

사도들은 그 이름을 위하여 능욕 받는 일에 합당한 자로 여기심을 기뻐

하면서 공회 앞을 떠나니라 .그들이 날마다 성전에 있든지 집에 있든지 예수는 그리스도라고 가르치기와 전도하기를 그치지 아니하니라(행 5:41-42)

그들이 암비볼리와 아볼로니아로 다녀가 데살로니가에 이르니 거기 유대인의 회당이 있는지라 .바울이 자기의 관례대로 그들에게로 들어가서 세 안식일에 성경을 가지고 강론하며 .뜻을 풀어 그리스도가 해를 받고 죽은 자 가운데서 다시 살아나야 할 것을 증언하고 이르되 내가 너희에게 전하는 이 예수가 곧 그리스도라 하니(행 17:1-3)

복음의 4대 골격

1. 하나님의 인간에 대한 원래 계획(Agenda) | 하나님의 인간에 대한 영원한 사랑(계획)은 풍성한 생명을 누리고 영생하는 것이다.

- 근거말씀: 로마서 6:23(영생), 요한복음 10:10(Well-being)

2. 하나님의 계획으로부터 멀어진 인간의 상태(현실) | 하나님의 계획에서 떠난 인간은 죄로 말미암아 영원한 사망의 상태이다. 그 결과로 지옥의 멸망이 결정되어 현재 집행을 기다리고 있다.

- 근거말씀: 로마서 3:23(죄), 로마서 6:23(사망, 멸망) 마가복음 9:48-49(지옥)

3. 하나님의 죄에 대한 해결책인 예수 그리스도 | 영원한 멸망을 대기하고 있는 인간을 구원하기 위해 하나님께서 준비한 구원 계획의 비밀(골 2:2)

대책은 예수 그리스도이다.

(1) 예수님은 누구인가? - 예수님께서는 원래 하나님이시며 인간의 형체 (몸)를 입고(성육신) 세상에 오신 하나님이시다.
  • 근거말씀: 요한복음 1:1, 14, 요한일서 3: 5

(2) 예수님의 왜 죽으셨나? - 예수님께서는 죄를 이기는 것이 사망이기 때문에(고전 15:55-56) 죄를 이기기 위해 죽어주셨다. 이는 사망에 처할 인간을 살려주시기 위해 죄가 되어 대신 죽어주신 것이다.
  • 근거말씀: 베드로전서 3:18 ; 2:24, 갈라디아서 3:13, 데살로니가전서 5:10

(3) 예수님은 왜 부활하셨나? - 예수님께서 부활하셔야만 인간이 의롭게 된다. 만일에 예수님께서 죽었다가 다시 살아나지 못하시면 예수님은 구원을 이루실 수 없게 된다. 왜냐하면 예수님께서 죄의 값인 사망을 이기지 못한 것이기 때문이다.
  • 근거말씀: 고린도전서 15:16-17, 로마서 4:25, 고린도전서 15:3-4, 고린도전서 15:53-54

(4) 예수님은 지금 어디에서 무엇을 하시나? - 현재 예수님께서는 지상의 구원 사역을 다 마치시고 하늘로 승천하셔서 우리를 영접하시기 위해 준비하신다.
  • 근거말씀 마가복음 16:19, 사도행전 1: 9, 요한복음14:3

4. 하나님의 대책에 대한 사람의 반응과 결과 │ 누구든지 예수 그리스도를
구세주와 주님으로 믿음으로 구원받는다.

- 반응의 근거말씀 : 사도행전 16:31(믿음), 요한복음 1:12, 요한계시록
  3:20(주님으로 영접), 로마서 10: 9-10(입술시인)

- 결과의 근거말씀 : 로마서 6:23(영생), 사도행전 3:19(유쾌하게 됨, Well-
  being), 로마서 6:4-8(예수 그리스도와 연합한 몸이 됨), 요
  한복음 10:10(풍요로운 삶), 마태복음 11:28-29(안식을
  누림)

질문 7　세상 사람들은 무엇을 보고 그리스도인의 빛 된 삶을 발견하며 그 결과
는 무엇입니까?

마태복음 5:16 … 이같이 너희 빛이 사람 앞에 비치게 하여 그들로 너희 착한
행실을 보고 하늘에 계신 너희 아버지께 영광을 돌리게 하라

베드로전서 2:12 … 너희가 이방인 중에서 행실을 선하게 가져 너희를 악행한
다고 비방하는 자들로 하여금 너희 선한 일을 보고 오시는 날에 하나님께 영광
을 돌리게 하려 함이라

정 답

사람들은 그리스도인들의 착한 행실을 보고 빛 되신 예수 그리스도
를 보게 된다. 빛 되신 예수 그리스도의 조명을 받으며 사는 그리스
도인들이 그 빛을 사람들에게 반사(착한 행실)함으로 하나님께 영광을
돌리게 된다.

야고보서 2:17-18 … 이와 같이 행함이 없는 믿음은 그 자체가 죽은 것이라 어떤 사람은 말하기를 너는 믿음이 있고 나는 행함이 있으니 행함이 없는 네 믿음을 내게 보이라 나는 행함으로 내 믿음을 네게 보이리라 하리라

골로새서 3:23 … 무슨 일을 하든지 마음을 다하여 주께 하듯 하고 사람에게 하듯 하지 말라

1. 착한 행실의 능력 │ 착한 행실은 불신자에게 예수님을 만날 수 있게 하는 능력이 있다. 그리스도인이 삶을 통하여 예수 그리스도를 나타내는 삶은 호소력이 큰 복음증거이다. 그리스도인은 직장이나 일터에서 다른 사람들에게 예수님의 모습을 나타내므로 추진력 있게 전도해야 한다. 불신자들은 그리스도인의 인격과 선행을 보고 생활 속에서 예수 그리스도의 진면목을 깨닫게 된다.

2. 행실은 말을 보증 │ 선행이 중요한 이유는 전도에 절대적인 역할을 하기 때문이다. 그리스도인의 경건한 생활은 우리가 전하는 말(복음)에 신뢰성을 보증한다. 그래서 전도에 있어서 선한 행실은 절대적이다. 반면에 삶이 모범적이지 못하게 되면 복음전도가 이루어지기는커녕 "당신이나 똑바로 하라"는 곱지 않은 시선을 보게 될 것이다. 특히 우리나라의 경우 그리스도인에 대한 신뢰가 미약해서 말보다는 행실을 바르게 갖는 것이 전도에 더 큰 반향을 일으킨다.

3. 생활자체가 전도 | 우리의 인격과 생활에 예수님을 담아내는 삶은 그 자체로 파워 넘치는 전도이다. 생활의 전도가 능력이 있으려면 삶의 현장에서 거룩한 생활이 필수적이다. 교회 활동, 예배출석, 기도, 성경 묵상 등의 영적 생활이 중요하듯이 가정, 직장, 학교에서 일하고, 공부하는 것도 거룩한 가치로 여겨야 한다. 왜냐하면 하나님께서는 그리스도인의 삶에서 세속적인 것과 신성한 것을 구별하지 않으실 뿐만 아니라 삶 자체가 예배이기 때문이다. 그러므로 그리스도인은 누가 보든지 보지 않든지 정직하고 성실하고 겸손하여 선행의 태도를 가져야 한다.

질문 8 　예수님으로부터 고침 받은 맹인은 어떤 사실을 말했습니까?

요한복음 9:25 … 대답하되 그가 죄인인지 내가 알지 못하나 한 가지 아는 것은 내가 맹인으로 있다가 지금 보는 그것이니이다

정 답

맹인은 자기가 지금까지 보지 못하다가 지금 보고 있는 사실에 대한 경험을 그대로 말했다. 예수님으로 인해 자기에게 일어난 일을 그대로 보여주는 것이 능력있는 전도이다.

참고말씀

마태복음 15:30-31 … 큰 무리가 다리 저는 사람과 장애인과 맹인과 말 못하는 사람과 기타 여럿을 데리고 와서 예수의 발 앞에 앉히매 고쳐 주시니 말 못하는 사람이 말하고 장애인이 온전하게 되고 다리 저는 사람이 걸으며 맹인이 보는 것을 무리가 보고 놀랍게 여겨 이스라엘의 하나님께

영광을 돌리니라

1. 전도는 경험한 예수님을 소개하는 것 | 예수님으로부터 고침을 받은 맹인은 전도와 관련된 어떤 훈련도 받지 않은 사람이었다. 그러나 그는 아주 간결하고도 효과적으로 예수님에 대하여 증언을 했다. 그가 그렇게 말하는 것이 가능했던 것은 자기가 '경험한 사실'을 그대로 말했기 때문이다. 맹인이 했던 것처럼 복음전파는 경험을 그대로 말하는 것이다. 즉 예수 그리스도를 만난 사실과 예수님을 믿음으로 변화된 인격과 삶을 있는 그대로 증거하는 것이 전도이다. 최근에 소개되는 많은 전도 전략과 기술들을 익히는 것도 중요하지만 그보다 더 중요한 것은 내게 일어난 경험을 증거하는 것이다. 내게 일어난 일이기 때문에 그것만큼 정확하고, 강력한 복음증거는 없다.

2. 성령님께서 전도를 이끄심 | 전도를 실행하고자 할 때에 무슨 말을 어떻게 할지에 대한 걱정이 앞서게 되는 것이 현실이다. 그러나 무슨 말을 할지에 대한 고민은 하지 않아도 된다. 성령님께서 끝까지 전도자와 함께 하시면서 지켜주시기 때문이다. 전도자는 성령님께서 함께 하신다는 확신을 갖고 불신자에게 다가가서 자기가 경험한 예수 그리스도를 증거하라. 전도의 기술이나 방법에 너무 의존하지 말고 성령님의 능력과 도우시는 역사를 신뢰하고 의탁하고 기도하는 마음으로 전도하라. 그러면 성령님께 붙잡아 주시는 능력을 체감하면서 전도를 할 수 있다.

보혜사 곧 아버지께서 내 이름으로 보내실 성령 그가 너희에게 모든 것을

가르치고 내가 너희에게 말한 모든 것을 생각나게 하리라(요 14:26)

상황에 따른 전도 전략

1. 개인적인 시간을 갖기 어려운 경우 | 전도지나 전도용품 등을 준다. 전도용 자료는 무성의하게 보이지 않도록 정성껏 준비해야 한다. 본인이 직접 만들 수도 있고 시중의 기독교 백화점을 활용할 수도 있다.

2. 개인적인 시간을 낼 수 있는 경우 | (1) 30분~1시간 정도 개인적인 시간을 낼 수 있는 경우에는 자신의 구원 간증과 함께 복음을 소개한다. 복음을 소개 하는 때는 '사영리', '브릿지 예화' 등의 방법을 이용하여 개인 전도를 한다. (2) 1시간 이상 함께 할 수 있을 경우에는 필자의 졸저 「예수님을 믿습니까」 등 전도용 성경공부 교재를 활용하여 전도하면 된다.

3. 정기적으로 만날 수 있는 경우 | 전도용 공부 교재를 활용하여 전도 성경 공부를 한다. 전도공부교재는 피자의 4주간(4회) 만나서 공부할 수 있는 필자의 졸저 「정말 잘 오셨습니다」(누가)와 「신앙생활 첫걸음」(산돌) 을 활용하여 전도할 수 있다.

질문 9   전도자의 삶에서 주님께 우선순위를 두는 재정지출은 결과적으로 어떻게 보상됩니까?

마가복음 10:29-30 … 예수께서 이르시되 내가 진실로 너희에게 이르노니 나와 복음을 위하여 집이나 형제나 자매나 어머니나 아버지나 자식이나 전토를 버린 자는 현세에 있어 집과 형제와 자매와 어머니와 자식과 전토를 백 배나 받되 박해를 겸하여 받고 내세에 영생을 받지 못할 자가 없느니라

복음을 전하는 자는 영원한 삶이 이미 보장 되었고, 복음을 위하여 자기의 재물을 드리면, 현세에서도 100배로 받아 풍성한 삶을 누리게 된다.

마태복음 13: 23 … 좋은 땅에 뿌려졌다는 것은 말씀을 듣고 깨닫는 자니 결실하여 어떤 것은 백 배, 어떤 것은 육십 배, 어떤 것은 삼십 배가 되느니라 하시더라

1. 드리는 자의 풍요 | 본문 말씀에서 '가족을 버린다' 는 의미는 과부가 두 렙돈을 드린 것처럼 생활에 지장을 줄지언정 복음을 위해 드린다는 뜻이다. 또 전토(농토)는 생활의 근거가 되는 토지를 의미한다. 즉 생활비를 만들어 낼 수 있는 근원(공장)까지도 드린다는 것이다. 이렇게 드리는 자에게 주님께서는 이를 받으시고 즉시로 100배로 더해서 되돌려주신다. 주님께서 그렇게 하시는 이유는 헌신한 자는 받은 물질을 다시 복음을 위해 드리게 될 것을 아시기 때문이다. 즉 복음을 위해 드리는 자는 늘 물질의 풍요 속에 드림의 삶을 사는 선순환을 이룬다.

2. 우선순위로 결단 | 전도에 있어서 시간과 돈은 필수적인 요소이다. 전도 대상자를 만나서 함께 식사하고, 애경사를 챙긴다든지 하는 등의 모든 전도과정은 재물을 필요로 한다. 위 말씀은 전도에서 재물을 얻는 비결을 명료하게 말씀하였다. 재물을 얻는 비결은 가족과 전토를 주님을 위해 '버리는 것'이다. 이는 매우 큰 믿음의 헌신이 필요하다. 물론 이 말씀은 전도가 인생에서 최고의 가치 있는 일이며 종요한 일이기에 다른 모든 것들의 희생을 감수하고 전도를 최우선순위에 놓고 즉시 순종하라는 말씀이다. 재물의 소유권이 주님께 양도하고 전도의 실천을 강력하게 촉구하는 말씀이다. 그래서 희생이 포함된 전도명령에 순종하여 주님께 모든 것을 다 드리는 헌신은 엄청난 축복으로 되돌아온다. 그러나 전도 사역에 헌신되어 있지 않으면 '버림' 받게 된다.

질문 10　아래 보기에서 전도 대상자를 선정하십시오. 그리고 그의 하는 일, 관계를 적고 기도하는 시간을 가지십시오.

리더지침

1. 리더는 질문 10을 미리 과제로 내주어서 한 주간동안 기도하면서 정하게 하면 좋겠다. 전도대상자를 정할 때에는 교재의 보기를 참고로 하여 학습자들이 전도대상자를 정하고 자기와 관계, 전도해야 하는 특별한 이유 등을 기록하게 하라. 한 사람도 빠지지않고 다 기록하게 하라. 그리고 기록한 내용을 중심으로 공부 모임에서 서로 나누며 함께 기도하는 시간을 갖는다.

2. 전도 대상자를 정하는 우선순위

(1) 혈연관계에서 우선순위는 촌수가 가까운 가족이다. 특히 가족 중에 가장 우선은 배우자이다.

(2) 친구 관계에서 우선순위는 함께 보내는 시간이 많은 친구가 우선이다.

(3) 직업이나 거주지 관계에서 우선순위는 만나는 횟수가 많은 사람이 우선이다.

전도 대상자를 정하는 힌트

1. 우리나라와 같이 인구의 1/4이 그리스도인으로 분류되는 나라에서는 관계(아는 사람)를 중심으로 한 전도가 효과적이다.

2. 전도를 할 때에는 가족, 친척, 친구, 동료, 이웃 등 아는 사람을 전도할 때에 효과가 크다. 아는 사람을 중심으로 취미, 직업, 좋아하는 스포츠 음식 등의 접촉점을 만들면 된다.

3. 전도 대상자를 정하고자 할 때에 누구를 정해야 할지 망설여진다면 기도하라. 기도는 전도대상자를 선명하게 드러내 준다. 그렇게 드러나는 전도 대상자에 대해서 '내가 아니면 지옥 갈 것 같은 사람'이라고 생각하고 그를 그리스도인이 되도록 전도에 힘써 노력하라.

절대 승리하는 생활
Triumphant Christian Life

• 학습목표

1. 그리스도인의 삶에는 마귀와 그 세력의 도전이 계속된다는 사실을 알고 이를 이겨내어 행복한 신앙생활을 한다.
2. 그리스도인을 넘어뜨려 주님으로부터 멀어지게 하려는 마귀의 갖은 궤계와 공격 방식을 잘 알아서 영적 전쟁에서 승리하는 그리스도인이 된다.

• 중심구절

마귀의 간계를 능히 대적하기 위하여 하나님의 전신 갑주를 입으라 우리의 씨름은 혈과 육을 상대하는 것이 아니요 통치자들과 권세들과 이 어둠의 세상 주관자들과 하늘에 있는 악의 영들을 상대함이라(에베소서 6:11-12)

• 암송구절

우리 주 예수 그리스도로 말미암아 우리에게 승리를 주시는 하나님께 감사하노니 그러므로 내 사랑하는 형제들아 견실하며 흔들리지 말고 항상 주의 일에 더욱 힘쓰는 자들이 되라 이는 너희 수고가 주 안에서 헛되지 않은 줄 앎이라(고린도전서 15:57-58)

질문 1 마귀의 현재 상태와 종말은 어떻게 됩니까?

골로새서 2:15 … 통치자들과 권세들을 무력화하여 드러내어 구경거리로 삼으시고 십자가로 그들을 이기셨느니라

요한계시록 20:10 … 또 저희를 미혹하는 마귀가 불과 유황 못에 던지우니 거기는 그 짐승과 거짓 선지자도 있어 세세토록 밤낮 괴로움을 받으리라

베드로후서 2:4 … 하나님이 범죄한 천사들을 용서하지 아니하시고 지옥에 던져 어두운 구덩이에 두어 심판 때까지 지키게 하셨으며

정 답

현재 마귀는 예수 그리스도의 십자가에 패하여 절대 멸망할 수밖에 없는 상태이다. 마귀의 종말은 불과 유황으로 타는 지옥에 던져져 영원히 멸망한다.

참고말씀

유다서 1:6 … 또 자기 지위를 지키지 아니하고 자기 처소를 떠난 천사들을 큰 날의 심판까지 영원한 결박으로 흑암에 가두셨으며

마가복음 13:22 … 거짓 그리스도들과 거짓 선지자들이 일어나서 이적과 기사를 행하여 할 수만 있으면 택하신 자들을 미혹하려 하리라

요한일서 5:4-5 … 무릇 하나님께로부터 난 자마다 세상을 이기느니라 세상을 이기는 승리는 이것이니 우리의 믿음이니라 예수께서 하나님의 아들이심을 믿는 자가 아니면 세상을 이기는 자가 누구냐

해설노트

1. 마귀는 미래가 이미 결정됨 | 마귀는 독화살을 맞고 철장 안에 갇혀

있다가 곧 죽게 될 사자와 같이 이미 멸망하도록 결정되어 있다. 그래서 마귀는 맹수와 같이 위협적인 존재로 보이지만 성도를 물리적으로 해코지할 수는 없다. 그래서 이 사실을 잘 알고 있는 마귀는 자기 때가 얼마 남지 않았음을 알고 우는 사자처럼 최후 발악하고 있다. 마귀는 주님의 통치를 받고 있는 성도에게는 결코 물리적으로 건드릴 수 없는 이유는 이미 예수님께서 마귀를 이기셨기 때문이며 또한 예수님께서 세상 끝 날까지 우리와 항상 함께 계시면서 지켜주시기 때문이다.

볼지어다 내가 세상 끝 날까지 너희와 항상 함께 있으리라 하시니라(마 28:20b)

2. 영적 전쟁을 중대성 | 현대 그리스도인들은 자기를 넘어뜨리려고 유혹하는 마귀의 존재와 활동에 대해 가볍게 여기는 경향이다. 마귀는 거짓 선지자들을 일으켜 할 수만 있으면 성도를 미혹하려고(막 13:22) 준동한다는 사실을 경성(警醒)해야 한다. 우리가 하나님의 통치아래 살고 있는 하나님의 자녀가 아니라면 마귀는 그 어떤 유혹도 하지 않을 것이다. 그러나 마귀는 하나님 나라를 세우는 그리스도인들이 어둠의 세력에 대해 관심이 없는 틈을 타서 온갖 간계와 술수로 하나님으로부터 그리스도인을 떼어내려고 하고 있다.

3. 승리를 선포하라 | 그리스도인은 예수 그리스도의 십자가로 인하여 이미 승리는 받았다(요일 3:8b). 하나님께서 세상과 마귀를 이겼듯이 우리도 이길 수밖에 없다. 그리스도인은 승리의 영원한 수혜자이다. 그러므로 예수그리스도의 부활의 능력을 덧입고 날마다 영적 전쟁의 승리를 삶속

에서 증거한다. 부활하신 예수 그리스도께서 우리의 승리의 보증이다. 예수님으로 말미암아 그리스도인은 최후의 승자로 확정되었으므로 승리를 선포하고 당당하게 승리자로서 살아야 한다.

> 자녀들은 혈과 육에 속하였으매 그도 또한 같은 모양으로 혈과 육을 함께 지니심은 죽음을 통하여 죽음의 세력을 잡은 자 곧 마귀를 멸하시며 또 죽기를 무서워하므로 한평생 매여 종 노릇 하는 모든 자들을 놓아 주려 하심이니(히 2:14-15)

질문 2　아래 성경말씀에서 마귀의 변신과 그에 따른 유혹의 방법은 무엇입니까?

고린도후서 11:3 … 뱀이 그 간계로 하와를 미혹한 것 같이 너희 마음이 그리스도를 향하는 진실함과 깨끗함에서 떠나 부패할까 두려워하노라(고후11:3)

고린도후서 11:14-15 … 이것은 이상한 일이 아니니라 사탄도 자기를 광명의 천사로 가장하나니 그러므로 사탄의 일꾼들도 자기를 의의 일꾼으로 가장하는 것이 또한 대단한 일이 아니니라 그들의 마지막은 그 행위대로 되리라

베드로전서 5:8 … 근신하라 깨어라 너희 대적 마귀가 우는 사자 같이 두루 다니며 삼킬 자를 찾나니

정 답

마귀는 뱀의 모양으로 접근하여 간사한 거짓말로 미혹하고, 광명의 천사로 접근하여 의의 일꾼으로 가장하여 미혹하고, 우는 사자와 같이 접근하여 두려움과 공포감을 조성하므로 미혹한다. 마귀는 말,

행동, 환경 등 우리를 넘어뜨리기 위해서 전방위 적으로 공격을 감
행한다.

요한계시록 12:7-9 ··· 하늘에 전쟁이 있으니 미가엘과 그의 사자들이 용
과 더불어 싸울새 용과 그의 사자들도 싸우나 이기지 못하여 다시 하늘에
서 그들이 있을 곳을 얻지 못한지라 큰 용이 내쫓기니 옛 뱀 곧 마귀라고
도 하고 사탄이라고도 하며 온 천하를 꾀는 자라 그가 땅으로 내쫓기니
그의 사자들도 그와 함께 내쫓기니라

1. 마귀의 변신술 | 마귀는 자기 관할인 세상에 미혹의 덫이 깔아 놓고 광
명의 천사, 뱀, 우는 사자 등 다양하게 변신하며 공격하는 영적 존재이다.
그 세상에 발을 딛고 사는 그리스도인들은 죄성(육정, 옛 사람의 습관)으로 인
하여 마귀의 다양한 방법으로 공격하는 유혹에 넘어가지 않도록 대비하
여야 한다.

상징	뱀	광명의 천사	우는 사자
유혹영역	언어	행동	환경
유혹방법	간사한 거짓말	이꾼으로 신분 위장	위험과 공포 분위기
루트	교만 · 거짓종교	자기의 · 자기 과시	염려 · 두려움 · 불신
승리방법	겸손 · 믿음	충성 · Lordship	근신 · 기도

2. 마귀의 잔악성 | 하나님의 저주를 받아 쫓겨난 마귀는 그리스도인을
미혹하고 속이고 넘어뜨리려는 궤술을 부린다. 마귀는 4차원적 영적인

존재로서 3차원적인 인간을 잘 알고 있다. 그래서 마귀는 우리의 약점을 너무 잘 알고 그 약점을 이용하여 하나님과 관계를 소원하게 만들려고 한다. 마귀는 스포츠 같은 게임의 룰이 있거나, 하나님의 피조물들처럼 질서가 있는 존재가 아니다. 마귀는 그 악질적인 본성대로 우리가 가장 약할 때, 가장 약한 곳은 무자비하게 공격한다.

3. 영적전쟁의 의의 | 그리스도인은 마귀와 영적전쟁 중이라는 사실에 경각심을 갖고 살아야 한다. 그렇다고 그리스도인의 삶의 목적을 마귀와 영적 전쟁에 두어야 하는 것은 아니다. 학생이 공부하는 것은 건강한 사회인이 되기 위한 준비이듯이 그리스도인의 영적전쟁 역시 불신자를 그리스도인 되도록 구원으로 안내하고, 온전하고 건강하게 기능을 하는 교회를 세우려는 것이다. 이 목적을 이루기 위하여 마귀와 영적 전쟁에서 마귀의 공격력을 무력화시키고 물리쳐서 승리해야 한다. 우리가 승리하기 위해서는 마귀와 그 세력들의 정체와 간계를 알아야 한다. 제대로 알고 바르게 대처하여 너끈히 마귀를 물리치고 승리하는 그리스도인이 될 수 있다.

질문 3   세상에 있는 것은 무엇이며 그리스도인은 어떤 태도를 가져야 합니까?

요한일서 2:15-16 … 이 세상이나 세상에 있는 것들을 사랑하지 말라 누구든지 세상을 사랑하면 아버지의 사랑이 그 안에 있지 아니하니 이는 세상에 있는 모든 것이 육신의 정욕과 안목의 정욕과 이생의 자랑이니 다 아버지께로부터 온 것이 아니요 세상으로부터 온 것이라 세상에 있는 것은 육신의 정욕, 안목의 정욕과 이생의 자랑이다. 이러한 탐욕은 하나님께서로부터 온 것이 아니므로 추구하지 말아야 한다.

로마서 8:5-8 ··· 육신을 따르는 자는 육신의 일을, 영을 따르는 자는 영의 일을 생각하나니 육신의 생각은 사망이요 영의 생각은 생명과 평안이니라 육신의 생각은 하나님과 원수가 되나니 이는 하나님의 법에 굴복하지 아니할 뿐 아니라 할 수도 없음이라 육신에 있는 자들은 하나님을 기쁘시게 할 수 없느니라

에베소서 2:2 ··· 그 때에 너희는 그 가운데서 행하여 이 세상 풍조를 따르고 공중의 권세 잡은 자를 따랐으니 곧 지금 불순종의 아들들 가운데서 역사하는 영이라

1. 마귀의 공격 통로 | 마귀가 그리스도인을 공격하는 것은 아직 완전한 경건성을 갖지 못하고, 옛 성품이 남아 있어서 세상의 코드와 같기 때문이다. 우리의 육신의 정욕, 안목의 정욕과 이생의 자랑이 세상과 맞닿아 있어서 계속 마귀의 미혹에 노출된다. 육신의 정욕은 물신주의로 대표될 수 있고, 안목의 정욕은 음란으로 대표될 수 있고, 이생의 자랑은 명예와 권력으로 대표될 수 있는데, 이 세 가지는 마귀의 3대 침투경로이다. 돈(물신주의), 섹스(음란), 권력(자기 과시) 위에 덧씌워진 우리의 정욕과 물욕과 탐심 등이 통로가 되어 마귀가 공격한다. 마귀의 공격에 넘어지게 되면

하나님으로부터 멀어져서 교제가 끊어지게 된다.

2. 마귀의 유혹 매커니즘 | 세상의 뿌리는 마귀이고 마귀의 현상은 죄이다. 마귀는 그리스도인을 미혹하기에 가장 강력한 덫인 세속문화를 이용하여 그리스도인을 넘어뜨리려고 계략을 꾸민다. 죄는 세속문화를 만들어 하나님께 조직적으로 대항한다. 세속문화는 우리의 욕심과 정욕과 허영은 통하여 내면으로 들어와 그리스도인의 경건성을 해친다. 문화로 포장된 세상의 유혹은 강력하다. 그래서 우리의 자력으로는 이기지 못한다. 그리스도인이 세속문화의 유혹에 빠지게 되면 나타나는 증상은 예배가 지루해지고 경건 생활이 부담스러워지는 것이다. 그래서 성도들과 거리를 두고, 교회 예배를 기피한다.

리더 Tip

범죄에 빠지는 매커니즘

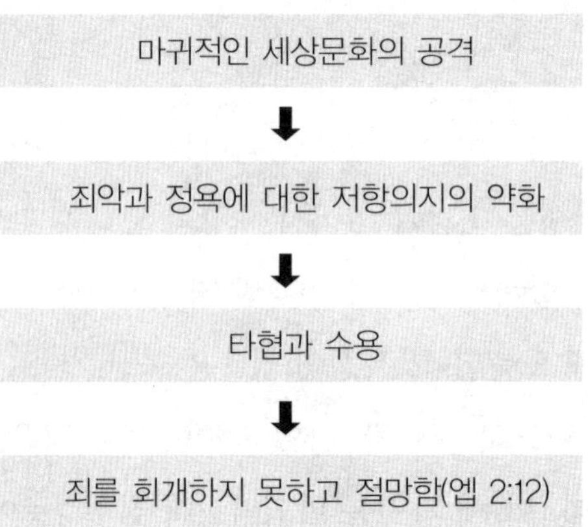

질문 4 청년의 정욕(음란)에 빠지지 않으려면 어떻게 해야 합니까?

디모데후서 2:22 … 또한 너는 청년의 정욕을 피하고 주를 깨끗한 마음으로 부르는 자들과 함께 의와 믿음과 사랑과 화평을 따르라

정 답

청년의 정욕(음란)을 피하고, 개인 경건생활을 성실하게 하고, 교회 안에서 성도들과 더불어 성도의 교제를 나누므로 교회생활에 정진한다.

참고말씀

야고보서 4:7 … 그런즉 너희는 하나님께 복종할지어다 마귀를 대적하라 그리하면 너희를 피하리라

마태복음 5:28 … 나는 너희에게 이르노니 음욕을 품고 여자를 보는 자마다 마음에 이미 간음하였느니라

해설노트

1. 부부에게만 허락된 성 | 성(sex)은 하나님께서 인간에게 준 생육본능이며, 동시에 섹스는 부부에게만 허락된 하나님의 선물이다. 부부가 아닌 모든 섹스는 욕심에 따라 잘못 쓰는 성은 음란이다. 음란이란 하나님께서 원하지 않는 성적 상상과, 하나님께서 허락하지 않은 관계에서 갖는 성적 행위들이다. 음란은 음욕에서 출발한다. 예수님께서 말씀하신대로 음욕에서부터 간음이며(마 5:28) 간음(음란)은 죄이다. 그리스도인이 음란에 빠지면 죄책감을 느끼면서도 그 상황을 즐기려는 양면적 태도를 갖는다. 이는 하나님과 그리스도인의 친밀감을 훼방하여 떼어 놓기 위한 마귀의 계

략이다.

2. 음란의 해악 | 음란에 빠지면 성을 육욕적인 것으로 변질시켜 일시적인 쾌락만을 목적으로 행동하게 된다. 그래서 음란에 빠지면 관계의 파괴를 가져오는 등 행복한 그리스도인의 삶을 훼방한다. 음란에 빠져 성을 남용하고 왜곡하여 이는 제어하지 못하면 성적 쾌락을 추구하는 '성 중독'이 된다. 성 중독이 되면 성에 집착하여 순간적인 쾌락만 좇게 되는 등 성이 생활을 지배하게 된다. 그러므로 음란에 빠지면 건강한 성이 주는 부부의 친밀감을 느끼지 못하고 결국 부부관계가 어려워지게 되고, 이는 사회공동체의 신뢰를 무너뜨리는 등의 파괴적인 관계를 만들게 된다.

성적 정욕에서 승리와 실패의 사례

1. 실패한 사례 : 다윗(사무엘하 11:2-5) | 다윗은 낮잠을 자고 저녁 때에 일어나 목욕하는 여인을 보고 정욕이 일어 간음죄에 빠졌다. 이는 율법에 고지한 남의 아내와 간음한 죄(레 20:10)로 그 결과 하나님께 득죄하였고, 한 가정을 파괴하는 등 큰 범죄로 확대되었다. 간음죄는 죄를 확산시킨다.

2. 승리한 사례 : 요셉(창세기 39:7-23) | 요셉은 애굽의 시위대장 보디발의 가정총무로 일할 때에 보디발의 아내로부터 유혹을 받았으나 하나님께 득죄한다는 사실을 직시하여 그 상황을 피하므로써 성적 유혹을 이길 수 있었다.

질문 5 재물에 대하여 그리스도인이 가져야 할 바람직한 태도는 무엇입니까?

잠언 30: 8-9 … 곧 헛된 것과 거짓말을 내게서 멀리 하옵시며 나를 가난하게도 마옵시고 부하게도 마옵시고 오직 필요한 양식으로 나를 먹이시옵소서 혹 내가 배불러서 하나님을 모른다 여호와가 누구냐 할까 하오며 혹 내가 가난하여 도둑질하고 내 하나님의 이름을 욕되게 할까 두려워함이니이다

디모데전서 6:10 … 돈을 사랑함이 일만 악의 뿌리가 되나니 이것을 탐내는 자들은 미혹을 받아 믿음에서 떠나 많은 근심으로써 자기를 찔렀도다(딤전 6:10)

참고말씀

하나님을 사랑하며 교회와 이웃을 섬기는데 부족함이 없을 정도의 재정적인 안정과 자기가 가지고 있는 것으로 만족하고 감사하는 그리스도인이 되어야 한다.

해설노트

마가복음 4:18-19 … 또 어떤 이는 가시떨기에 뿌려진 자니 이들은 말씀을 듣기는 하되 세상의 염려와 재물의 유혹과 기타 욕심이 들어와 말씀을 막아 결실하지 못하게 되는 자요

디모데전서 5:18 … 성경에 일렀으되 곡식을 밟아 떠는 소의 입에 망을 씌우지 말라 하였고 또 일꾼이 그 삯을 받는 것은 마땅하다 하였느니라

1. 방어적인 방법 | 현대 자본주의사회에서 가장 넘어지기 쉬운 마귀의 유혹은 돈(물신주의)이다. 그래서 마귀는 지금도 끊임없이 돈으로 유혹하고

있다. 돈에 넘어지지 않기 위해서 방어적(소극적)인 대처방법은 다음과 같다. 그리스도인은 다음과 같이 대처하면 된다.

⑴ 있는 그대로를 만족함 - 지금 현재의 경제 상태를 하나님께서 주신 은혜로 알고 만족하게 여기며 산다. 아굴의 기도는 가난과 부요를 바라지 않고 오직 필요를 채워주실 것을 기도하고 있다. 그 이유는 부자가 되면 하나님을 모른다고 하게 되고, 가난하게 되면 하나님의 이름을 욕되게 할 것이기 때문이다. 우리가 아굴의 기도 제목대로 평범한 중에 만족하고 산다면 하나님께서는 우리에게 신앙생활하는데 전혀 어렵지 않도록 물질적인 필요를 채워주실 것이다.

⑵ 돈에 집착하지 않음 - 돈을 탐내지 않고 사랑하지 않는다. 돈을 사랑하는 것은 더 많이 갖고자 하는 탐심이다. 많이 갖고자 하는 욕심은 빈부의 격차를 벌려놓아 아픔을 겪는 형제들이 늘어나게 한다. 돈을 사랑하는 데서 모든 범죄의 밑바탕 뿌리가 된다. 특히 그리스도인이 되어 돈을 사랑하게 되면 세상 걱정과 재물의 유혹과 여러 유형의 욕심이 들어와서 신앙성장을 가로막아 열매를 맺지 못하게 되기 때문이다(막 4:19).

2. 공세적인 방법 | 돈에 넘어지지 않기 위해서는 방어적(소극적)인 대처방법은 물론이고 적극적이며 공세적인 방법이 유효하다. 그리스도인은 돈에 넘어지지 않기 위해서 다음과 같이 공세적으로 대처할 수 있다.

⑴ 근면하게 일함 - 돈에 넘어지지 않기 위해서는 부지런하게 일한다.

일(직업)은 하나님께서 주신 특별한 은총이며 영적인 삶의 중요한 부분이다. 그러므로 그리스도인은 생업과 관련 된 일도 하나님의 사역을 하는 것과 같은 마음가짐으로 해야 한다(골 3:23). 우리는 무슨 일에서든지 성스러운 것과 속된 것으로 양분하는 습관을 버려야 한다. 이는 직업(일)에 대해서도 마찬가지다. 일을 하면 경제적인 안정을 얻게 되어 돈에 넘어지지 않는다(딤전 5:18). 다만 일하는 것을 돈 버는 것과 동일시하지 말아야 한다. 그리스도인이 일하는 것은 돈 버는 것이 목적이 아니라 하나님을 영화롭게 하고 이웃에게 봉사하는 기회이며 하나님을 증거하는 전도이다.

⑵ 구제에 선용 – 교회와 이웃을 위해 돈을 선용한다. 돈이 삶의 목표가 되면 구제하고 나누는데 인색하여 안목의 정욕을 극복할 수 없다. 재물이 있는 곳에 자신의 마음도 함께 있기 때문에 돈을 사랑하면 하나님을 사랑하는 마음이 분산되거나 빼앗길 수밖에 없다. 돈에 넘어지지 않으려면 오히려 돈으로 하나님과 교회를 섬기는데 선용하여야 한다. 그러면 돈에 넘어지지 않고 승리하는 삶을 살 수 있다. 그리스도인은 항상 예수님의 경제방식인 '필요의 경제원리'로 살아야 한다. 그러면 구제와 선용에 자기가 관리하는 재물을 나눌 수 있고 그 결과로 안목의 정욕에 넘어가지 않는다.

질문 6 부자에게 나타난 이생에 대한 자기 과시는 구체적으로 무엇입니까?

누가복음 16:19-21 … 한 부자가 있어 자색 옷과 고운 베옷을 입고 날마다 호화롭게 즐기더라 .그런데 나사로라 이름하는 한 거지가 헌데 투성이로 그의 대

문 앞에 버려진 채 .그 부자의 상에서 떨어지는 것으로 배불리려 하매 심지어 개들이 와서 그 헌데를 핥더라

부자는 자색 옷과 고운 베옷을 입고 날마다 호화롭게 즐기는 생활을 하였다. 그런데 자기 집 문 앞에서 심한 피부병으로 죽어가는 이웃(거지)을 돌보지 않는 자기 과시의 태도를 가졌다.

마태복음 23: 11-12 … 너희 중에 큰 자는 너희를 섬기는 자가 되어야 하리라 누구든지 자기를 높이는 자는 낮아지고 누구든지 자기를 낮추는 자는 높아지리라

1. 부자의 사명 방기 | 누가복음 16장 19-31절의 '부자와 거지의 비유'에 나오는 부자에게서 이생의 자랑에 대한 일면을 볼 수 있다. 하나님께서 자기에게 재물을 주신 목적을 제대로 알았다면 그는 자기 집 문 앞에서 심한 피부병으로 죽어가는 거지를 방관하지 않았을 것이다. 그는 우월감과 자기 과시의 인생을 살았다. 이는 이생의 자랑에 미혹된 연고이다. 부자는 자기에게 준 부로 가까이에 있던(자기 집 대문 앞에 버려진 거지와 같은) 가난한 자들을 돌봐야 했다. 그 사명을 다하지 않은 그 부자의 종말은 음부(지옥)에 떨어져 불구덩이에서 고통당하는 것이다.

2. 하나님의 목적대로 선용 | 현세의 자랑에 빠지지 않으려면 누구든지 지

금 권세와 명예가 있게 된 것이 하나님의 선한 목적 때문이라고 믿어야 한다. 그래서 지금 자기에게 주신 특별한 부, 재능, 실력, 권력을 하나님의 목적에 따라 이웃과 교회를 섬기는데 선용하여야 한다. 선용하지 않고 자기 과시를 위해 남용하고 독점하는 것은 우상숭배이다. 부자에게서 보듯이 그 결과들은 처참하다. 현세의 자랑에 빠지지 않는 것은 하나님께서 나에게 지금 현재의 위치를 주셨다고 믿고 이를 선한 목적에 따라 실천하는 것이다.

지금 하나님께서 나에게 특별하게 주신 것을 봉사와 섬김을 위해 사용하지 않고 자기 자랑에 사용하면 안 된다. 탐욕에 잡혀 자기를 위해 사용하면 지배와 피지배, 무질서, 조작으로 독재적인 질서가 생겨 인간 관계가 파괴된다. 그러므로 현세의 자랑에 빠지지 않으려면 예수님의 말씀대로 섬기는 자가 되어야 한다. 누구든지 자기를 높이는 자는 낮아지고 누구든지 자기를 낮추는 자는 높아지기 때문이다(마 23:11-12).

질문 7　그리스도인으로서 승리하는 생활을 하지 못하게 하는 것은 무엇입니까

야고보서 1:14-15 … 오직 각 사람이 시험을 받는 것은 자기 욕심에 끌려 미혹됨이니 욕심이 잉태한즉 죄를 낳고 죄가 장성한즉 사망을 낳느니라

정 답

승리하는 생활을 하지 못하게 하는 것은 욕심에 끌려 미혹되기 때문이다. 죄를 범하는 것의 뿌리에는 욕심이 있다. 욕심을 처리하지 못하면 승리하는 생활을 하지 못한다.

고린도후서 4:3-4 … 만일 우리의 복음이 가리었으면 망하는 자들에게 가
리어진 것이라 그 중에 이 세상의 신이 믿지 아니하는 자들의 마음을 혼
미하게 하여 그리스도의 영광의 복음의 광채가 비치지 못하게 함이니 그
리스도는 하나님의 형상이니라

마태복음 15:18-19 … 입에서 나오는 것들은 마음에서 나오나니 이것이야
말로 사람을 더럽게 하느니라 마음에서 나오는 것은 악한 생각과 살인과
간음과 음란과 도둑질과 거짓 증언과 비방이니

해설노트

1. 생각의 단속 | 죄에 빠지는 것의 시초는 생각이다. 그리고 죄에 빠지는
것을 돕는 것은 눈이다. 눈은 생각대로 보여주기 때문이다. 생각의 기저
에는 욕심이 자리 잡고 있다. 욕심이야말로 죄를 만들어 내는 근원이 된
다. '생각하는 대로 된다'는 말은 범죄에도 그대로 적용된다. 생각은 말
을 낳고 말은 행동을 만든다. 행동의 결과는 죽음을 만들고 죽음의 결국
은 멸망이다. 그러므로 세속적인 삶(타락)의 메커니즘은 생각(욕심) → 말 →
행동 → 죽음 → 멸망이다.

2. 탐심은 우상숭배 | 탐심이 우상숭배인 것은 하나님보다 더 사랑하는
무엇인가가 있기 때문이다. 탐심 속에는 하나님께서 좌정하실 공간이 없
다. 그래서 탐심은 곧 그 사람을 장악하는 하나의 신이며 결국 우상숭배
가 되어 사망에 이르게 된다. "그러므로 땅에 있는 지체를 죽이라 곧 음
란과 부정과 사욕과 악한 정욕과 탐심이니 탐심은 우상 숭배니라"(골 3:5).

3. 말로 표현하지 않음 | 말은 마음에서 나오는 것이다. 말이 사람을 죄에 빠지게 한다. 죄를 유발하는 말은 다른 사람에게로 연결되어 확산되는 타락의 시초이다. 범죄와 관련된 생각을 정지시키는 것은 말을 하지 않는 것이다. 말이 입 밖으로 나와서 다른 사람에게로 옮겨지면 그 말은 자연스럽게 행동을 생산한다. 행동은 말의 현상이기 때문이다.

> 음행과 온갖 더러운 것과 탐욕은 너희 중에서 그 이름조차도 부르지 말라 이는 성도에게 마땅한 바니라(엡 5:3)

질문 8 그리스도인으로서 승리하는 생활을 하는데 하나님의 말씀이 어떤 역할을 하는지 기록하시오?

에베소서 6:17 … 구원의 투구와 성령의 검 곧 하나님의 말씀을 가지라

사도행전 18: 28 … 이는 성경으로써 예수는 그리스도라고 증언하여 공중 앞에서 힘있게 유대인의 말을 이김이러라

정 답

하나님의 말씀(성경)은 영적 전쟁의 능력있는 공격무기이다. 하나님의 말씀은 날선 검이 되어 정확하게 판단하고 정확하게 진단하여 마귀와 그 세력을 단호하게 처치할 수 있다. 마귀의 유혹이나 공격에는 인간적인 논리로 대적하면 100전 100패이다. 그러나 믿음을 키워 하나님의 말씀의 검을 들고 나가면 100전 100승이다.

1. 예수님의 승리와 모델링 | 말씀으로 승리하는 삶의 모델은 예수님이시다. 예수님께서는 광야 시험에서 말씀에 즉각적이고 순종적인 자세를 취함으로써 마귀의 공격을 제압하셨다. 광야 시험에서 마귀의 유혹이 있을 때마다 기록된 말씀(성경)으로 이기셨다. '기록되었으되'(마 4:4), '기록되었으되'(마 4:7), '말씀되었으되'(마 4:10)라고 하시며 성경말씀을 통해 마귀의 모든 유혹을 무력화시키셨다. 우리도 영적 전쟁의 전사로서 말씀으로 무장을 하여 예수님처럼 말씀으로 마귀의 모든 유혹을 물리치는 삶을 살아야 한다. 말씀은 마귀를 무찌르는 최고의 공격무기이기 때문에 말씀으로 무장하면 승리자의 삶을 살 수 있다.

2. 말씀으로 충만 | 마귀를 제압하려면 말씀 묵상의 생활을 하여야 한다. 묵상으로 말씀과 함께 산다는 것은 예수님께서 우리의 삶 속에 함께 계시면서 우리의 삶을 통해 역사하시는 것이다. 오늘 우리들에게 말씀은 책으로 된 예수 그리스도이다(요 1:1-2). 그러므로 하나님의 말씀으로 충만하면 마귀의 시험에 농락당하지 않는다. 말씀으로 충만하면 말씀이 날선 성령의 검이 된다.

말씀으로 충만하려면 성경을 날마다 읽고 묵상해야 한다. 또 설교자를 통하여 선포되는 말씀을 경청하고 감동으로 터치되는 말씀을 마음 판에 새겨야 한다. 그래서 우리가 하나님의 말씀으로 채워 가면 예수님께서 우리 안에 풍성하게 계시게 된다. 주님께서 우리 안에 계시면서 우리를 대신해서 싸워주시므로 늘 승리하는 삶을 살게 된다.

3. 말씀에 순종 | 사무엘은 하나님의 말씀을 귓전으로 듣고 불순종한 사

울 왕에게 이르기를 "…왕이 여호와의 말씀을 버렸으므로 여호와께서도 왕을 버려 왕이 되지 못하게 하셨나이다"(삼상 15:23)고 하였다. 불순종한 사울 왕은 하나님의 말씀을 경시함으로 악신의 노예가 되었다. 우리도 사울 왕처럼 버림받지 않기 위해서는 순종하는 삶을 살아야 한다. 우리가 말씀에 순종하고자 결심하면 성령님께서 말씀대로 실천할 수 있도록 보혜사(도우미)가 되어 주신다. 성령님께서는 항상 무뎌진 검의 날을 세워 주셔서 마귀를 패퇴시키도록 도우신다.

질문 9 영적 전쟁에서 마귀의 공격을 물리칠 수 있는 공격무기는 무엇입니까?

에베소서 6:18-19 … 모든 기도와 간구를 하되 항상 성령 안에서 기도하고 이를 위하여 깨어 구하기를 항상 힘쓰며 여러(모든) 성도를 위하여 구하라 또 나를 위하여 구할 것은 내게 말씀을 주사 나로 입을 열어 복음의 비밀을 담대히 알리게 하옵소서 할 것이니

정 답

기도생활 특히 공동체를 위한 중보기도는 마귀의 유혹을 물리치는 능력이다.

참고말씀

베드로전서 5:8 … 근신하라 깨어라 너희 대적 마귀가 우는 사자 같이 두루 다니며 삼킬 자를 찾나니

1. 기도는 영적전사의 군수품 | 에베소서 6장 18절 이하에서 성경은 마귀와 어둠의 세력을 물리치는 전신갑주로 무장하도록 명령하고 있다. 전신갑주의 명령 뒤에 기도할 것을 강력하게 촉구한다. 이는 성도가 영적인 전투에 나가기 위해 전신갑주로 무장했더라도 성도의 기도생활은 영적 전쟁에서 승리하는데 필수적임을 나타낸다. 영적 전쟁에서 기도는 전쟁터에 나간 군인에게 실탄을 지급하는 것과 같다. 특히 교회의 중보기도는 전쟁 무기를 생산하는 공장이라고 할 수 있다.

2. 기도는 사기의 충전 | 기도는 싸우는 영적 전사의 사기(士氣)를 충전한다. 군인의 높은 사기는 전투력을 배가시킨다. 그러나 기도 없는 전사는 방어적이 되어 마귀의 공격만 당한다. 베드로전서 5장 8절에서 '근신하고 깨어있으라'고 말씀하였다. 이는 항상 마귀의 위협에 경계하라는 뜻이다. 즉 기도하라는 말씀이다. 기도는 우는 사자소리에 두려움을 제거하고 믿음에서 탈선하지 않도록 붙들어 준다. 그러므로 마귀를 물리치려면 기도생활이 필수적이다. 그렇지 않으면 마귀는 물러가지 않고 가까운 데서 진치고 노리다가 틈만 생기면 공격한다. 우리가 기도하면 마귀가 패퇴하지만 우리가 기도를 하지 않으면 마귀와 그 졸개들은 만세를 부른다.

영적인 전사의 5가지 무장

   1. 예수 그리스도의 중심되심(허리띠)

   2. 하나님은 항상 옳으시다는 확신(흉배)

   3. 예수그리스도를 삶을 따르는 생활(신발)

4. 로드십(Lordship)에 복종하는 믿음(방패)

5. 영원히 변개될 수 없는 구원의 확신(투구)

질문 10 칠십 명의 전도대가 전도를 마치고 돌아와서 보고할 때에 예수님께서 하신 말씀은 무엇입니까?

누가복음 10:17-18 … 칠십 인이 기뻐하며 돌아와 이르되 주여 주의 이름이면 귀신들도 우리에게 항복하더이다 예수께서 이르시되 사탄이 하늘로부터 번개 같이 떨어지는 것을 내가 보았노라

예수님께서 하신 말씀은 "사탄이 하늘로부터 번개 같이 떨어지는 것을 내가 보았다."이다. 복음전도는 마귀의 통치 영역을 빼앗는 것이다.

시편 46:1 … 하나님은 우리의 피난처시요 힘이시니 환난 중에 만날 큰 도움이시라

마가복음 16:17-18 … 믿는 자들에게는 이런 표적이 따르리니 곧 그들이 내 이름으로 귀신을 쫓아내며 새 방언을 말하며 뱀을 집어올리며 무슨 독을 마실지라도 해를 받지 아니하며 병든 사람에게 손을 얹은즉 나으리라 하시더라

누가복음 10:19 … 내가 너희에게 뱀과 전갈을 밟으며 원수의 모든 능력을 제어할 권세를 주었으니 너희를 해할 자가 결단코 없으리라

1. 마귀의 영역 탈환 | 전도는 영적 전쟁의 측면에서 마귀의 영역은 빼앗아 마귀의 활동을 무력화시키는 것이다. 전도하면 귀신이 항복하고 마귀가 하늘로부터 번개 같이 떨어져 내리는 영역 붕괴현상이 일어난다. 예수님께서 십자가에서 죽음을 이기므로 마귀는 독화살 맞은 사자가 되었다. 이미 제압된 것이다. 이제 그리스도인들이 영혼구원의 사역으로 승리의 깃발을 꽂는 일만 남았다. 예수님께서 승천하시면서 우리에게 말씀하신 "온 천하에 다니며 복음을 전파하라"는 전도명령을 순종하면 마귀의 진지를 초토화 된다.

2. 예수님께서 싸워주시는 전쟁 | 영적 전쟁은 우리들 독자적인 임무수행이 아니다. 예수님께서 함께 하시며 함께 싸워주시는 전쟁이다. 그래서 반드시 이기게 되어 있는 전쟁이다. 예수님께서 함께 해주시는 증거로 전도자에게 병자를 고치는 능력과 귀신을 쫓아내는 권세를 주셨다(눅 10:19). 그러므로 우리는 주신 능력을 사장시키지 않고 예수님의 이름으로 나가기만 하면 이기게 되어 있다(눅 10:17). 우리의 개인적인 능력으로는 마귀를 이길 수 없으나 예수님의 이름으로 나가면 귀신이 항복하고 마귀(사탄)가 하늘에서 떨어진다.

종교개혁자 마르틴 루터는 '인생은 마귀와 끊임없는 전쟁'이라고 하면서 시편 46편을 배경으로 지은 찬송가(384장)에서 이렇게 노래하였다.

"내 힘만 의지할 때는 패할 수밖에 없도다. 힘 있는 장수 나와서 날 대신하여 싸우네. 이 장수 누군가 주 예수 그리스도 만군의 주로다. 당할 자 누구랴 반드시 이기리로다."

질문 11 영적 전쟁에서 승리하는 생활을 하기 위해서 교회가 해야 할 일은 무엇입니까?

히브리서 10:24-25 … 서로 돌아보아 사랑과 선행을 격려하며 모이기를 폐하는 어떤 사람들의 습관과 같이 하지 말고 오직 권하여 그 날이 가까움을 볼수록 더욱 그리하자

성도는 모임(교회)을 소중하게 여기고 모이는데(예배와 교제) 열심을 내야한다. 서로 사랑과 선행을 격려하는 성도의 교제로 마귀의 도전을 방어한다.

에베소서 4:1-3 … 그러므로 주 안에서 갇힌 내가 너희를 권하노니 너희가 부르심을 받은 일에 합당하게 행하여 모든 겸손과 온유로 하고 오래 참음으로 사랑 가운데서 서로 용납하고 평안의 매는 줄로 성령이 하나 되게 하신 것을 힘써 지키라

시편 144:2 … 여호와는 나의 사랑이시요 나의 요새이시요 나의 산성이시요 나를 건지시는 이시요 나의 방패이시니 내가 그에게 피하였고 그가 내 백성을 내게 복종하게 하셨나이다

1. 교회는 안전한 요새 | 성령님께서 거하시는 교회야말로 마귀의 침공이 전혀 불가한 하나님의 요새이다(시 144:2). 영적 전쟁에서 승리하려면 성도들은 철저한 공동체적 관계로 교회를 이루어야 한다. 마귀의 공격으로부

터 안전하게 보호받으려면 교회의 멤버십이 되어 그 역할을 유지하여야 한다. 이는 교회공동체에 소속된 자로서 하나 됨을 힘써 지키는 것이다. 개인이 교회를 이루고 합력하는 과정은 영적으로 강한 전투력을 배양하며 승리하는 영적전사가 되게 한다.

2. 성도의 교제가 관건 | 교회 안에 있다는 것은 성도의 교제를 의미한다. 성도의 교제는 어린아이같이 연약한 성도를 견고한 믿음이 되도록 자라게 한다. 또한 시험들어 낙심하는 자를 일으켜 세울 뿐만 아니라 세워진 믿음이 견고해져서 흔들리지 않게 한다. 그래서 영적 전쟁에서 성도의 교제는 담대함을 갖게 하고 주님께서 함께 해주시는 은혜를 확신하게 한다. 그리고 성도의 교제는 영적전쟁의 승리의 기쁨이 얼마나 큰지를 실감하게 한다. 성도의 교제를 나누는 성도는 승리의 사실 확인과 그 결과로 기쁨이라는 전리품만 챙기면 된다. 성도의 교제를 이루는 삶은 영적 전쟁의 확실한 승리 코드이다.

12주

교회를 섬기는 일꾼
The Church Ministry

• 학습목표

1. 하나님께서 선물로 주신 은사를 확인하고 개발하여 교회를 섬기는 칭찬받는 사역자가 된다.
2. 하나님의 일꾼으로서 불평, 원망, 게으름 등의 율법주의로 일하지 않고 감사, 열심, 충성의 모습을 가진 사랑으로 일하는 사역자가 된다.

• 중심구절

그런즉 아볼로는 무엇이며 바울은 무엇이냐 그들은 주께서 각각 주신 대로 너희로 하여금 믿게 한 사역자들이니라 (고린도전서 3:5)

• 암송구절

이 복음을 위하여 그의 능력이 역사하시는 대로 내게 주신 하나님의 은혜의 선물을 따라 내가 일꾼이 되었노라(에베소서 3:7)

질문 1　그리스도인은 하나님의 일에 있어서 어떤 신분적 위치를 가진 존재입니까?

고린도전서 3:9상반절 · 우리는 하나님의 동역자들이요

그리스도인은 하나님의 사역에 동참하는 하나님의 동역자(co-worker)이다. 그리스도인은 주님과 동역자의 신분으로 일하는 영광스러운 일꾼이다.

베드로전서 2:9-10 … 그러나 너희는 택하신 족속이요 왕 같은 제사장들이요 거룩한 나라요 그의 소유가 된 백성이니 이는 너희를 어두운 데서 불러 내어 그의 기이한 빛에 들어가게 하신 이의 아름다운 덕을 선포하게 하려 하심이라 너희가 전에는 백성이 아니더니 이제는 하나님의 백성이요 전에는 긍휼을 얻지 못하였더니 이제는 긍휼을 얻은 자니라

베드로전서 4:10 … 각각 은사를 받은 대로 하나님의 각양 은혜를 맡은 선한 청지기 같이 서로 봉사하라.

1. 하나님의 동역자로서 바른 태도 | 사역은 사람이 하나님을 위해서 뭔가를 열심히 하는 것이 아니다. 하나님의 일은 하나님께서 이루어 가신다. 다만 하나님께서 사람(동역자)들을 부르셔서 하나님의 일에 동참시킨다. 그러므로 사역자는 일과 관련해서 내세울 게 없고 오히려 하나님의 사역에 참여한 것으로 감사하고 하나님께 순종하는 것뿐이다. 내가 하는 것이

아니기 때문에 동역자로 참여(순종)하지 않으면 하나님의 동역자의 반열에서 제외될 수 있다. 제외된 자는 '부끄러운 구원'을 받을 뿐이다. 그러므로 지금 우리 교회와 시대를 향한 하나님의 뜻을 확인하여 그 뜻에 동참하여야 한다.

성경에서 말하는 '동역자'는 헬라어로 쉬네르고스(συνεργός)인데, 이 단어는 '~와 함께'라는 단어 쉰(σύν)과 '일하다'라는 단어 에르고(ἔργω)의 합성어이다. 그래서 동역자의 의미는 '하나님과 함께 일하는 자'이다. 다만 함께 일을 하지만 동급의 자리에서 맞먹을 수 있다는 뜻은 아니다.

2. 동역자의 모델은 예수님 | 예수님께서는 철저하게 하나님의 뜻대로 사셨다. 예수님께서는 성전 뛰어내릴 수 있었음에도 불구하고 하나님의 뜻이 아니기에 거절하셨다. 고통스러운 십자가의 죽음도 충분히 피하고 거절하실 수 있었음에도 불구하고 예수님께서는 하나님 아버지의 뜻대로 순종의 삶을 사셨다. 예수님께서는 독자적으로 지고의 선을 이루면서 살 수 있음에도 불구하고 하나님의 목적에 따라 하나님께서 공급하시는 것을 전부로 살았다(요 5:30). 하나님께서 주신 일을 이루어 하나님 아버지를 이 세상에서 영화롭게 하신(요17:4) 예수님처럼 우리도 하나님께서 내게 주신 일을 깨닫고 이를 믿음으로 동참(순종)하는 삶을 살아야 한다.

> 내가 아무 것도 스스로 할 수 없노라 듣는 대로 심판하노니 나는 나의 뜻대로 하려 하지 않고 나를 보내신 이의 뜻대로 하려 하므로 내 심판은 의로우니라(요 5:30)

3. 사역으로 부르심 | 전임 목회자뿐만 아니라 모든 그리스도인은 하나님

의 일꾼이다. 그리스도인이라면 누구도 예외가 없다. 그리스도인이 되었다는 것은 사역으로 부름을 포함한다. 하나님께서 그리스도인을 동역자로 삼으시고 은사와 능력을 주셨다. 그러므로 일꾼이 되어 사역을 감당해야 한다. 그리스도인은 교회의 목적을 이루고 주님께서 맡겨주신 사명을 수행하는 성도의 도리를 다하여야 한다. 성도는 생활의 직업을 갖고 있든지 그렇지 않든지 교회와 주님을 섬겨야 한다.

우리는 그가 만드신 바라 그리스도 예수 안에서 선한 일을 위하여 지으심을 받은 자니 이 일은 하나님이 전에 예비하사 우리로 그 가운데서 행하게 하려 하심이니라(엡 2:10)

질문 2　바울이 아킵보에게 권면하는 것은 무엇입니까? 그리고 당신이 이러한 권면을 받는다면 어떻게 하겠습니까?

골로새서 4:17 … 아킵보에게 이르기를 주 안에서 받은 직분을 삼가 이루라고 하라

이사야 6:8 … 내가 또 주의 목소리를 들으니 주께서 이르시되 내가 누구를 보내며 누가 우리를 위하여 갈꼬 하시니 그 때에 내가 이르되 내가 여기 있나이다 나를 보내소서 하였더니

정 답

아킵보에게 한 바울의 권면은 받은 직분을 귀히 여겨 충성하라고 했다. 그리스도인은 직분을 주님의 소명으로 여겨야 하고 그 직분으로 부르심에 순종해야 한다.

베드로전서 4:10 … 각각 은사를 받은 대로 하나님의 여러 가지 은혜를 맡은 선한 청지기 같이 서로 봉사하라

1. 바울 | 바울은 스스로 자기를 사역자(일꾼)라고 했다(고전 3:5). 골로새교회의 성도인 아킵보에게 자기와 같은 사역자로 인정하고 주 안에서 받은 직분을 삼가 이루라고 권면했다(골 4:17). 바울은 아킵보에게 우리와 함께 군사(軍士)된 자라고 하였다(몬 1:2). 이는 모든 성도가 목회자의 사역의 대상이 아니라 교회 사역의 일꾼이라는 것을 교훈한다.

2. 이사야 | 이사야는 하나님의 사역소명에 대하여 주님께 조건을 달지 않고 그대로 순종하였다. 그는 언제, 왜, 어떻게 그리고 어디로 가야 하는지 따지거나 반문하지 않았다. 사역과 관련한 모든 의문과 갈등은 순종하면 없어진다. 이사야가 순종할 수 있었던 것은 하나님이 어떤 분이신지를 잘 알았기 때문이다. 그래서 그는 하나님의 뜻에 "예, 하겠습니다."로 순종했다. 하나님께서 원하시는 사역명령에 우리가 답할 것은 '예'라고 말하는 것 외에 다른 대답은 없다.

사역자로 부르심을 받은 증거

1. 은사를 주셨다 | 하나님께서 우리를 사역자로 부르신 증거는 사역을 감당하는데 필요한 은사들을 주신 것이다. 은사는 하나님께서 사역을 이

루기 위해 거저 주신 것이며, 교회를 세우기 위해 사용하도록 주신 것이다. 사역자로 부르시지 않았다면 하나님께서 일하는데 필요한 은사를 주실 리 만무하다. 그러므로 우리는 "각각 은사를 받은 대로 하나님의 여러 가지 은혜를 맡은 선한 청지기 같이 서로 봉사" 해야 한다(벧전 4 : 10).

2. 리더십을 주셨다 | 사역자로 부르신 증거는 사역을 감당할 수 있는 리더십(권위)을 주신 것이다. 리더십은 하나님께서 맡겨주신 사역을 교회공동체에서 능히 감당할 수 있게 하는 영향력이다. 그래서 사역자로서 교회를 섬기게 되면 이를 감당하는데 필요한 리더십이 주어져서 사역의 결과는 항상 긍정적이게 된다.

3. 사역의 현장을 주신다 | 하나님의 부르심의 증거는 일 할 수 있는 현장이 주어졌다는 것이다. 일터가 없으면 그는 일꾼이 아니다. 농장의 주인이 일꾼을 부를 때에는 '일거리' 가 있기 때문이다. 일이 없는데 일꾼을 부르는 업주는 없다. 마찬가지로 사역자로 부름받은 그리스도인 반드시 일터가 함께 주어진다.

4. 사역에 대한 부담감을 주신다 | 사역자로 부름 받은 증거는 사역에 대한 소원이 생기는 것이다. 즉 교회가 나의 사역을 필요로 함에 대한 부담감을 갖는 것이다. 따라서 사역자는 사역에 대한 부담감을 부르심의 증거로 믿고, 필요한 준비를 하고 있다가 기회가 오면 충성스럽게 일을 감당하면 된다.

질문 3 바울은 자신의 직분을 누구로부터 임명받았다고 합니까?

사도행전 9:15 … 주께서 이르시되 가라 이 사람은 내 이름을 이방인과 임금들
과 이스라엘 자손들에게 전하기 위하여 택한 나의 그릇이라

디모데전서 1:12 … 나를 능하게 하신 그리스도 예수 우리 주께 내가 감사함은
나를 충성되이 여겨 내게 직분을 맡기심이니

정 답

바울의 직분은 스스로 취한 것이 아니다. 주님으로부터 직분을 받았
다. 오늘날도 직분은 주님께서 주신다. 주님의 몸인 교회가 하나님
의 위임을 받아서 임명만 대행할 뿐이다.

참고말씀

고린도전서 12:28 … 하나님이 교회 중에 몇을 세우셨으니 첫째는 사도요
둘째는 선지자요 셋째는 교사요 그 다음은 능력을 행하는 자요 그 다음은
병 고치는 은사와 서로 돕는 것과 다스리는 것과 각종 방언을 말하는 것
이라

해설노트

1. 직분의 임명권자는 하나님 ｜ 직분의 임명권이 하나님께만 있다(고전
12:28). 하나님께서 충성되게 여겨 직분을 맡기시므로 직분에 대해 호불
호, 취사선택이 불가능한 절대성을 갖는다. 이와 같은 직분임명의 절대
성은 신앙연조에 따라 자동으로 주어지는 것에 동의하지 않는다. 신앙의
성숙도는 신앙 연륜과 반드시 비례되는 것만은 아니기 때문에 신앙연조
가 직분을 담보하지 않는다. 성경은 "먼저 된 자로서 나중 되고 나중 된

자로서 먼저 될 자가 많으니라"(마 19:30)고 말씀하고 있다.

2. 교회는 직분의 실천처 | 교회는 직분의 출처가 주님이심에 근거하여 직분을 부여하는 권위를 위임받아서 대행한다. 그리고 교회는 직분의 실천을 통하여 공적으로 인증하는 역할을 한다. 교회의 기능 수행을 위하여 다양한 일이 공급되므로 그 일들을 통하여 직분이 세워지고 또한 그 일들을 통하여 직분이 확인된다. 분명한 것은 지금도 여전히 직분의 출처가 예수 그리스도이시고 직분의 실천처는 교회라는 사실은 불변이다. 그리고 하나님께서는 몸인 교회를 위해 계속해서 필요한 일꾼들을 택하여 세우신다.

질문 4 주님께서 교회에게 은사와 직분을 주신 목적은 무엇입니까?

에베소서 4:11-12 … 그가 어떤 사람은 사도로, 어떤 사람은 선지자로, 어떤 사람은 복음 전하는 자로, 어떤 사람은 목사와 교사로 삼으셨으니 이는 성도를 온전하게 하여 봉사의 일을 하게 하며 그리스도의 몸을 세우려 하심이라

고린도전서 12:25-26 … 몸 가운데서 분쟁이 없고 오직 여러 지체가 서로 같이 돌보게 하셨느니라 만일 한 지체가 고통을 받으면 모든 지체가 함께 고통을 받고 한 지체가 영광을 얻으면 모든 지체가 함께 즐거워하느니라

정 답

은사를 주신 목적은 성도를 온전케 하고, 봉사의 일을 하게 하고, 그리스도의 몸을 세우는 것이다. 온전하게 된다는 의미는 아주 중요한 일을 위해서 자격이 구비된다는 뜻이다.

고린도전서 12:4-6 … 은사는 여러 가지나 성령은 같고 직분은 여러 가지나 주는 같으며 또 사역은 여러 가지나 모든 것을 모든 사람 가운데서 이루시는 하나님은 같으니

1. 은사를 주신 목적 | 하나님께서 은사를 주신 목적은 성도들이 사역을 통하여 교회를 세우게 하는 것이다. 은사는 교회를 건강하게 성장하게 하여 하나님의 통치가 이 땅에 이루어지게 하는 도구이다. 그러므로 모든 은사는 항상 현존하는 교회의 부흥과 관련되어 있다. 사역자는 은사로 하나님의 일을 하게 되면 사람들을 온전한 성도들로 세울 뿐만 아니라 자기 자신도 더불어 온전한 하나님의 사람이 된다. 그런 의미에서 하나님께서 주신 은사는 결국 사역자를 위한 것이며, 은사를 활용하여 일하면 할수록 그 자신이 더욱 주님을 닮게 된다.

2 직분과 은사의 관계 | 은사를 담는 그릇이 직분이다. 즉 은사를 내용이라고 한다면 직분은 형식이다. 이렇게 직분과 은사는 동전의 양면처럼 뗄 수 없는 관계이다. 그래서 성경은 직분과 은사를 구분하지 않고 열거하고 있다. 고린도전서 12장 4-6절은 은사가 곧 직분이며 은사가 곧 역사임을 보여준다. 즉 은사는 직분으로 표현되며, 직분은 은사의 활동상이라고 하겠다. 주님 안에서 직분과 은사는 한 범주에 있으면서 교회를 든든히 세우는 목적으로 활약한다는 것을 알 수 있다.

질문 5 여제자 다비다(도르가)의 재능은 무엇이었으며 그는 그 재능을 하나님나라와 교회를 위해 어떻게 사용하였습니까?

사도행전 9:36 … 욥바에 다비다라 하는 여제자가 있으니 그 이름을 번역하면 도르가라 선행과 구제하는 일이 심히 많더니

사도행전 9:39 … 베드로가 일어나 그들과 함께 가서 이르매 그들이 데리고 다락방에 올라가니 모든 과부가 베드로 곁에 서서 울며 도르가가 그들과 함께 있을 때에 지은 속옷과 겉옷을 다 내보이거늘

정 답

다비다는 재단의 기술자로서 재능을 가졌으며 그 재능으로 이웃의 가난한 사람들의 옷을 지어 나누어 주는 사역으로써 예수 그리스도의 복음을 증거하였다.

참고말씀

사무엘상 16:23 … 하나님께서 부리시는 악령이 사울에게 이를 때에 다윗이 수금을 들고 와서 손으로 탄즉 사울이 상쾌하여 낫고 악령이 그에게서 떠나더라

해설노트

1. 죽었다가 살아난 다비다 | 욥바에 살던 다비다(도르가)는 여성사역자로서 선행과 구제를 많이 하였다. 그녀가 병들어 죽었을 때, 다비다가 만들어 준 옷을 입고 사랑을 받았던 사람들이 적극적으로 나서서 베드로를 초청하였고, 하나님께서는 베드로를 통하여 다비다를 살리셨다. 죽었던 다비다가 살아나므로 욥바의 많은 사람이 예수님을 믿는 역사가 일어났다

(행 9: 36-43). 다비다의 이름은 '암사슴' '암 가젤(gazelle)' '암노루' 라는 뜻을 갖고 있다.

2. 재능을 하나님께 드림 | 사람은 훈련이나 연습을 통해서 자질이나 재능 등에 상당한 업그레이드를 할 수 있다. 그런데 최면술이나 마술, 차력 같은 인위적인 방법들이 노력으로 발전이 가능하다는 점에서 재능을 성령님의 은사로 오인할 수 있다는데 문제가 있다. 재능을 동원하여 사람들을 놀라게 하고 그것을 성령의 은사로 속이는 경우도 있다(행 8:9-11). 어떤 소질이나 재능이 매우 탁월하다고 하더라도 그것은 성령의 은사가 아니다. 그리고 재능을 교회사역에서 무용하게 여기는 것도 문제이다. 재능도 교회를 세울우는데 사용되어야 한다. 재능과 소질이 생득적으로 얻어진 것이라 하여 교회 사역에서 배제할 수 없다. 교회를 세우는데 우리의 가진 모든 것이 다 드려져야 한다. 여기에 재능이 배제될 수 없다.

리더 Tip

재능의 특징

1. 재능은 예술이나 체육, 문학 등에 탁월한 소질을 말한다.
2. 재능은 선천적으로 타고나며 훈련이나 노력에 의하여 후천적으로 진보가 가능하다.
3. 재능은 그리스도인이나 비그리스도인 할 것 없이 누구에게나 있을 수 있다.
4. 믿는 자라 할지라도 재능으로 하나님을 섬길 수 있고 그렇지 않을 수도 있다.
5. 재능도 교회를 세우고 성도를 유익하게 하는데 모두 드려야 한다.

질문 6 사역을 맡은 자는 어떤 태도를 가져야 합니까?

베드로전서 4:10-11 … 각각 은사를 받은 대로 하나님의 여러 가지 은혜를 맡은 선한 청지기 같이 서로 봉사하라 만일 누가 말하려면 하나님의 말씀을 하는 것 같이 하고 누가 봉사하려면 하나님이 공급하시는 힘으로 하는 것 같이 하라 이는 범사에 예수 그리스도로 말미암아 하나님이 영광을 받으시게 하려 함이니 그에게 영광과 권능이 세세에 무궁하도록 있느니라 아멘

고린도전서 4:1-2 … 사람이 마땅히 우리를 그리스도의 일꾼이요 하나님의 비밀을 맡은 자로 여길지어다 .그리고 맡은 자들에게 구할 것은 충성이니라

정 답

사역을 맡은 자들은 서로 봉사하는 태도로 충성스럽게 감당해야 한다. 언어생활은 하나님의 말씀을 하는 것 같이 하고, 봉사 행동은 하나님의 공급하는 힘으로 하는 것처럼 능력 있게 하여 하나님의 뜻이 드러나게 한다.

참고말씀

고린도전서 15:58 … 그러므로 내 사랑하는 형제들아 견실하며 흔들리지 말고 항상 주의 일에 더욱 힘쓰는 자들이 되라 이는 너희 수고가 주 안에서 헛되지 않은 줄 앎이라

로마서 12:6-8 … 우리에게 주신 은혜대로 받은 은사가 각각 다르니 혹 예언이면 믿음의 분수대로, 혹 섬기는 일이면 섬기는 일로, 혹 가르치는 자면 가르치는 일로, 혹 위로하는 자면 위로하는 일로, 구제하는 자는 성실함으로, 다스리는 자는 부지런함으로, 긍휼을 베푸는 자는 즐거움으로 할 것이니라

사도행전 20:23-24 ··· 오직 성령이 각 성에서 내게 증언하여 결박과 환난이 나를 기다린다 하시나 내가 달려갈 길과 주 예수께 받은 사명 곧 하나님의 은혜의 복음을 증언하는 일을 마치려 함에는 나의 생명조차 조금도 귀한 것으로 여기지 아니하노라

1. 그리스도인은 하나님의 청지기 | 그리스도인은 하나님의 비밀을 맡은 청지기(stewardship)이다. 청지기는 하나님의 영광만을 위해 온전히 봉사하는 자로서 정체성(Identity)이 분명해야 한다. 그래서 청지기는 하나님과 재물을 겸하여 섬길 수 없다. 오로지 하나님만 섬겨야 한다. 청지기는 소유권을 갖고 있지 않기 때문이다. 청지기는 "너희가 나를 떠나서는 아무 것도 할 수 없느니라"(요 15:5)는 말씀을 믿는다. 그러므로 하나님의 청지기는 자기를 부인하는 삶으로 하나님께 절대 순종한다(갈 5:13).

2. 사역자는 하나님의 일꾼 | 일꾼의 태도는 충성이다. 충성하는 일꾼은 하나님 중심의 삶을 살고 어떠한 상황에서도 하나님께 둔 목표가 견고하여 흔들리지 않는다. 충성된 일꾼은 신실하게 사역에 최선을 다한다. 최선을 다한다는 것은 무슨 일을 하든지 마음을 다하여 주께 하듯 하고 사람에게 하듯 하지 않는다(골 3:23). 그리고 결과가 기대에 미치지 못하더라도 과정을 중요하게 여겨서 최선의 태도를 끝까지 유지한다. 방법의 실패나 미숙에서 오는 실수를 두려워하지 않는다. 하나님의 일은 과정이 중요하기 때문에 충성하는 사역자는 언제든지 무슨 일에서든지 실패가 없다.

3. 지혜로운 사역자 | 지혜로운 사역자는 하나님을 기쁘시게 하는데 초점

을 맞추어 일한다. 그래서 믿음으로 일한다. 믿음이 없이는 하나님을 기쁘시게 하지 못하기 때문이다(히 11:6). 지혜로운 사역자는 '교회의 필요'에 민감하다. 교회의 필요에 따라서 종(머슴)의 태도를 갖고 자기 고집을 굽히고 필요에 따라 언제나 자원함으로 즐겁게 섬긴다. 지혜로운 사역자는 '교회의 필요'가 일꾼의 동기가 되는 자이다. 그래서 교회의 필요를 잘 감당하면 하나님으로부터 인정받고 사람들로부터 칭찬을 받는다. 물론 사역의 분량이 많아지는 축복이 임한다(눅 12:42-44).

> 주께서 이르시되 지혜 있고 진실한 청지기가 되어 주인에게 그 집 종들을 맡아 때를 따라 양식을 나누어 줄 자가 누구냐 주인이 이를 때에 그 종이 그렇게 하는 것을 보면 그 종은 복이 있으리로다 내가 참으로 너희에게 이르노니 주인이 그 모든 소유를 그에게 맡기리라(눅 12:42-44)

리더 Tip

사역자의 갈등의 해결방법

1. 인턴십으로 참여하라. 직분을 감당하다보면 다른 직분자와 갈등이 생기는 경우가 있다. 갈등은 주로 지나온 과거의 경험과 관행 그리고 기존 직분자와 사역의 중복이 충돌하면서 생긴다. 처음에 사역에 참여하고자 할 때에는 사역의 갈등을 방지하기 위하여 인턴십으로 참여하는 게 좋다. 교회와 본인을 위해 기간을 정하여 봉사하므로 사역 역할의 중첩으로 인해서 겪는 어려움을 상당부분 해결할 수 있다. 실제로 일하다보면 사역자들끼리 역할을 조정하여 스스로 갈등요소를 잘 정리하는 경우가 대부분이다.

2. 목회자와 협의하라.

교회의 사역은 목사님이나 지도자와 상의하여 역할을 조정하도록 한다. 개교회의 일꾼은 교회의 비전과 교회가 합의하여 정한 사역 방침을 따라야 한다. 왜냐하면 하나님 나라를 확장하고 복음 전도의 목적 하에 개 교회마다 구체적인 비전들을 가지고 있기 때문이다. 새로 사역에 참여하고자 하는 자는 교회의 비전을 잘 숙지하고 공유하여야 한다. 그래야 합력하여 선을 이루는 교회사역이 될 수 있다.

3. 쉼을 통한 재충전의 기회를 갖는다

구체적인 직무의 경우에 시작할 때가 있고 다른 사람에게 위임하거나 그만해야 할 때가 있다. 어떤 사역이든지 교회의 필요에 흡족한 결과를 얻지 못하면 적절한 때에 그 사역을 멈추어야 한다. 사역의 목적은 교회를 세우는 것이다. 그러므로 교회를 세우는데 결과가 없는 사역은 어느 것이나 중단되어야 한다. 그리고 그 직무에 있던 자는 재충전을 위해서 안식하면서 다음 사역을 위해서 준비한다. 준비하는데 도전을 줄 수 있는 성숙한 사역자 그룹과 교제하거나 전문교육기관에서 공부하라. 그들로부터 사역의 지혜를 얻을 수 있다.

4. 교회의 요청에 순응하여 재배치를 받아라

재배치를 통하여 새로운 사역에 참여하라. 교회의 제안을 긍정적으로 받아들여라. 사역배치에서 중요한 것은 은사에 따르는 것이다. 그리고 교회 사역이 이루어지도록 직분(역할)이 주어지는 게 바람직하다. 그러면 개교회의 현실에서 그 은사에 준하는 직분이 주어지지 않는 경우도 있다. 물론 대부분의 경우에 은사에 맞는 직분을 갖고 봉사하지만 항상 그에 맞게 직분을 부여할 수 없는 것이 교회의 현실이기 때문이다. 그러므로 사역자는 교회의 상황을 받아들이고 순종하는 태도를 가져야 한다. 물론 교회는 사역의 재배치를 위해서 은사를 확인하고 사역을 네트워크 해야 한다.

질문 7 아래의 내용을 읽고 자기가 받은 은사를 확인하십시오.

1. 위의 두 질문은 교회 안에서 마땅한 일을 찾고 그 일을 하도록 돕기 위한 질문이다. 리더는 학습 교재의 부록에 있는 '은사의 종류'를 이해시키고 자기의 은사를 적게 한다. 복수로 적을 수도 있다.

2. 리더는 각자 적은 답변을 존중하여 함께 협력하고 교회(목사님)와 상의하여 사역에 헌신하도록 돕는다. 하나님께서 각 사람에게 그리스도의 선물의 분량대로 은혜를 주셨으므로(엡 4:7) 각 지체에게 어떤 은사가 있는지 확인해서 은사대로 주님을 섬기도록 인도한다.

3. 본 교재는 성경에 나오는 은사를 중심으로 소개하였다. 성경에 언급되지 않은 은사도 있을 수 있으나 분명한 것은 은사가 교회를 건강하게 세우고 건덕을 이루어야 한다는 사실이다.

은사 확인의 필요성

1. 사역을 통해 분명하게 확인된다 | 은사는 구체적인 사역을 통하여 보다

분명하게 확인된다. 보통 그리스도인이 어떤 은사를 받는지 알지 못할 경우에 그의 사역을 통하여 그가 받은 은사를 확인할 수 있다. 그러므로 그리스도인은 섬기는 사역을 통하여 받은 은사를 알고 감사함으로 은사대로 실천에 옮기도록 한다. 사역자는 자기의 은사를 발견하고 그 은사로 교회를 섬길 때에 참된 기쁨을 누릴 수 있다.

2. 은사대로 섬기기 위함이다 | 은사를 확인할 필요는 은사대로 교회를 섬기기 위해서다. 은사를 알아야만 주님의 뜻에 합당하게 교회를 섬길 수 있다. 또한 자기가 받은 은사를 알게 되면 자기 사역의 우선순위를 결정할 수 있고 적절한 사역을 찾을 수 있다. 분명한 것은 하나님께서 은사를 선물로 준 자만이 그리스도의 몸인 교회에서 봉사할 수 있게 하셨다.

3. 책임과 자유를 분명하게 하기 위해서다 | 은사를 발견하면 은사를 받지 않은 부분에 대해서 자유를 가질 수 있다. 자기의 은사를 분명하게 발견함으로써 책임있게 교회를 섬길 수 있다. 반면에 자기 은사가 아닌 은사 사역에 대해서는 미안해 하거나 주눅들 필요가 없다. 또 다른 은사로 섬기는 지체들처럼 하지 못하는 것에 대한 죄책감 등 부담을 걷어내고 자유함을 얻는다. 성도가 자기의 은사를 발견하면 그 은사에 따라 자기가 맡은 은사의 영역에서 보다 더 책임있게 일할 수 있다.

질문 8 당신의 은사와 위에 작성한 내용을 종합하여 판단할 때에 당신이 멤버십으로 있는 교회에서 봉사하기에 적절한 사역은 무엇입니까?

1. 사역의 방향을 정하기 위한 10가지 질문은 사역은 여러 가지 요소를 살펴서 분석한 결과에 따라 결정되어야 한다. 이 질문에 답하면서 다른 지체들의 의견이 필요한 경우에는 자문을 구하여 기록하게 하라. 은사의 확인과 사역의 결정은 다름 사람의 의견을 청취하는 게 중요하다.

2. 리더는 은사에 따라 적절하게 배치하여 사역자들이 주님의 목적에 따라 최선으로 교회를 섬길 수 있게 도와야 한다. 특히 교회 안에서의 사역은 담임목사님을 중심으로 성도들이 은사대로 교회를 섬길 수 있도록 사역을 배치해야 교회의 부흥을 이룰 수 있다.

리더 Tip

은사 활용의 3 원칙

1. Use it or lose it ! 주님께서는 달란트를 땅에 묻는 자에게는 악하고 게으른 종으로 저주하였으나 달란트를 잘 활용했던 자에게는 활용 못하는 자의 것까지 빼앗아 더 얹어 주셨다. 은사로 교회를 섬기지 않으면 그 은사를 빼앗긴다. 실제로 은사로 섬기지 않으면 하나님께서 은사를 주신 목적이 무의미해지기 때문이다. 책꽂이에 꽂혀있는 책은 보지 않으면 한낱 종이묶음에 불과하듯이 주님을 위해 사용되지 않는 은사는 무용지물이 된다. 은사를 받은 성도는 은사를 주신 후에 후회하지 않으시는(롬 11:29) 하나님의 뜻에 부응하여 교회의 부흥을 위하여 은사로 일해야 한다. 하나님께서 주신 은사를 사용하지 않는 것은 죄이다.

2. 질서를 존중하라. | 하나님께서는 질서의 하나님이시다. 그래서 교회는 질서를 존중하여야 한다. 성도는 교회의 책임 있는 직분자(담임목사)와 사역의 방법을 상담하여 지도자의 의견을 경청해야 한다. 물론 바로 사역이 주어지지 않더라도 기도하는 마음으로 때를 기다리는 것이 성도의 바른 자세이다. 이를 무시하게 되면 다른 사역자들, 또는 다른 직분자들과 충돌을 일으켜 교회에 분란을 일으킬 수 있고 사역의 선한 결과를 기대하기 어렵다.

다만 질서를 강조하다보면 은사 사역에 소극적이거나 받은 은사로 봉사하지 않으려는 움직임이 있을 수 있다. 그러나 이는 성도의 합당한 태도가 아니다. 은사는 교회를 세우는 사역을 목적으로 주신 사실을 명심하여야 한다. 은사를 받은 자는 그 은사에 따른 사역에 소극적이 된다면 이는 하나님께 대한 항명이요, 범죄행위이다.

하나님은 무질서의 하나님이 아니시요 오직 화평의 하나님이시니라 … 모든 것을 품위 있게 하고 질서 있게 하라(고전 14:33, 40)

3. 은사는 다양하게 쓰임 받는다. | 어떤 은사를 받았다고 하여 사역의 종류가 지정되는 것이 아니다. 특히 사람들에게 인정받는 사역에 성도들이 집중하려는 태도는 바람직하지 않다. 은사에 따른 구체적인 사역의 직무는 다양하므로 그 속에서 자기의 사역을 발견하여 충성하여야 한다. 사역의 다양성을 인정하여야 갈등이 줄어든다. 예를 들어 가르치는 은사가 있다고 하면 그 방법이 설교자일 수도 있고, 성경공부 교사일 수도 있고, 저술일 수도 있으며, 일대일 양육일 수도 있다. 이처럼 가르치는 은사를 받았다고 해서 꼭 설교만 해야 한다든지, 꼭 교사를 해야만 한다든지 하는

것이 아니다. 사역의 방법론은 얼마든지 많고 다양하다. 그래서 은사를 가진 성도는 사역을 찾고, 개발해야 한다.